**VIA TRIUMPHALIS**  Karlsruhe

Studentenprojekte an der ETH Zürich,
Lehrstuhl Prof. Hans Kollhoff

niggli

Katalog zum Herbstsemester 2009
Prof. Hans Kollhoff, Labor »Architektur der Stadt«
Department Architektur an der ETH Zürich
Assistenten: Mark Ammann, David Bossert, Caroline Fiechter, Suzanne Senti, Markus Tubbesing
Redaktion: Patrick Chladek, Suzanne Senti
Mitarbeit: Françoise Vannotti
Modellfotos: Heinrich Helfenstein
Gestaltung und Herstellung: Julie August/Doreen Engel, Berlin
Druck: Druckerei Conrad, Berlin
Bindung: Buchbinderei Stein, Berlin

Die Modelle entstanden mit freundlicher
Unterstützung durch die Rigips AG.

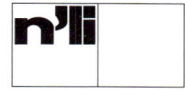

© 2011 by Verlag Niggli AG Sulgen | Zürich www.niggli.ch
ISBN 978-3-8212-0762-0

**Inhalt**

Hans Kollhoff: AUFGABENSTELLUNG 7
STUDENTENPROJEKTE:

Tobias Abegg 8
Roman Arnold 16
Severin Berchtold 24
Roman Birrer 32
Marc Blaser 40
Rosanna Valeria Borsotti 48
Mirco Brugnoli 56
Berte Daan 64
Tugba Demiral 72
Sebastian Epkes 80
Pontus Falk 88
Karin Gauch 96
Christian Gork 104
Steffen Hägele 112
Christian Huber 120
Christina Imfeld 128
Simone Jaun 136
Jin Soon Lee 144

Rosanna May 152
Levin Meraner 160
Simona Mühlebach 168
Philipp Oesch 176
Riccardo Panizza 184
Kathrin Perrig 192
Nelly Pilz 200
Larissa Pitsch 208
Christoph Reichen 216
Florian Rickenbacher 224
David Ritz 232
Fabien Schwartz 240
Daniela Sigg 248
Florian Strohmaier 256
Seraina Thoma 264
Françoise Vannotti 272
Jana Vollmers 280
Diana Zenkluse 288

PROJEKTVERLAUF 295

## HANS KOLLHOFF  AUFGABENSTELLUNG

Die Nordfront des Karlsruher Marktplatzes gerät im Zuge der Bemühungen, das historische Zentrum aufzuwerten, unter Modernisierungsdruck. Die vorhandenen Büro- und Geschäftshäuser werden tendenziell grossflächigem Einzelhandel, der in Konkurrenz zu einem nahe liegenden Shoppingcenter tritt, weichen müssen, sofern diese städtebaulich wichtige Raumkante nicht der funktionalen und symbolischen Bedeutungslosigkeit anheim fallen soll.

Für die Denkmalpflege sind die vorhandenen Gebäude als Zeugen des Wiederaufbaus nach vehementer Kriegszerstörung unter Schutz gestellt. Gleichwohl können die durchaus städtischen Fünfziger-Jahre-Gebäude ihre Schwäche nicht länger verheimlichen. Dies umso mehr, als der grandiose Entwurf von Friedrich Weinbrenner für die Kaiserstrasse ein Bild in die Welt gesetzt hat, an dem sich jeder zukünftige architektonische Eingriff messen lassen muss.

Die Entwurfsaufgabe in dieser ganz einzigartigen Situation wird also aufgespannt sein zwischen ganz pragmatischen Fragen zum Überleben historischer Innenstädte und einem aufklärerischen Ideal des Stadtbaus, wie es sich in Weinbrenners Kaiserstrassen-Entwurf darstellt und an seiner Marktplatzbebauung mit Rathaus und evangelischer Stadtkirche erfahrbar wird.

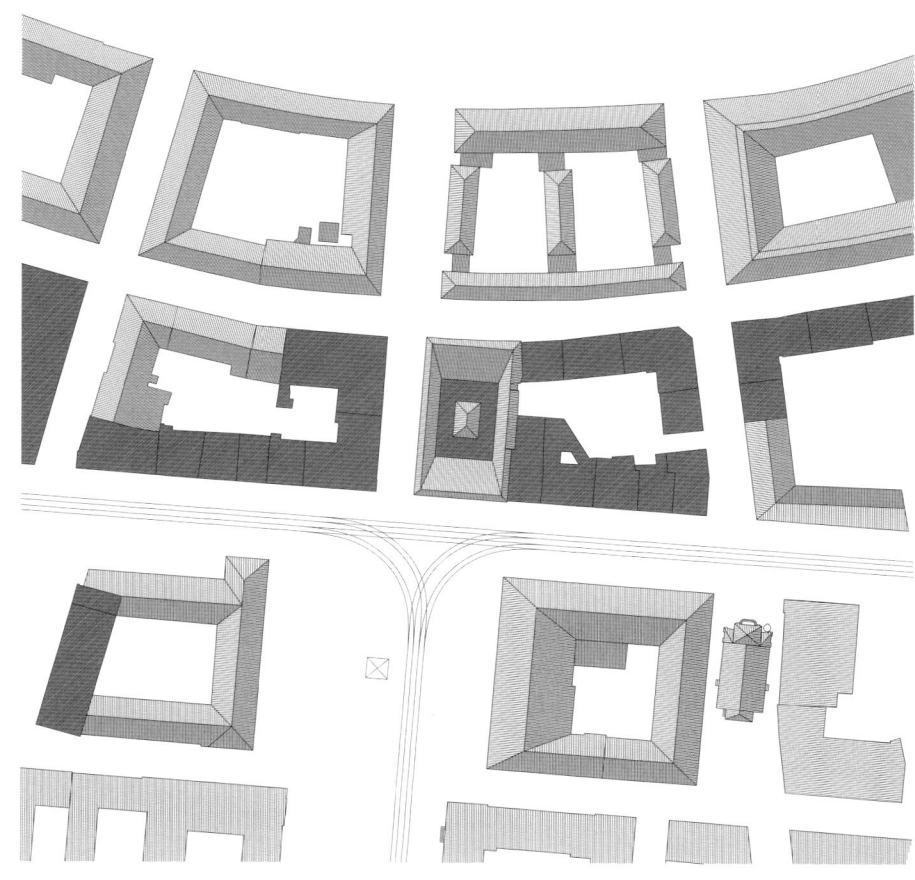

Lageplan

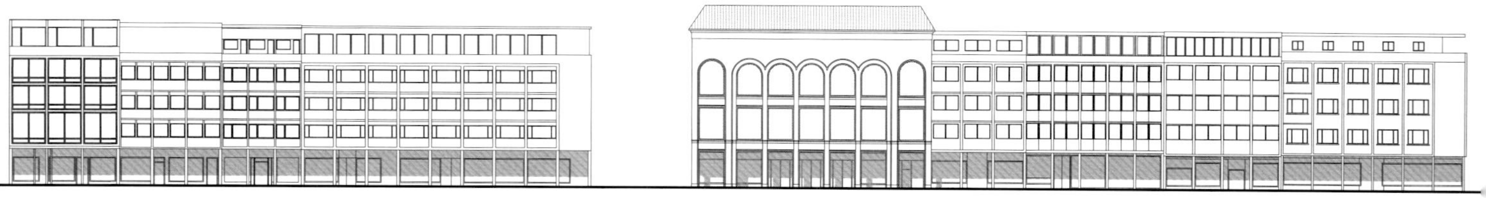

# TOBIAS ABEGG

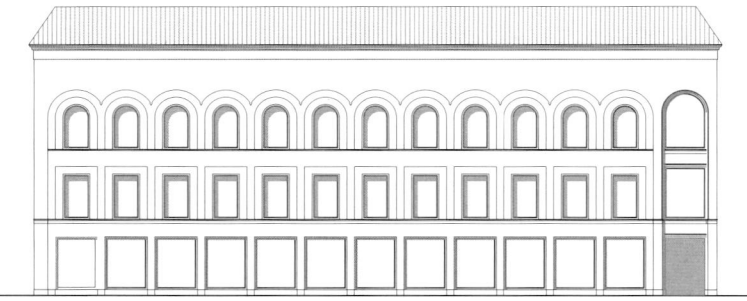 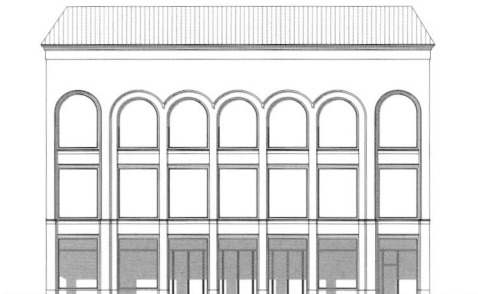

Ansichten

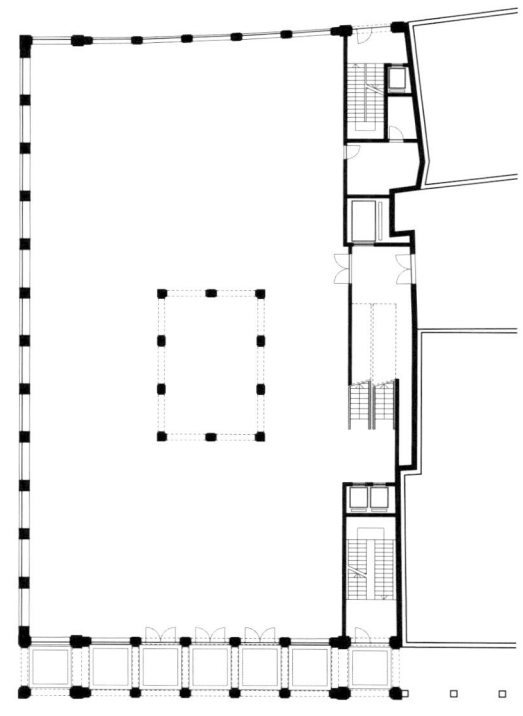

Grundriss EG

Tobias Abegg

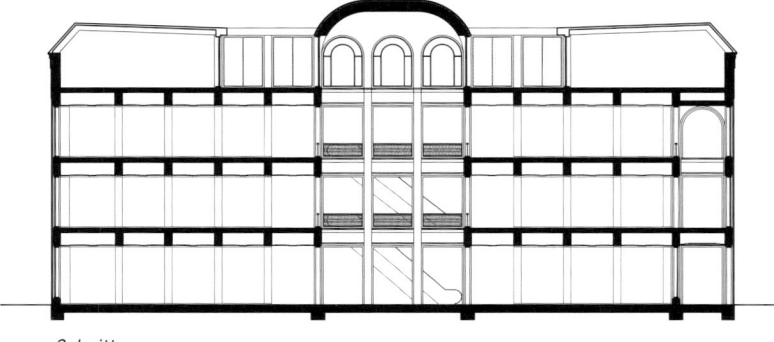
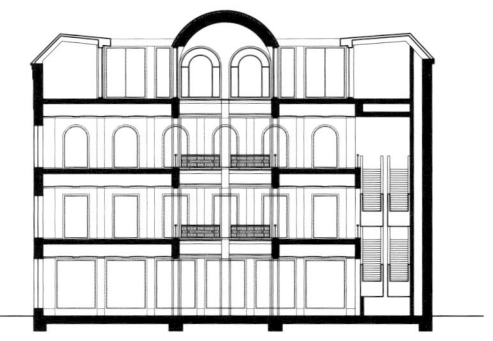

*Schnitte*

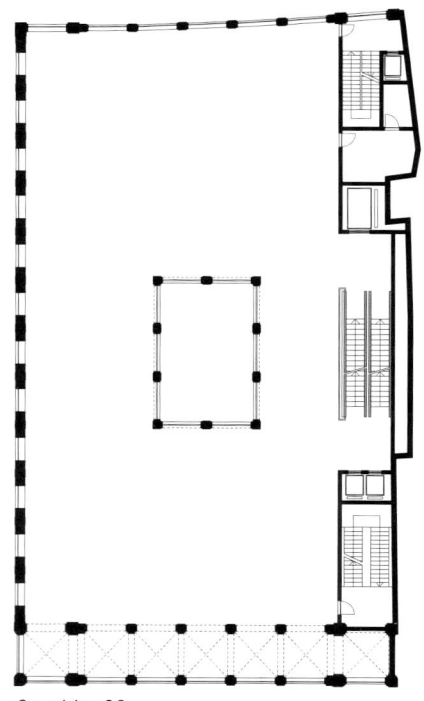

*Grundriss OG*

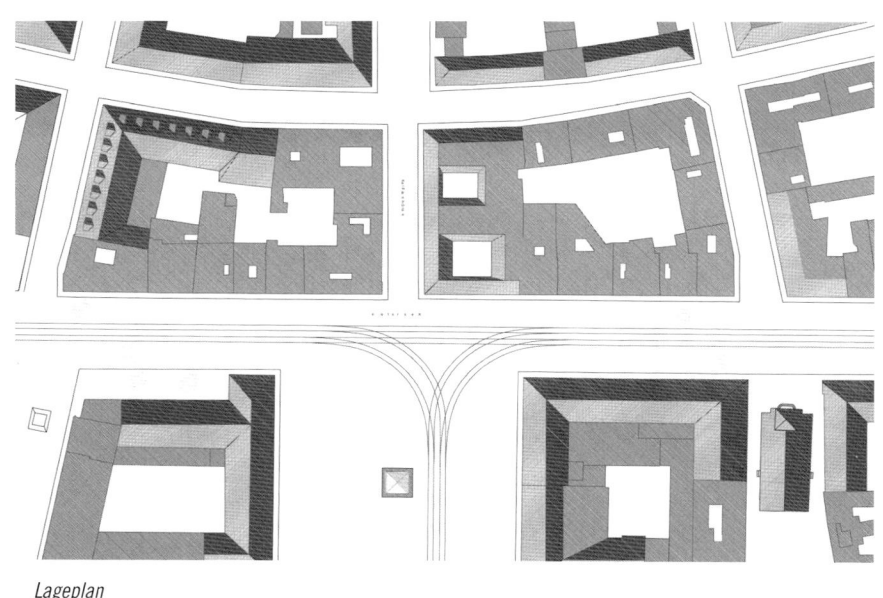

*Lageplan*

# ROMAN ARNOLD

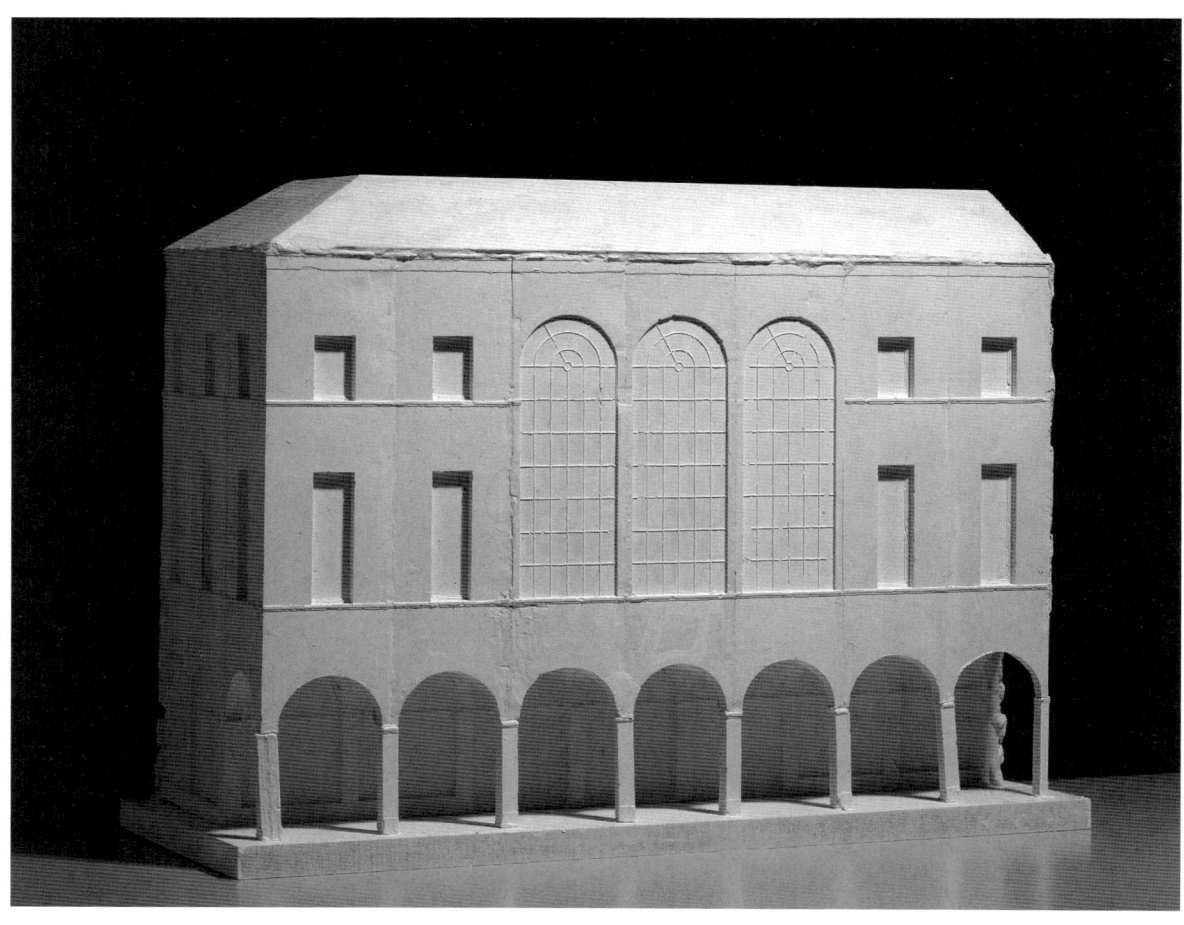

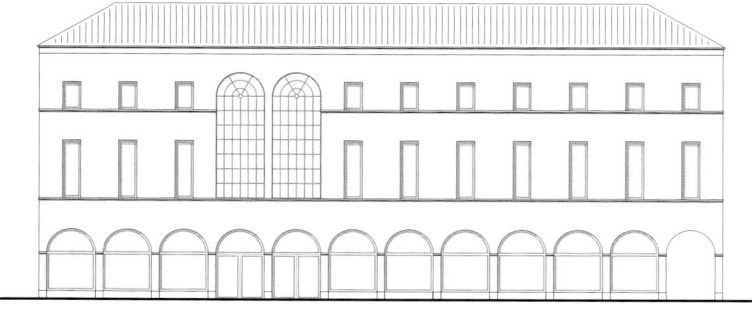
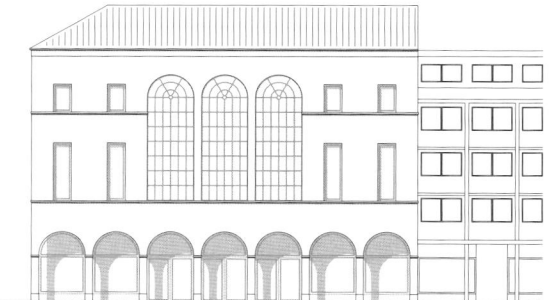

*Ansichten*

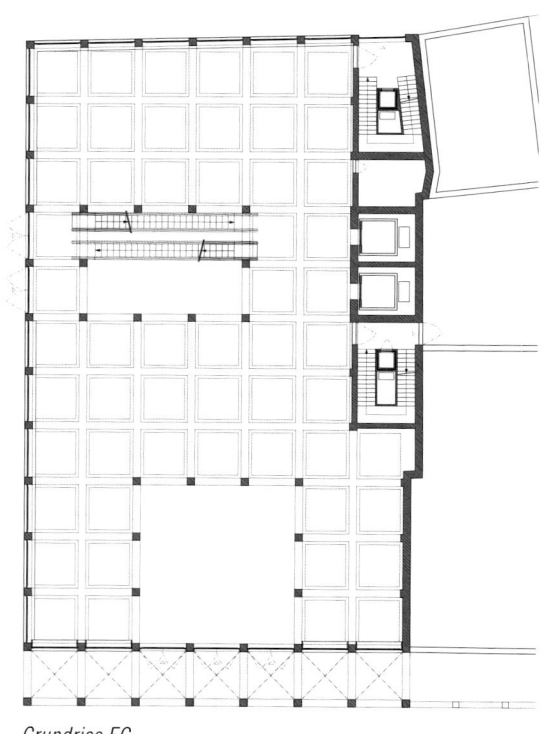

*Grundriss EG*

Roman Arnold 19

*Längsschnitt*

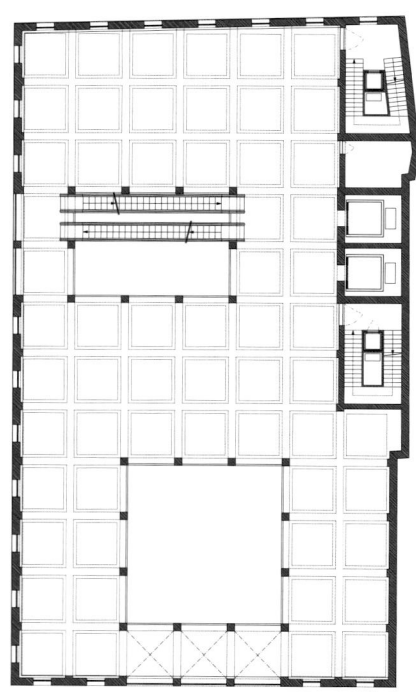
*Grundriss OG*

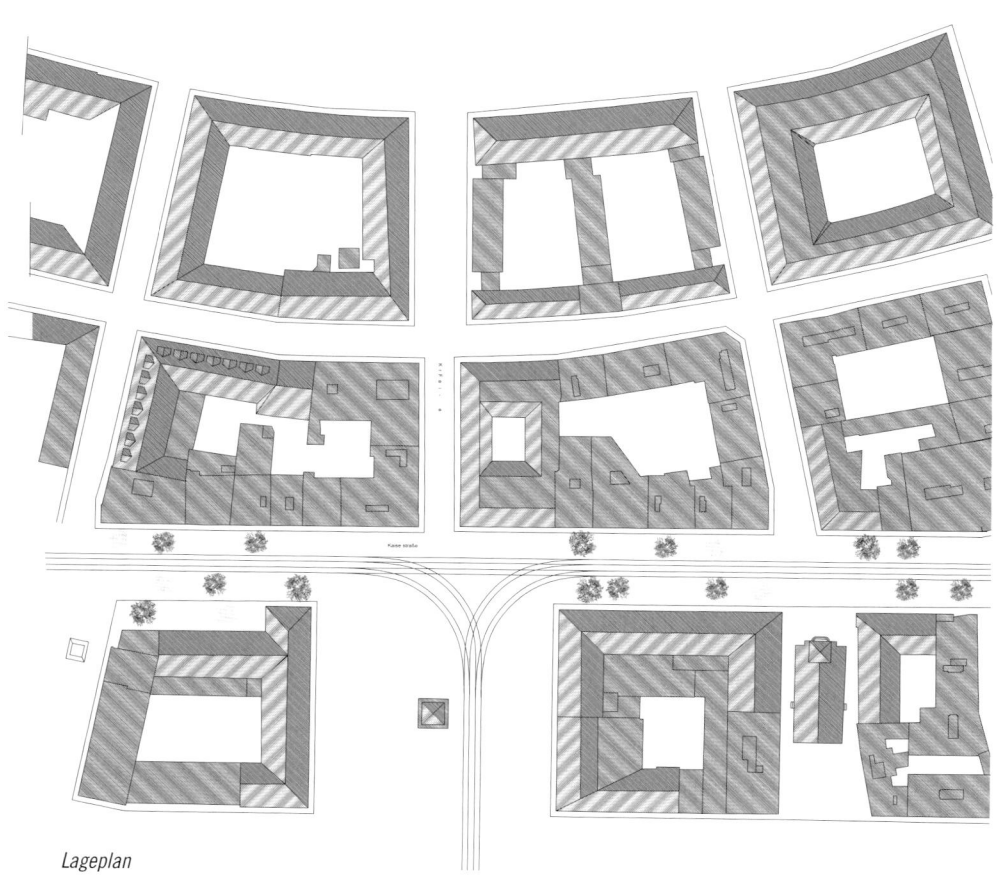

Lageplan

# SEVERIN BERCHTOLD

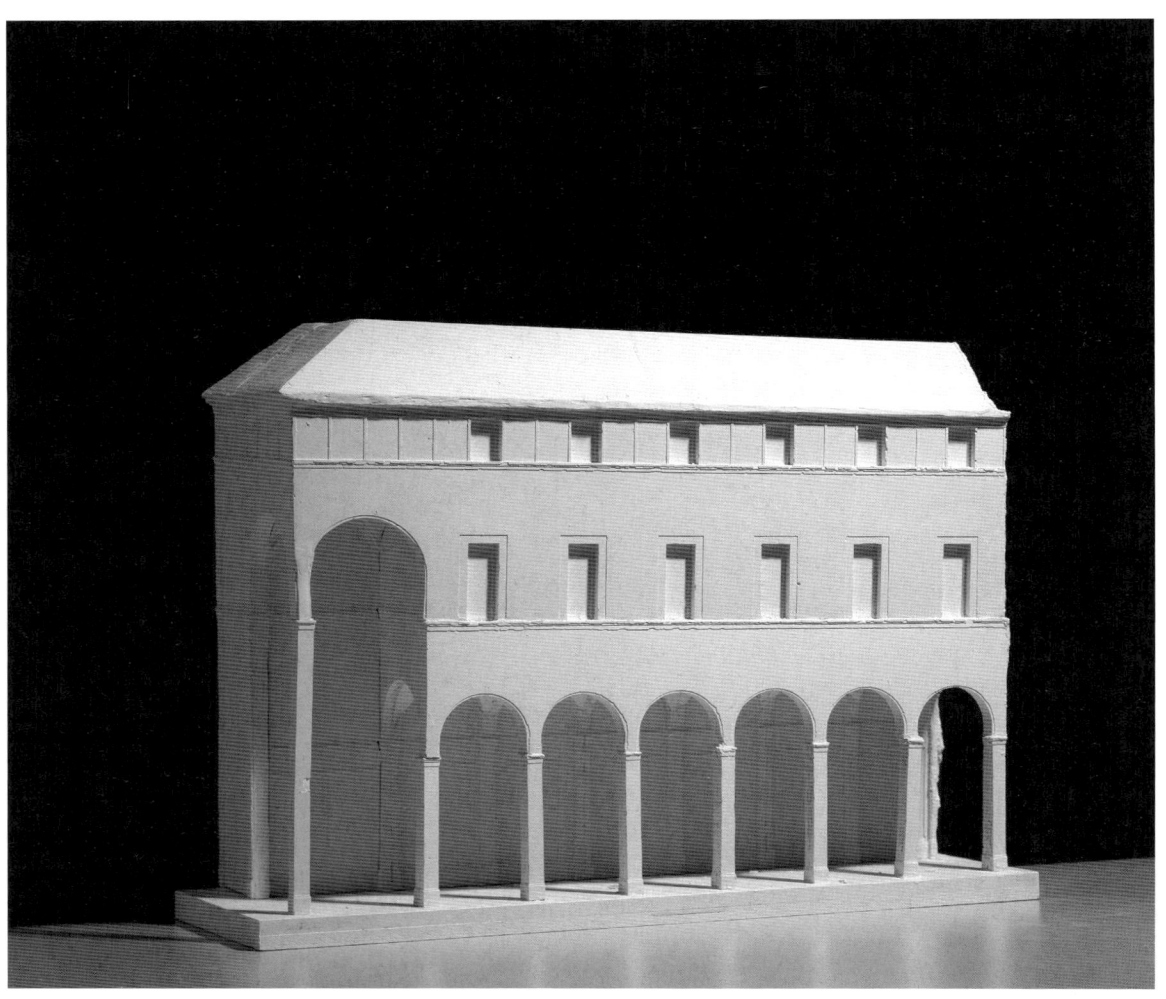

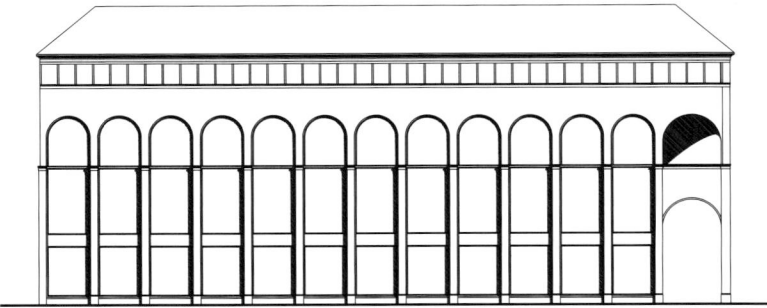
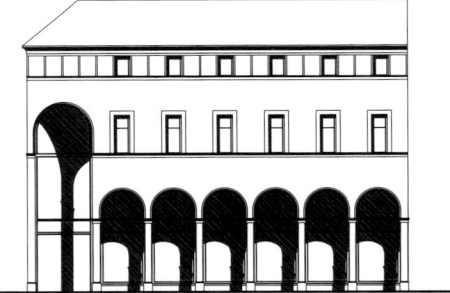

*Ansichten*

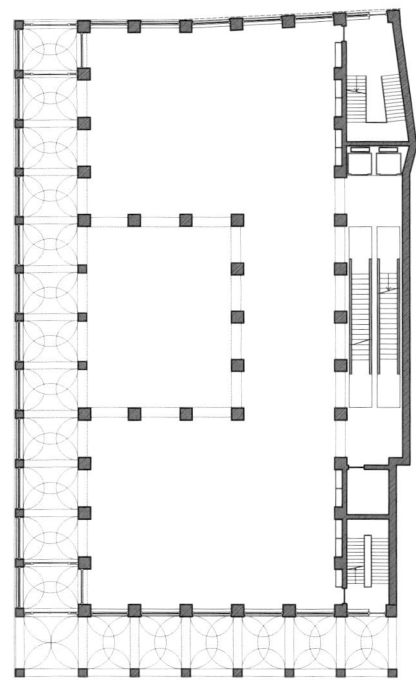

*Grundriss OG*

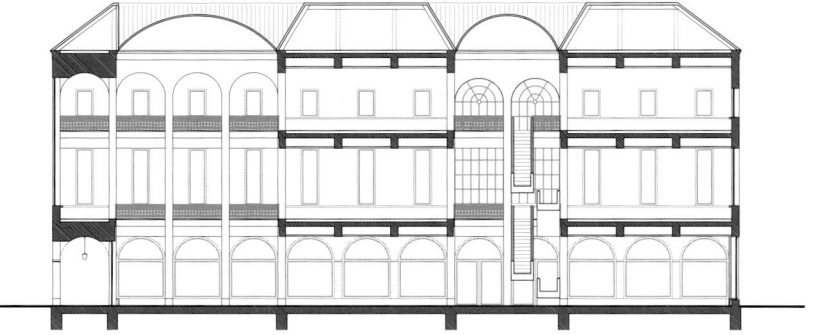

*Längsschnitt*

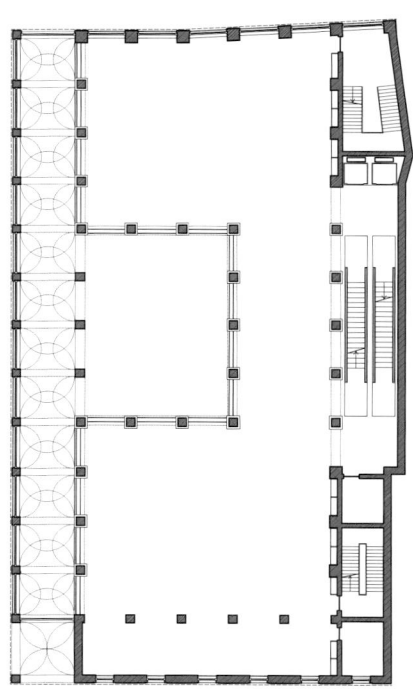

*Grundriss OG*

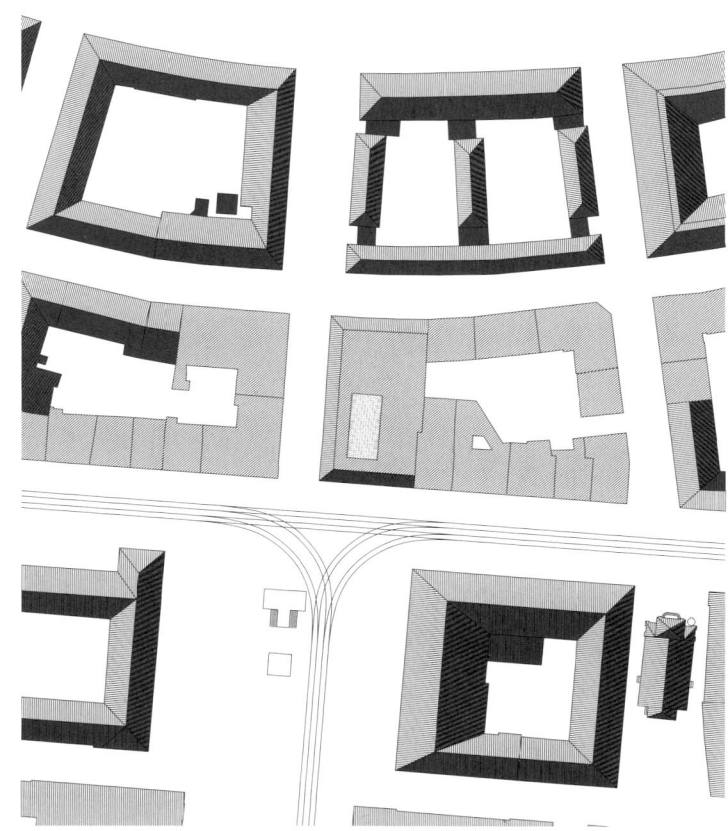
*Lageplan*

# ROMAN BIRRER

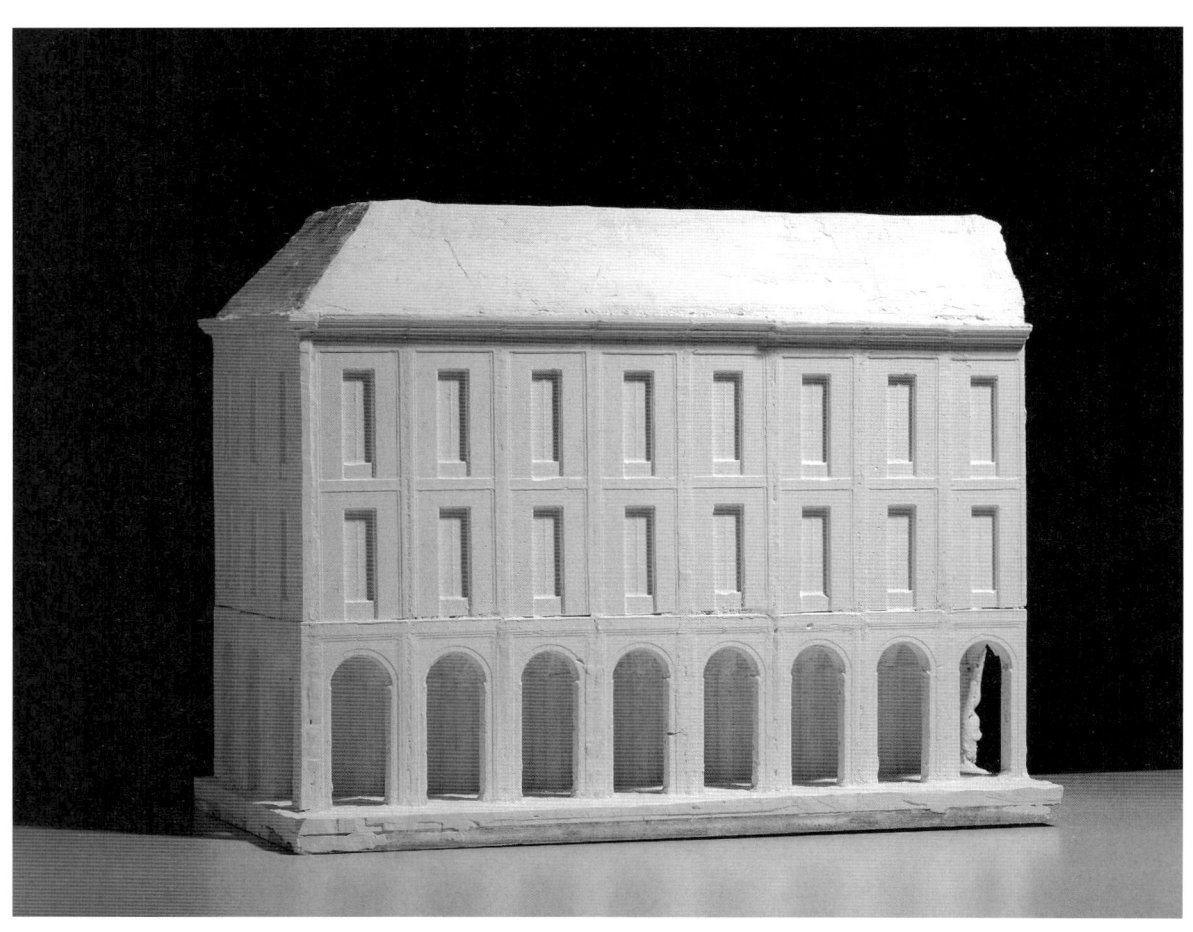

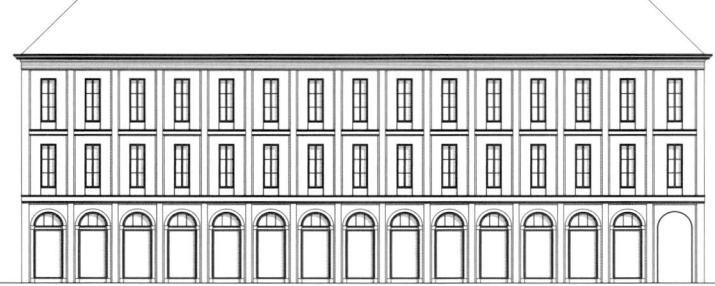

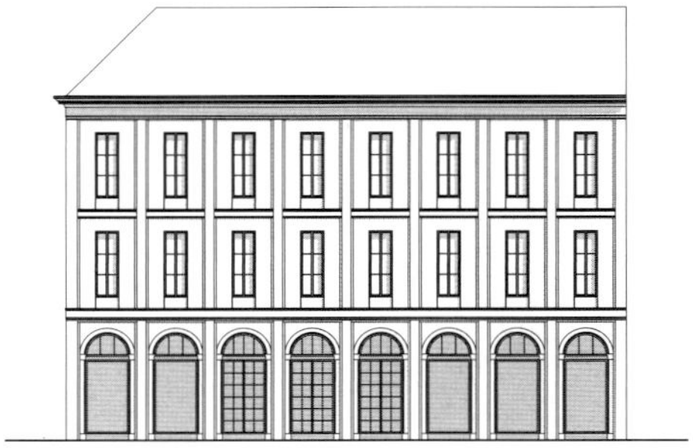

*Ansichten*

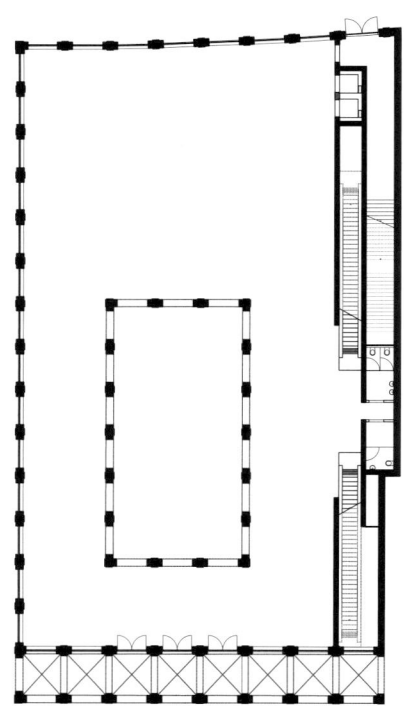

*Grundriss EG*

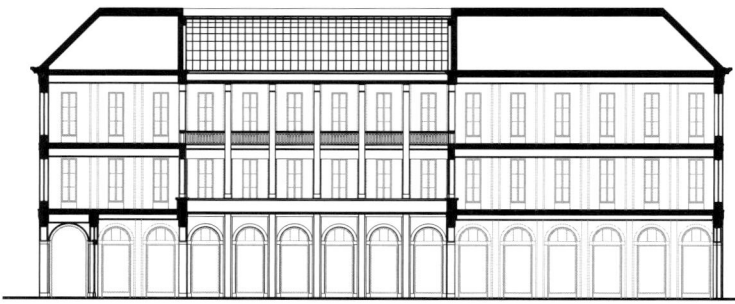

*Schnitte*

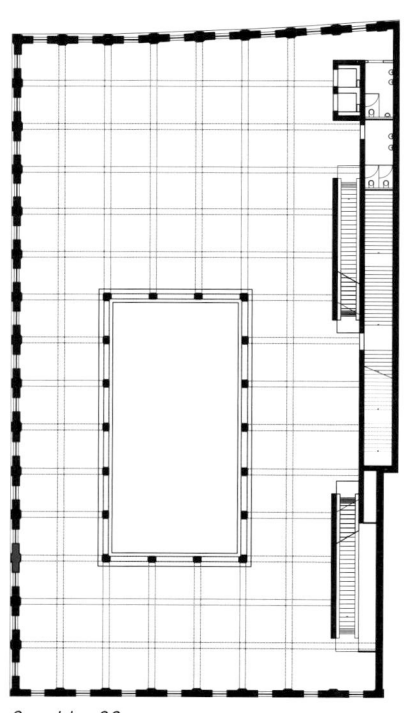

*Grundriss OG*

Roman Birrer

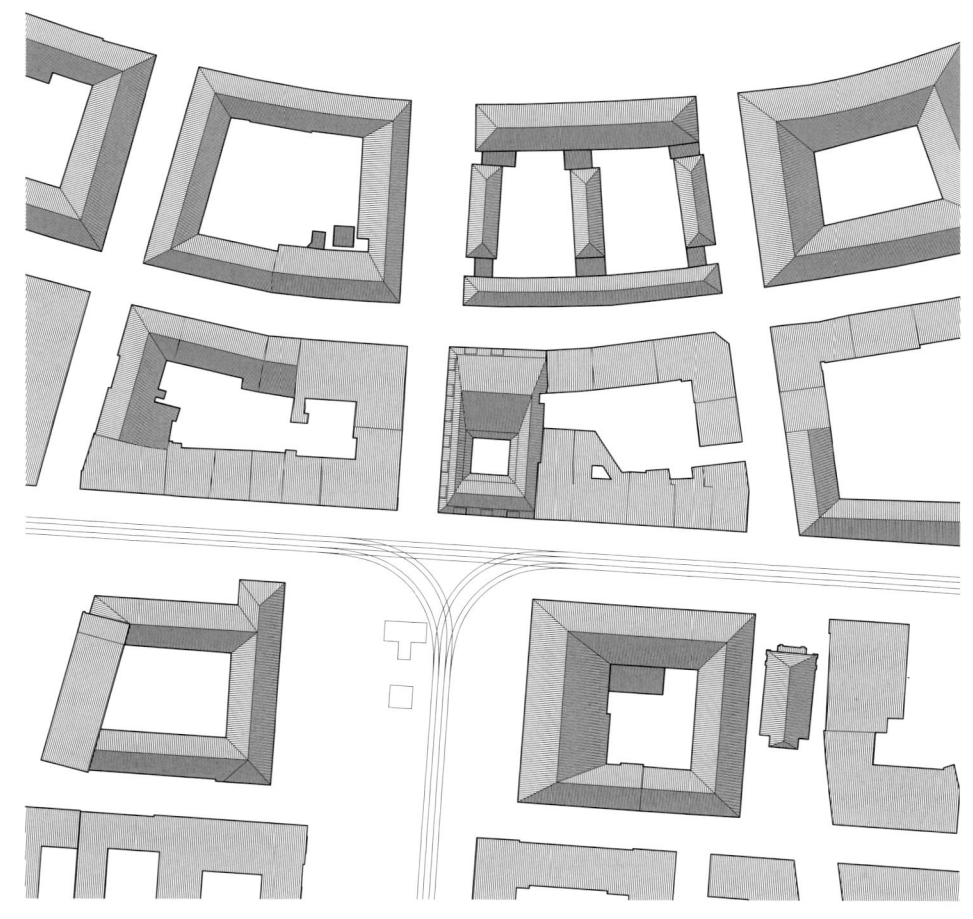

*Lageplan*

# MARC BLASER

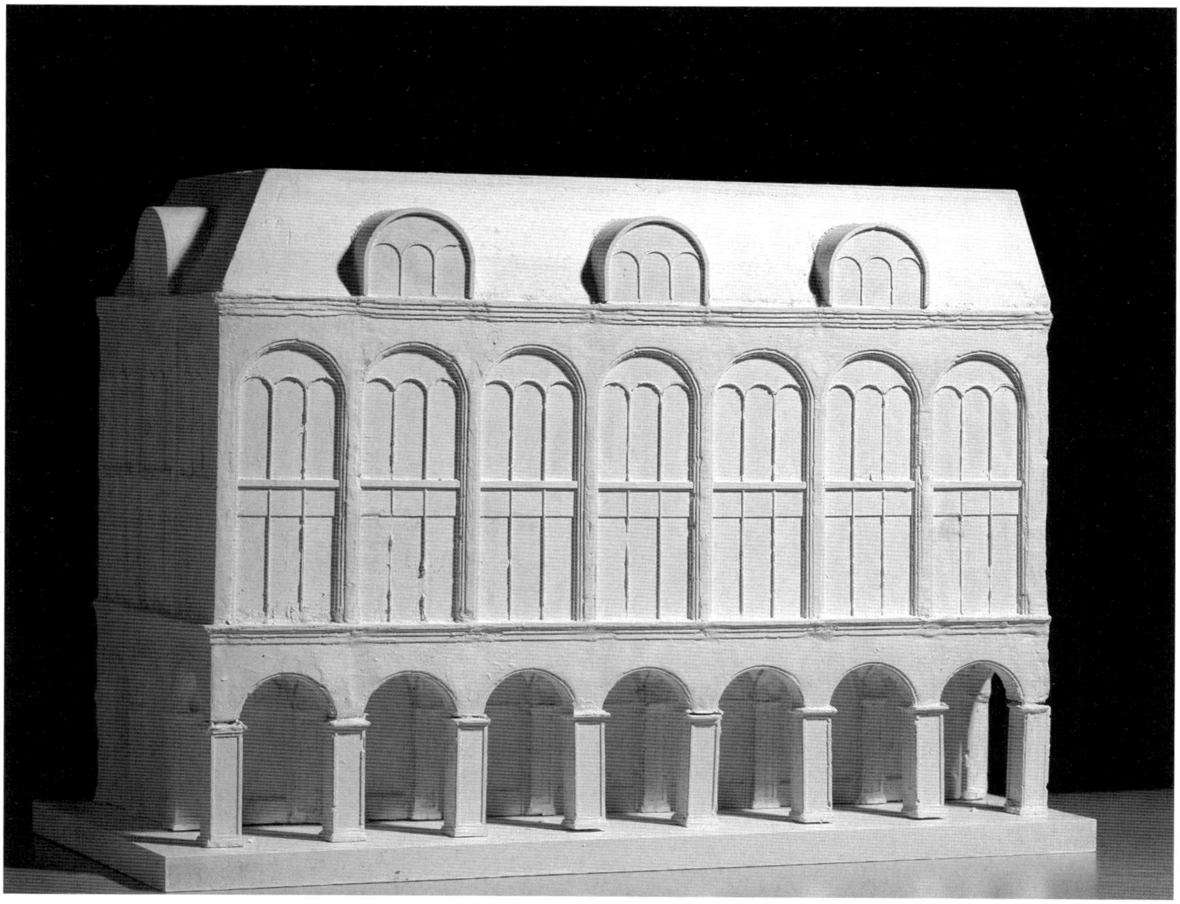

Marc Blaser

*Ansichten*

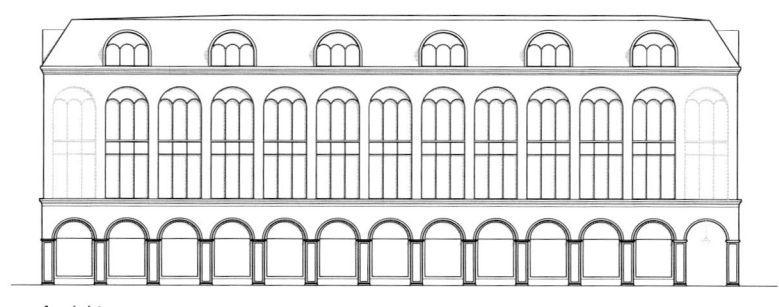

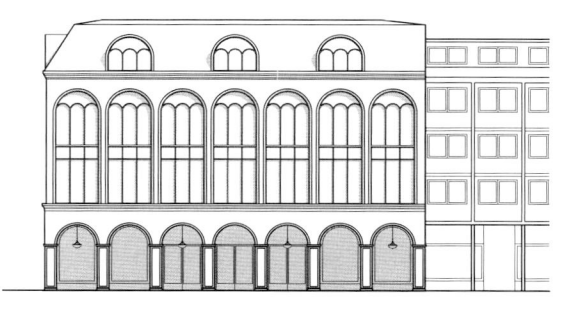

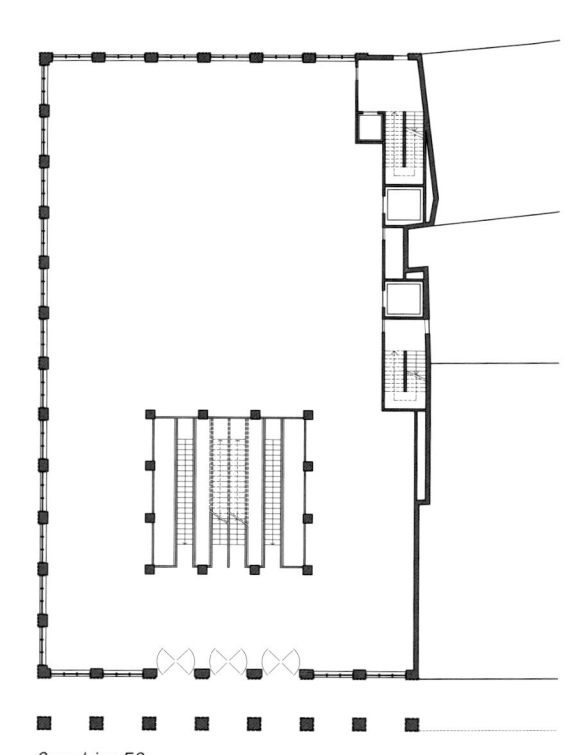

*Grundriss EG*

Marc Blaser 43

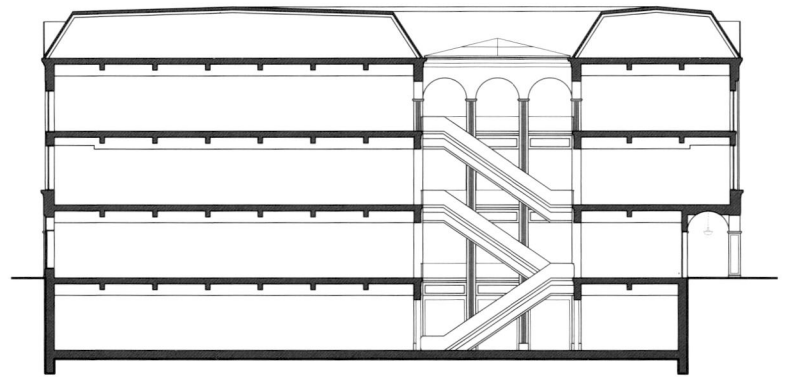

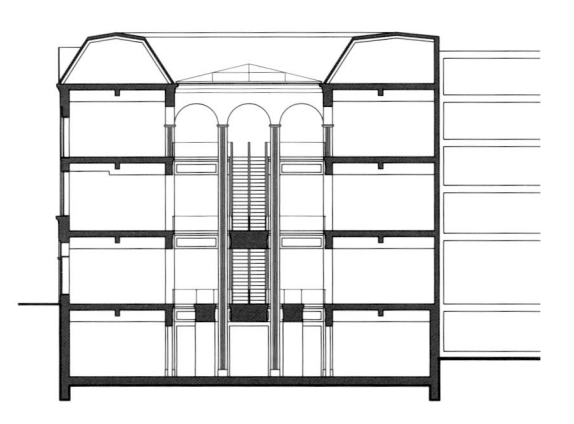

*Schnitte*

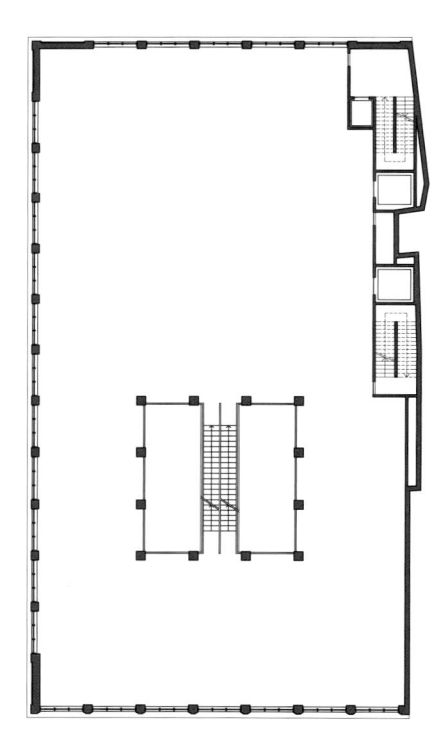

*Grundriss OG*

Marc Blaser

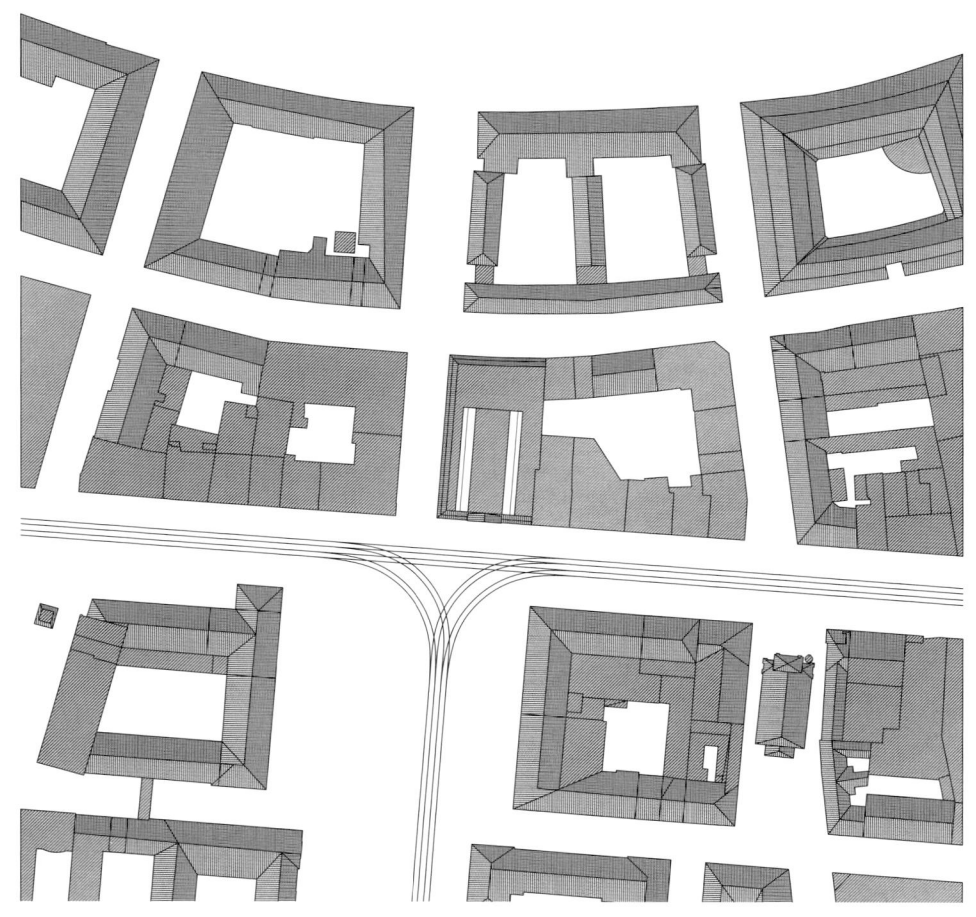

*Lageplan*

# ROSANNA VALERIA BORSOTTI

48

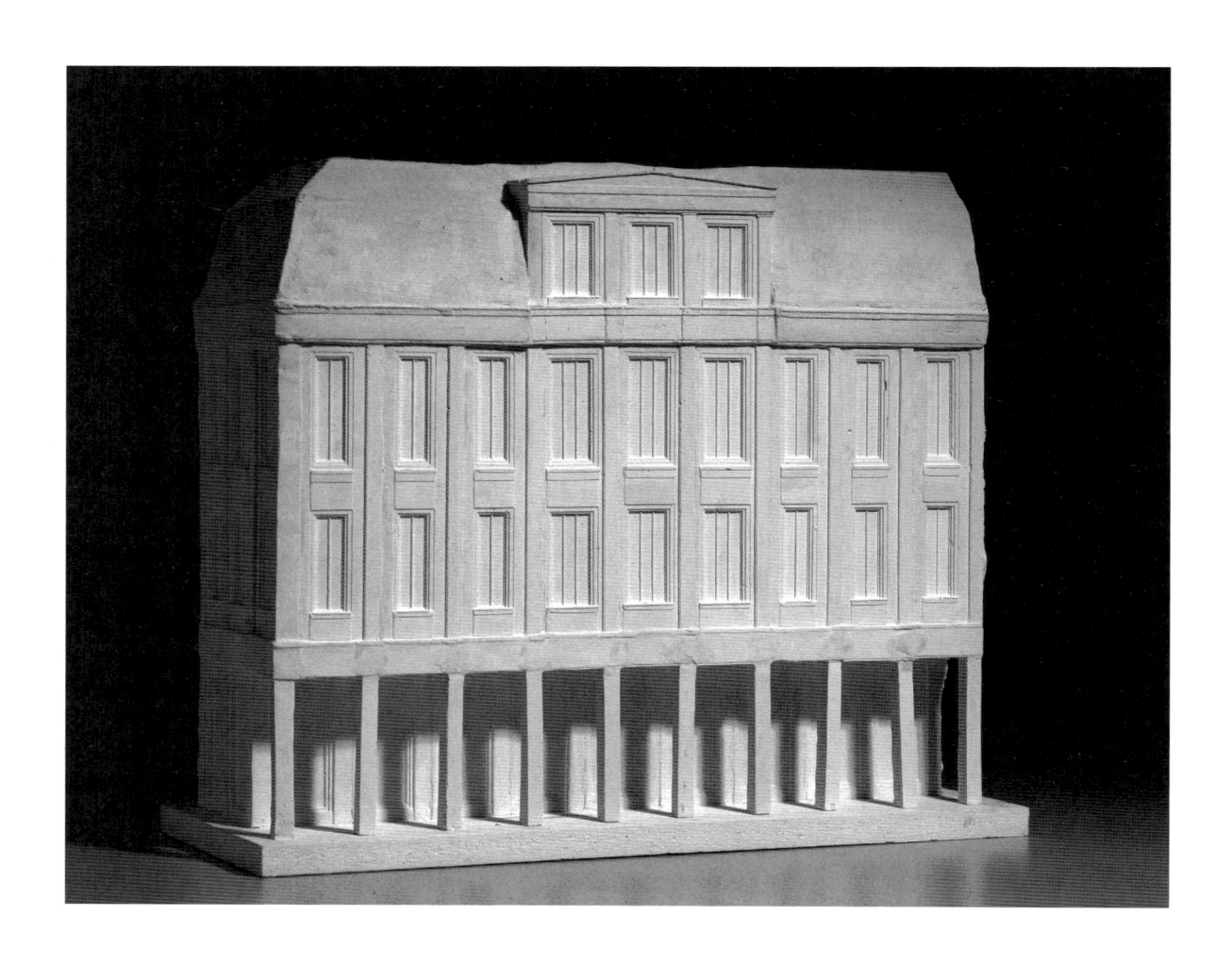

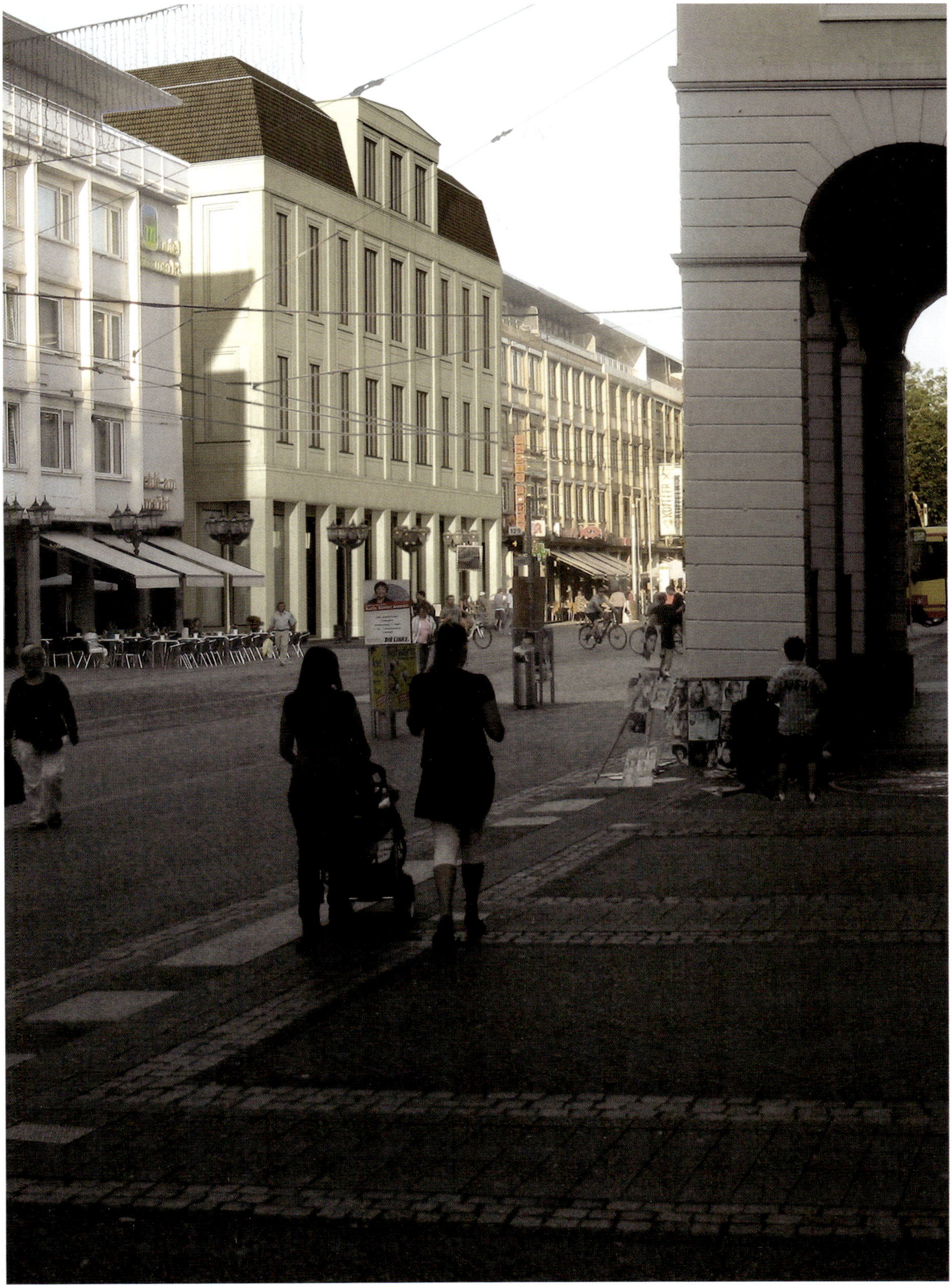

*Ansichten*

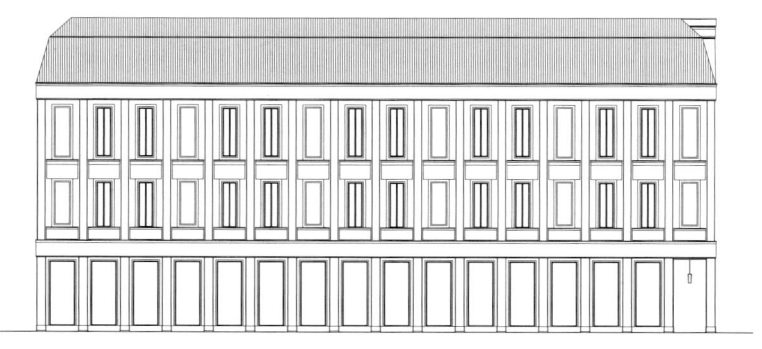

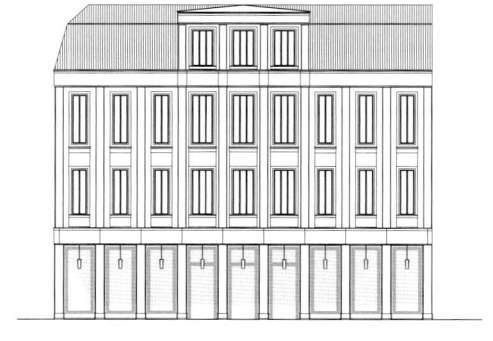

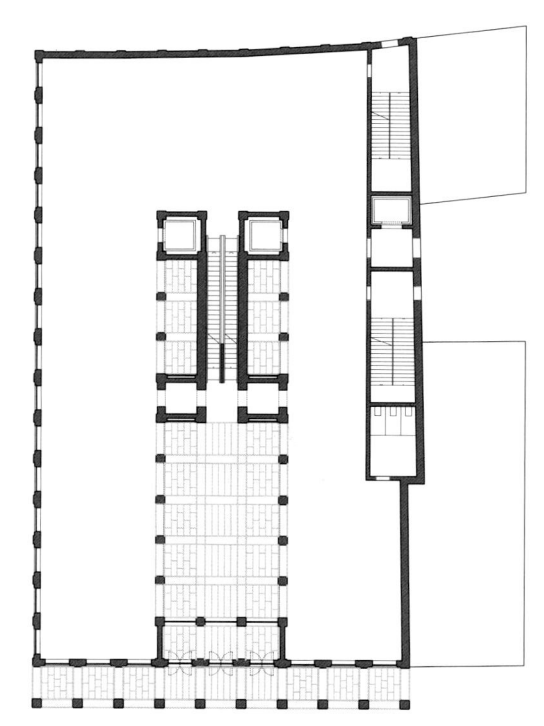

*Grundriss EG*

Rosanna Valeria Borsotti

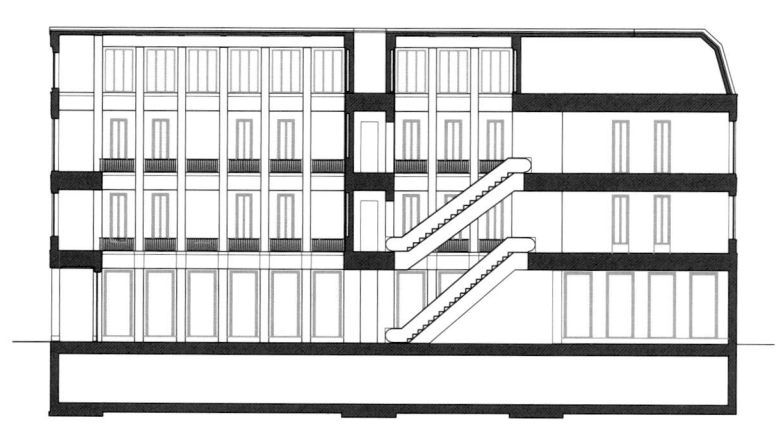

*Schnitte*

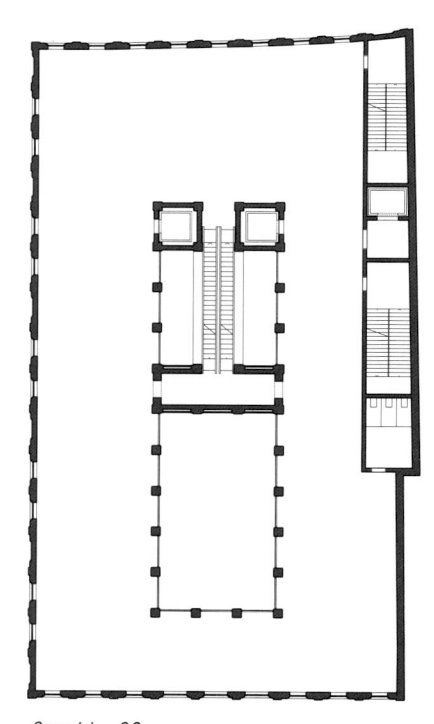

*Grundriss OG*

Rosanna Valeria Borsotti 53

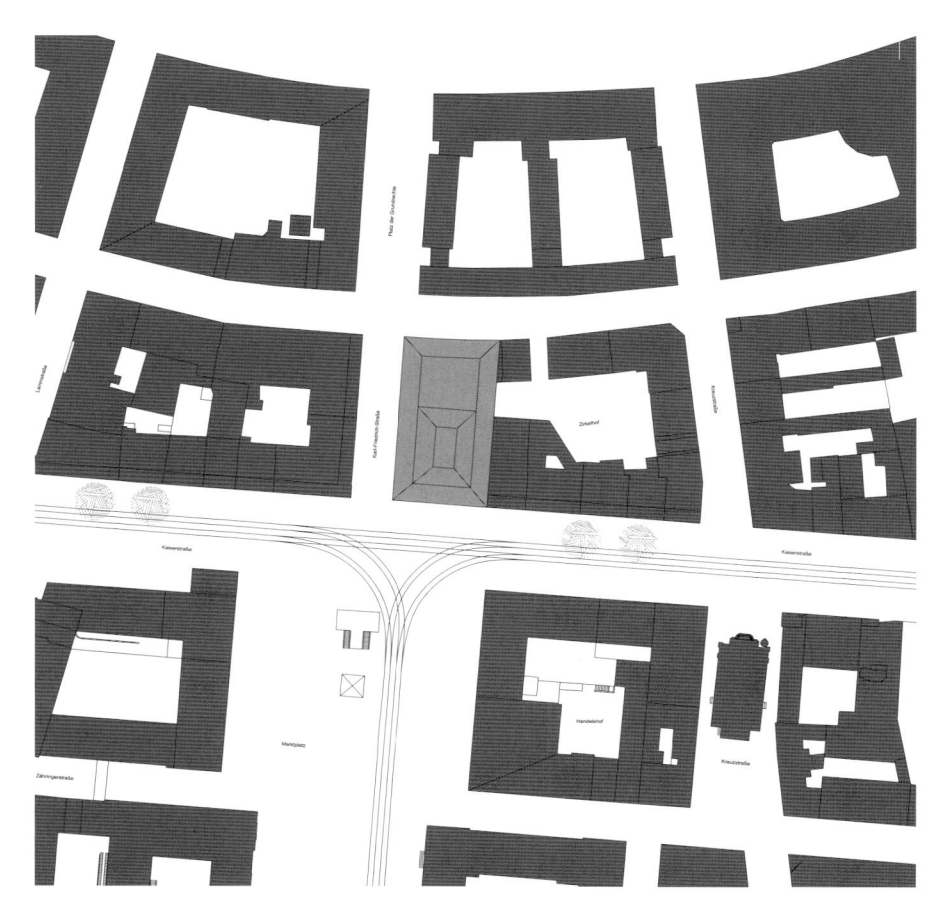

*Lageplan*

# MIRCO BRUGNOLI

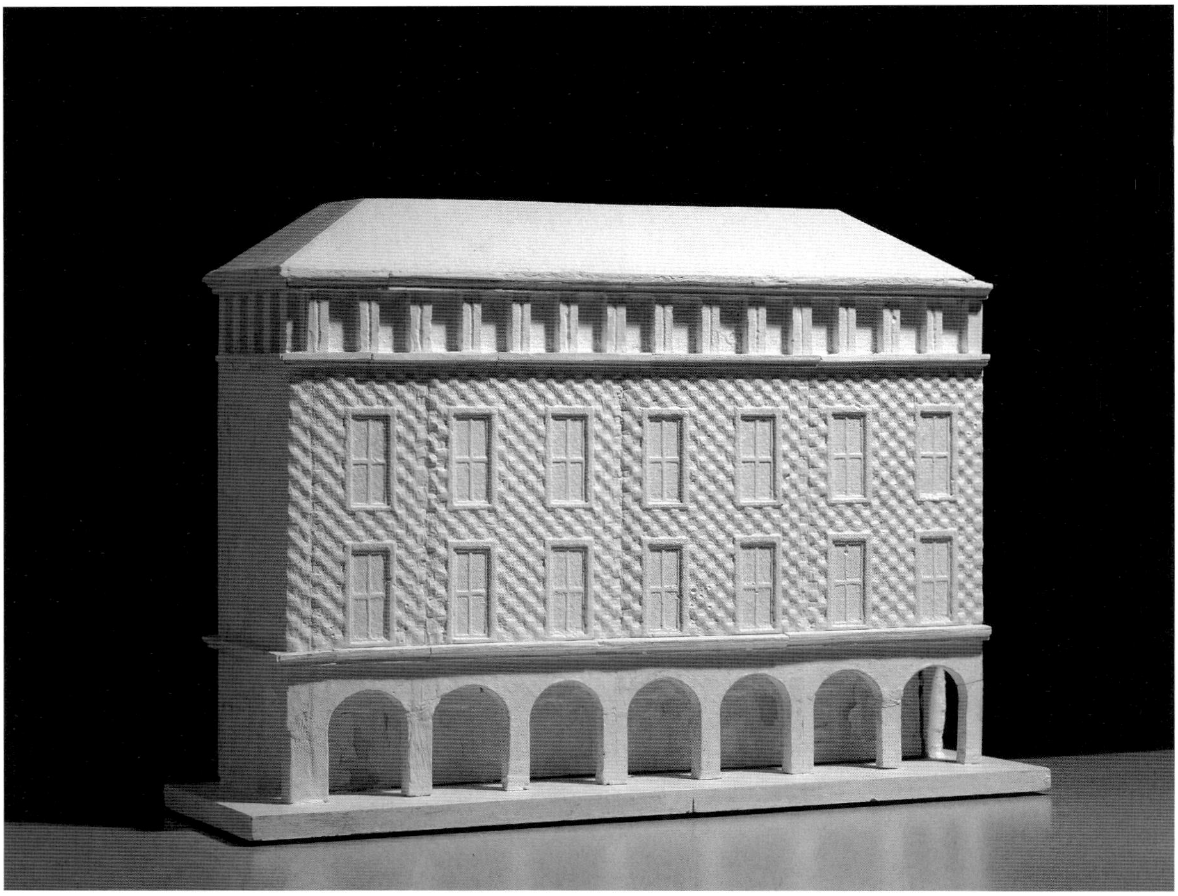

Mirco Brugnoli

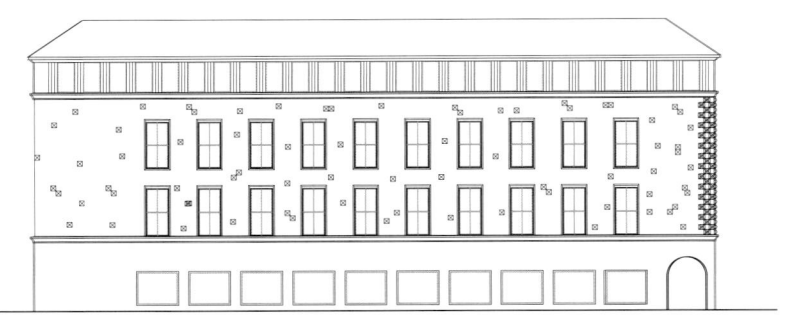

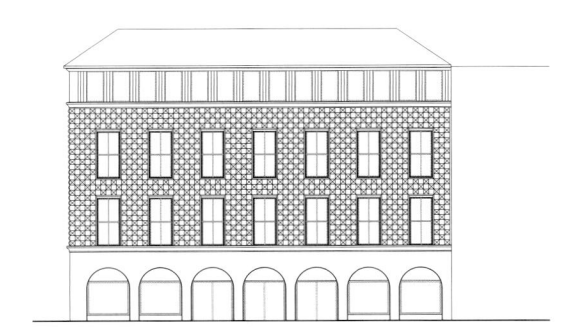

*Ansichten*

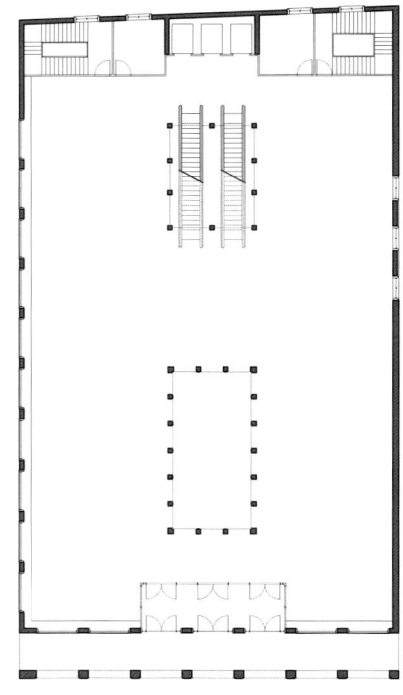

*Grundriss EG*

Mirco Brugnoli  59

*Schnitte*

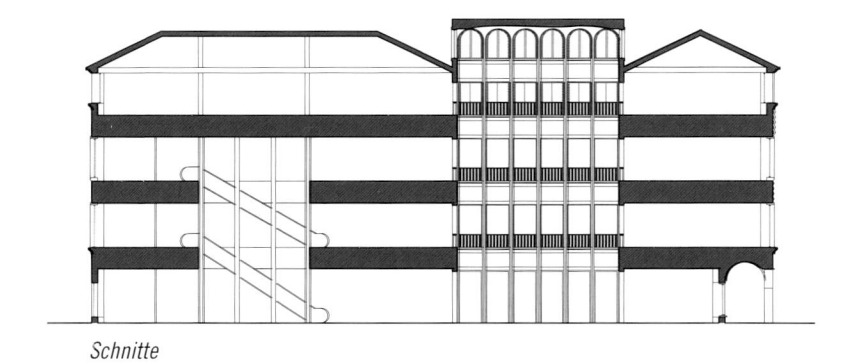

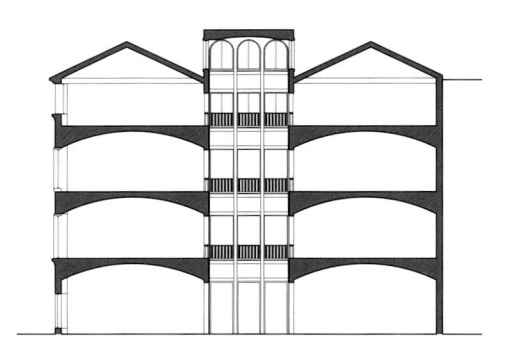

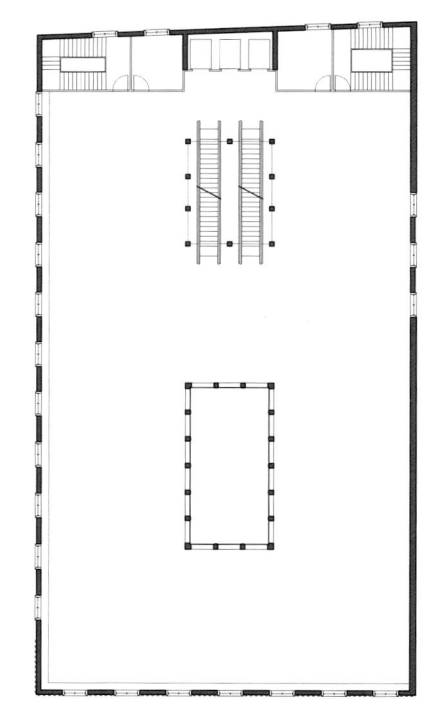

*Grundriss OG*

Mirco Brugnoli

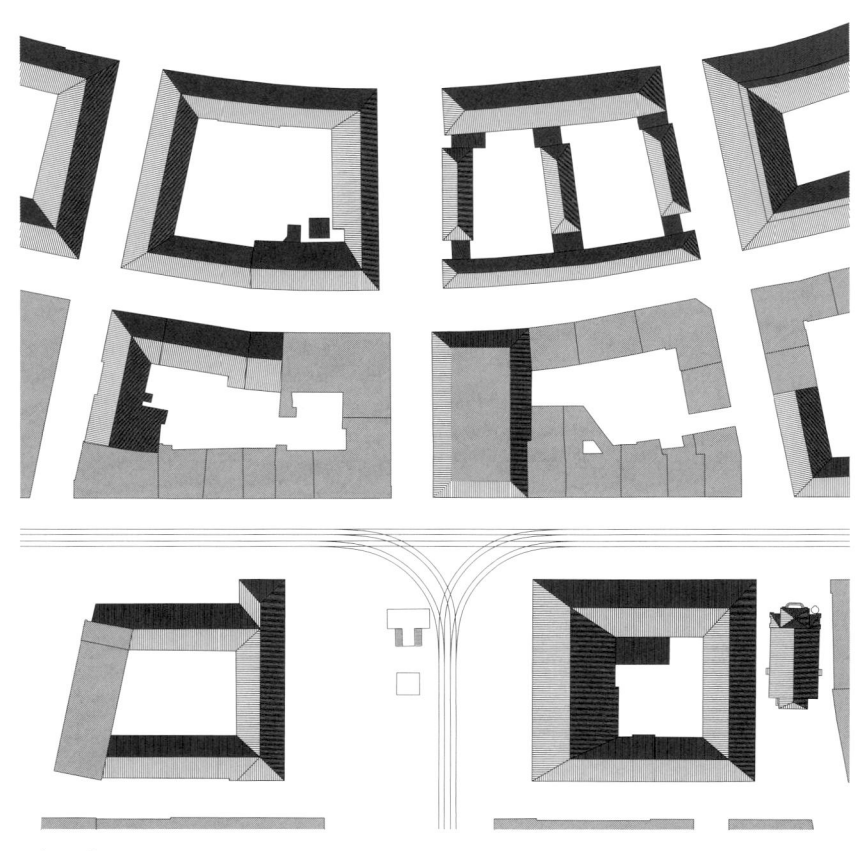

*Lageplan*

BERTE DAAN

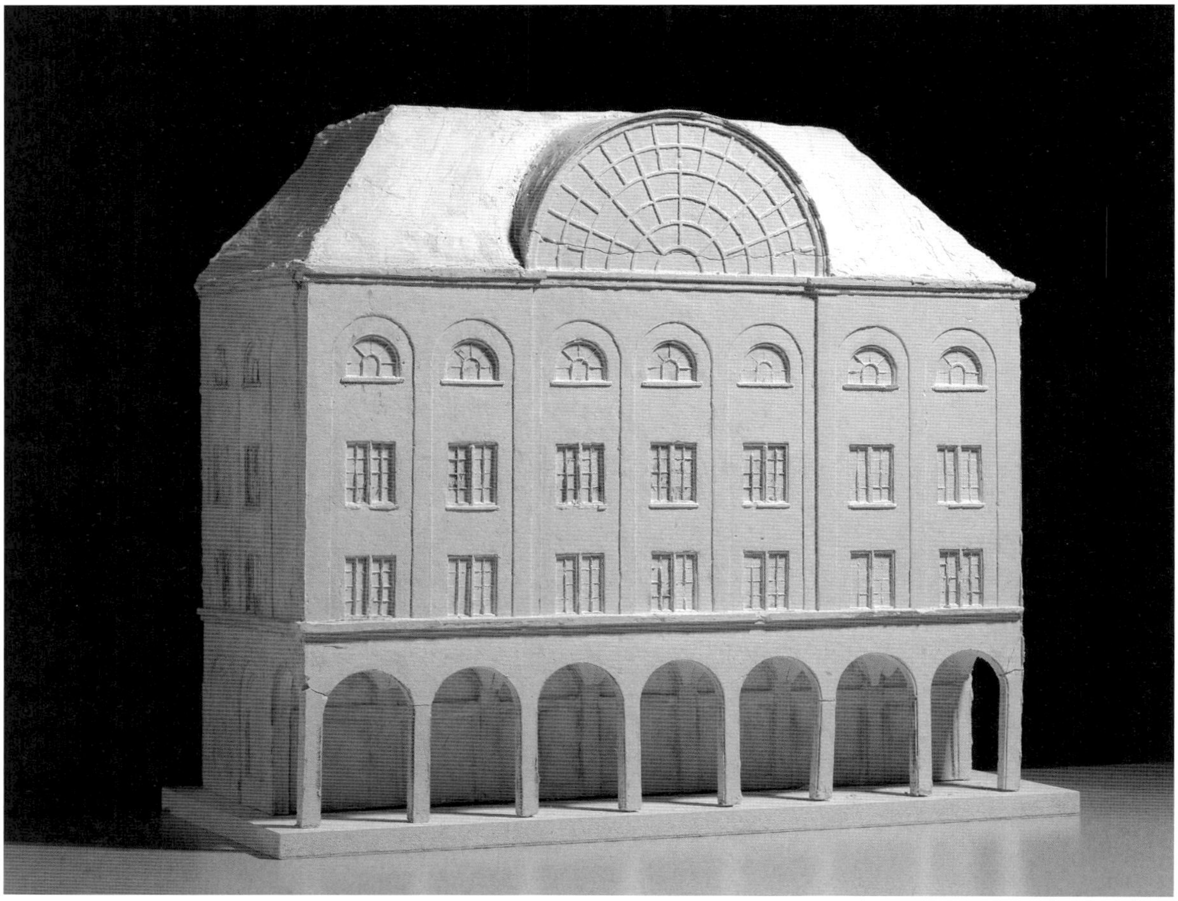

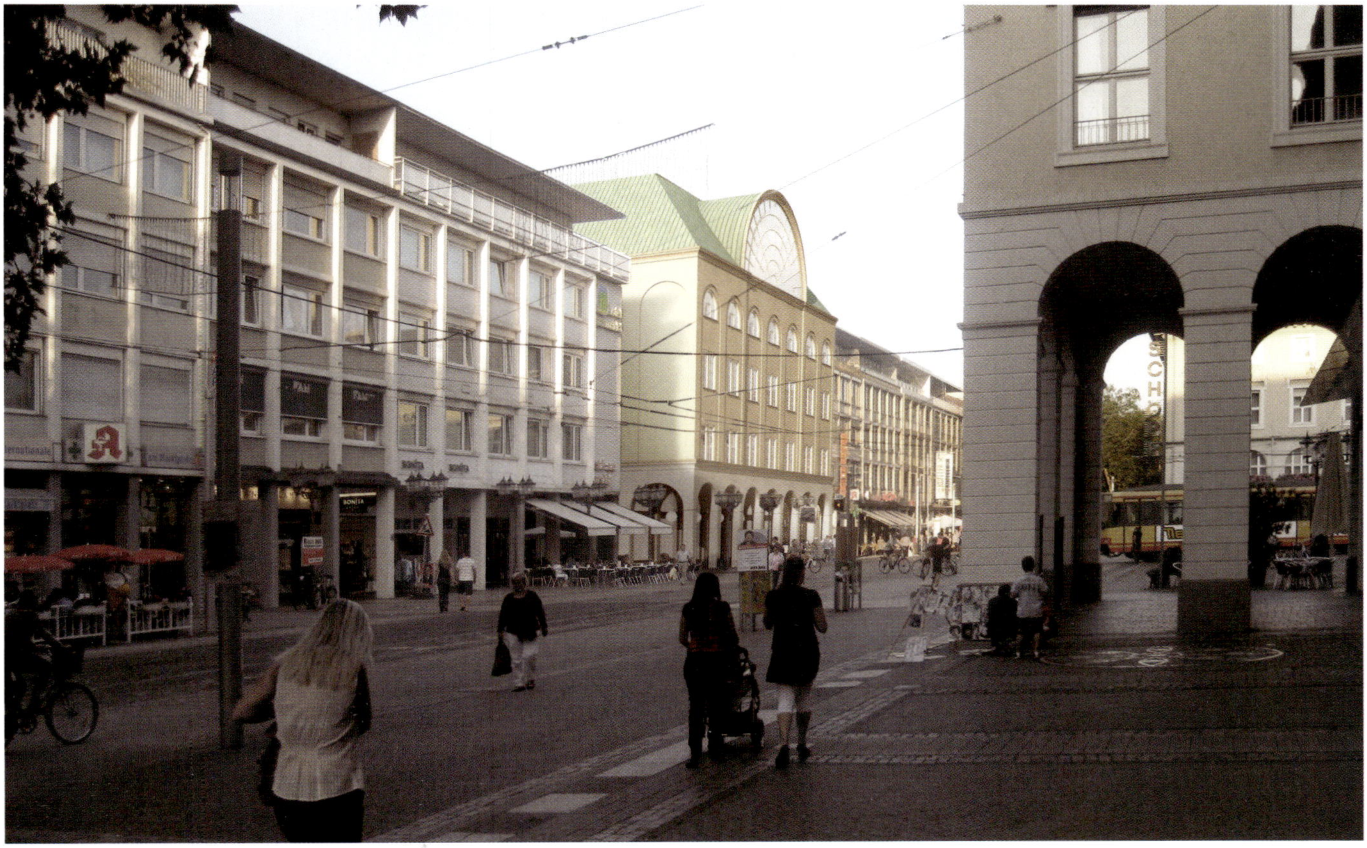

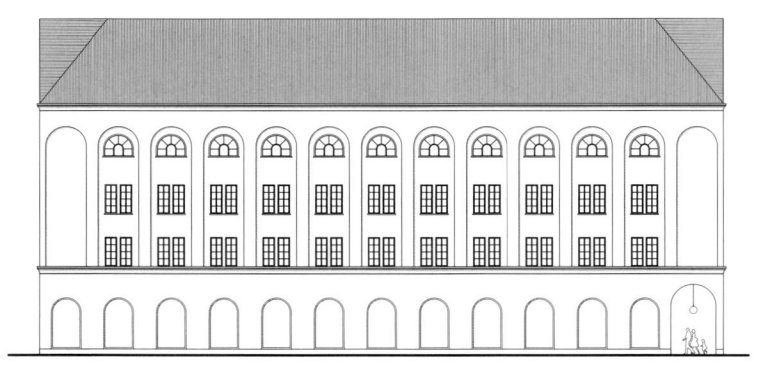

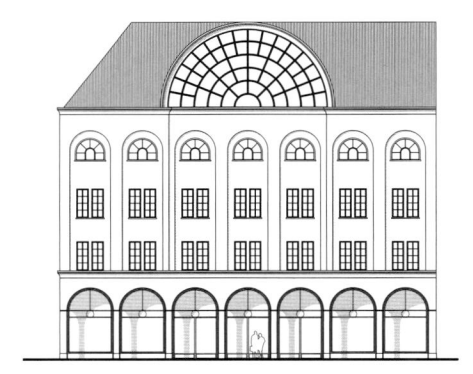

*Ansichten*

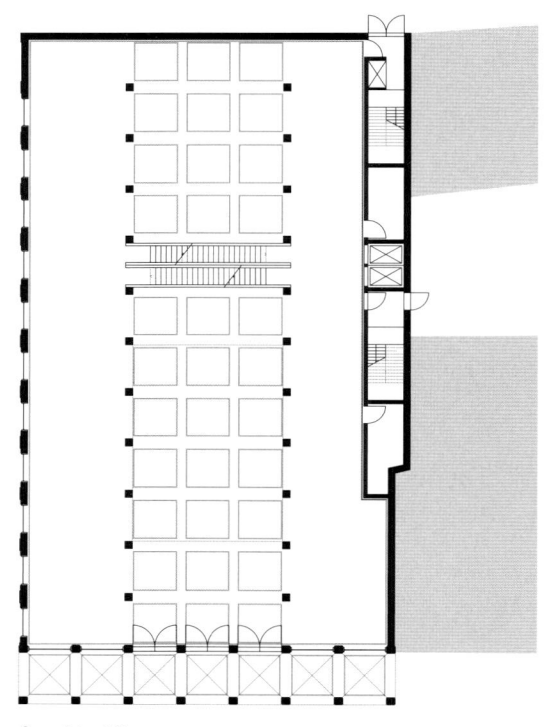

*Grundriss EG*

Berte Daan 67

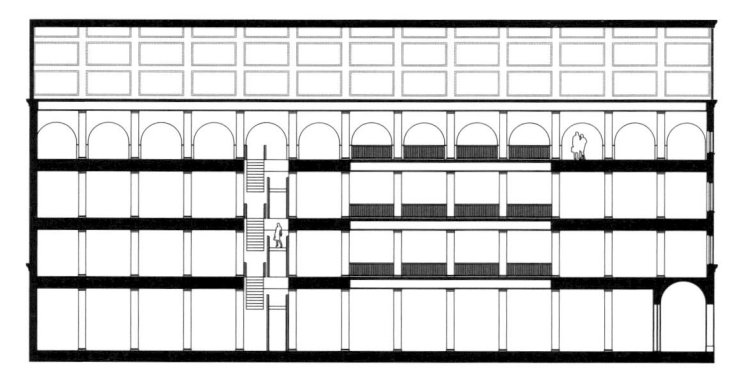

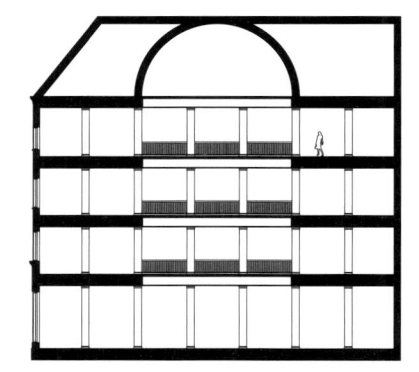

*Schnitte*

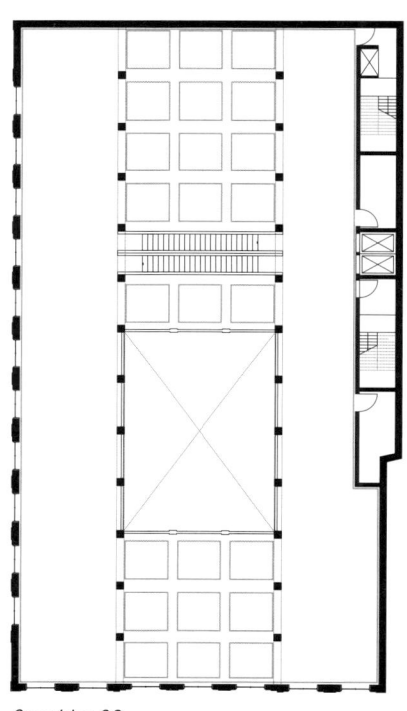

*Grundriss OG*

Berte Daan

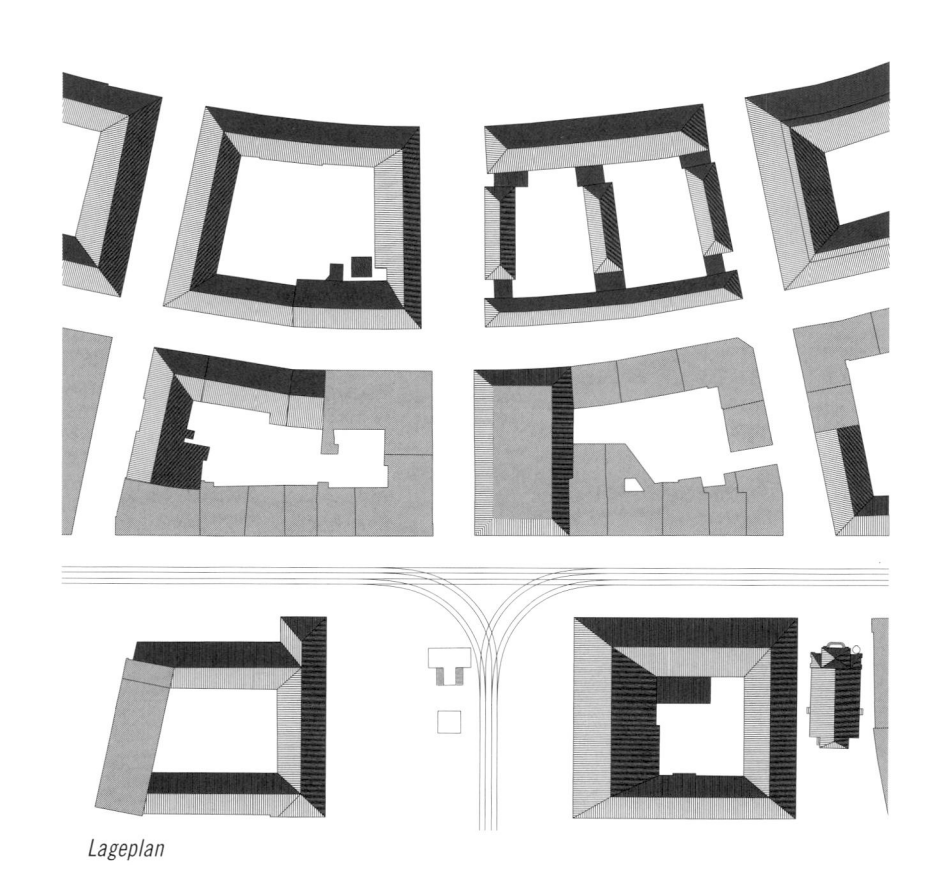

*Lageplan*

# TUGBA DEMIRAL

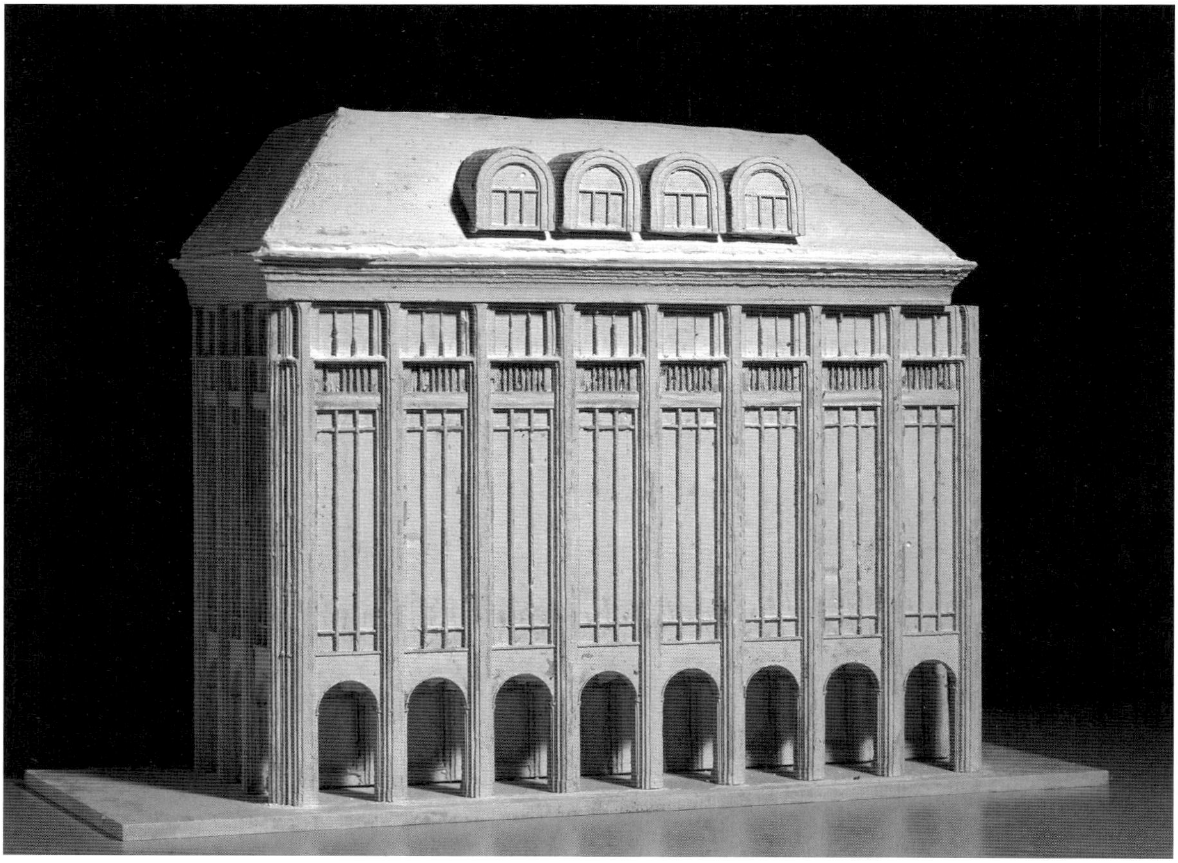

Tugba Demiral

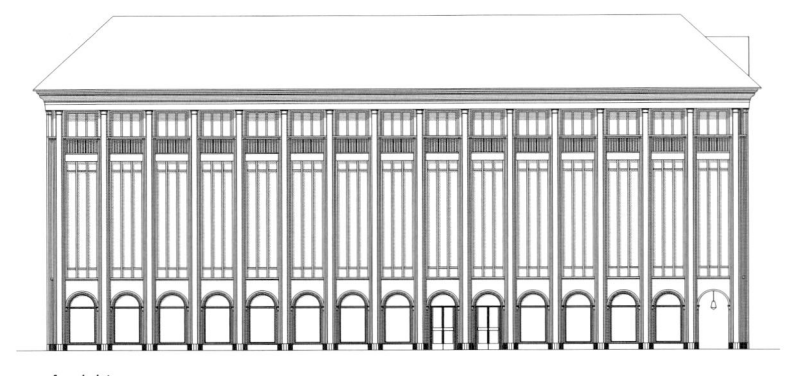

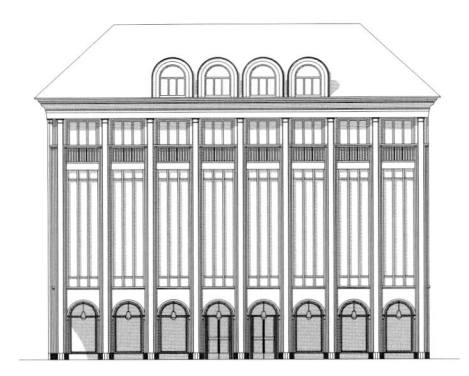

*Ansichten*

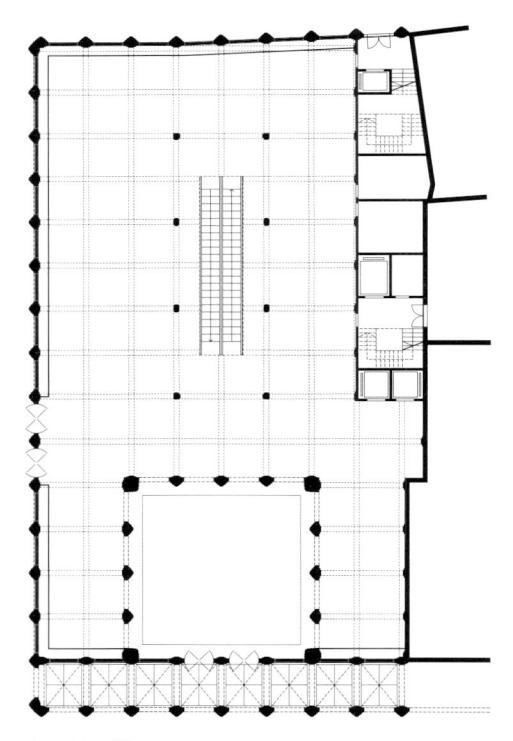

*Grundriss EG*

Tugba Demiral

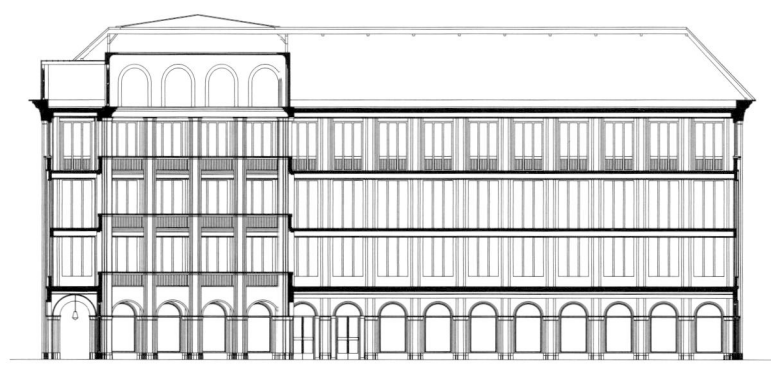

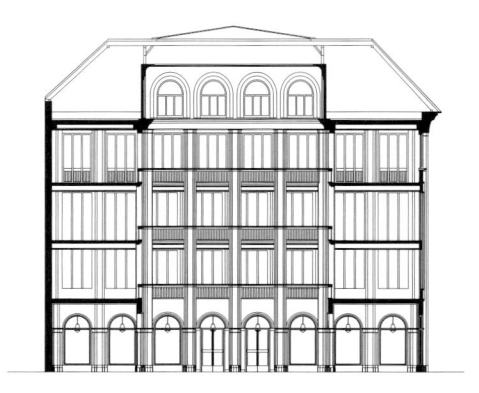

*Schnitte*

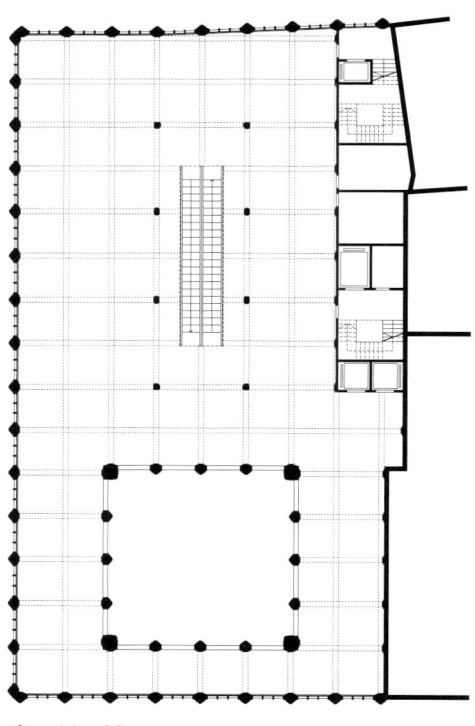

*Grundriss OG*

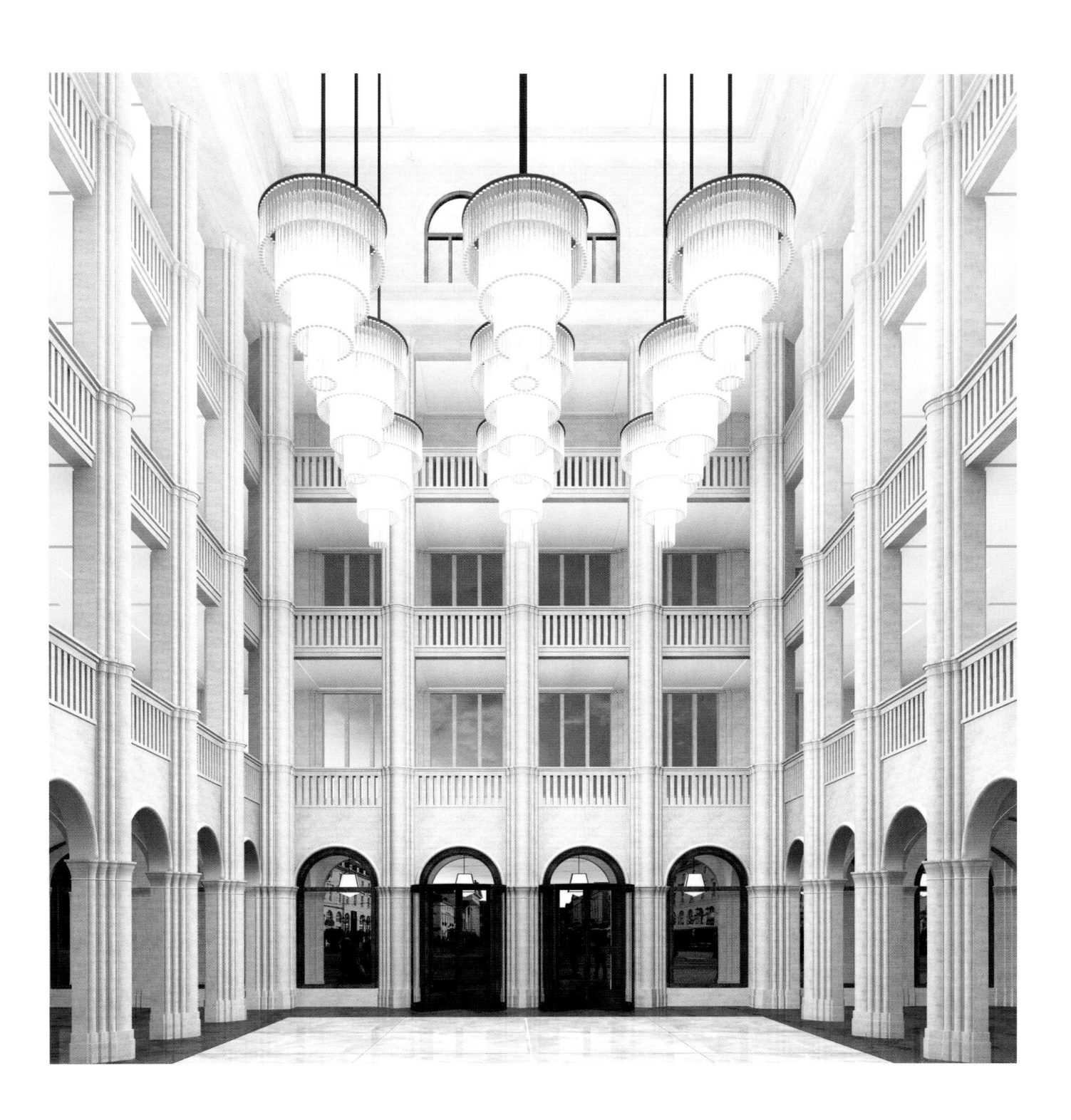

Tugba Demiral 77

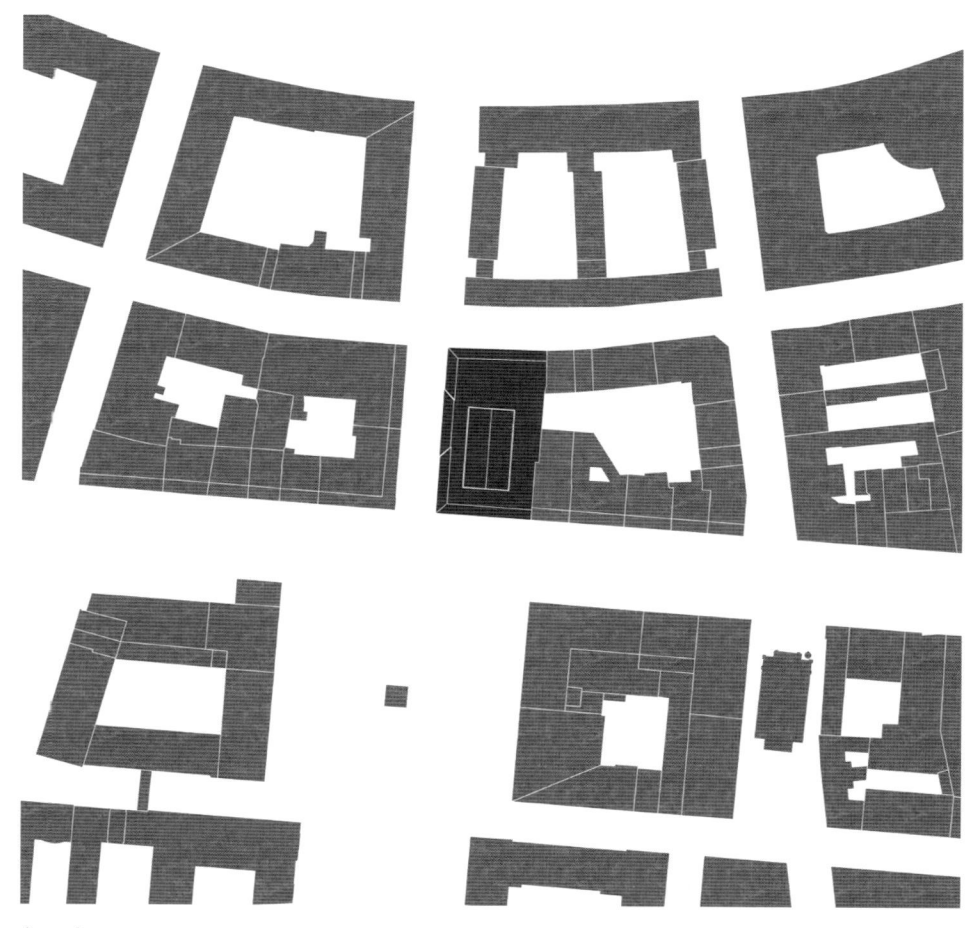

*Lageplan*

# SEBASTIAN EPKES

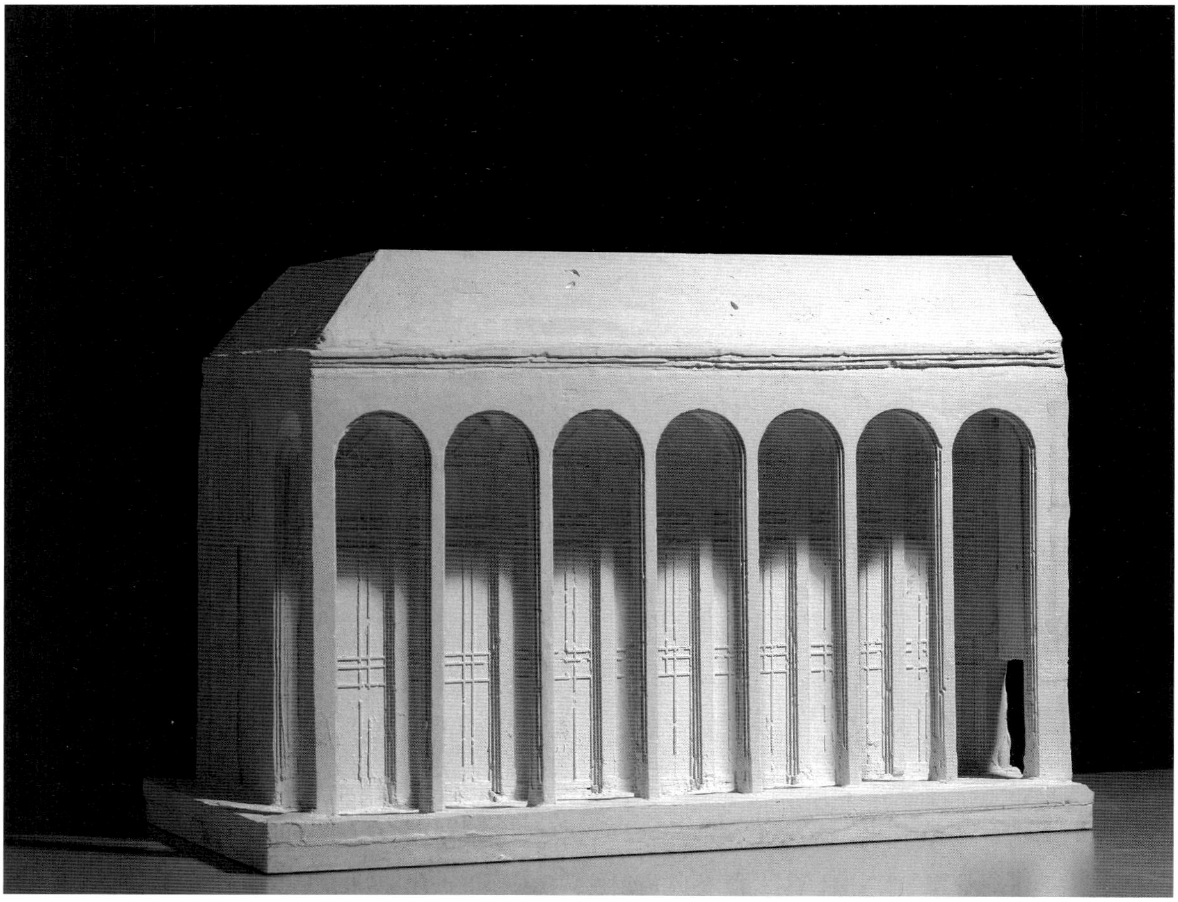

Sebastian Epkes 81

*Ansichten*

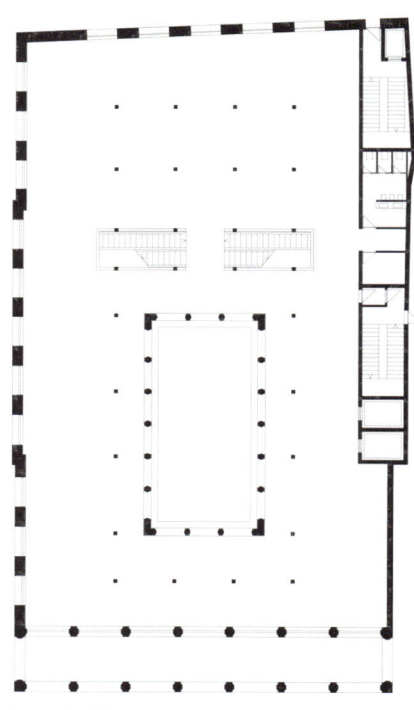

*Grundriss EG*

Sebastian Epkes 83

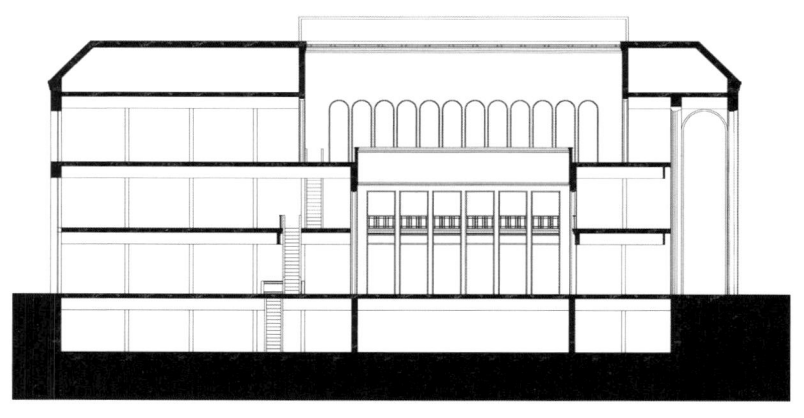

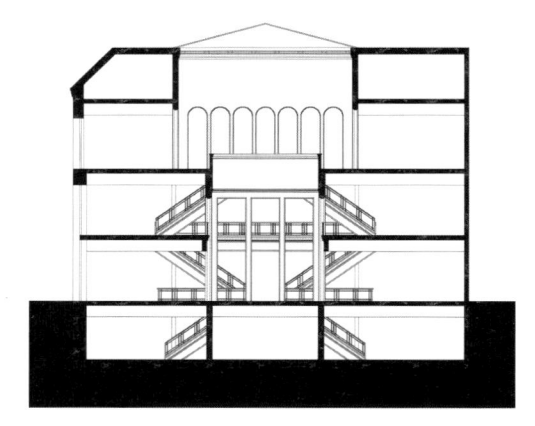

*Schnitte*

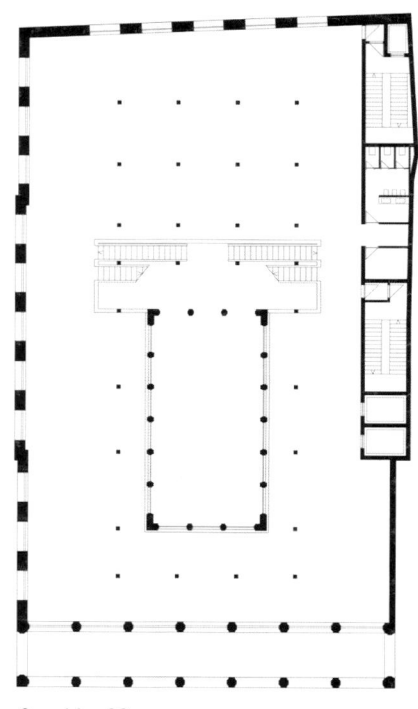

*Grundriss OG*

Sebastian Epkes

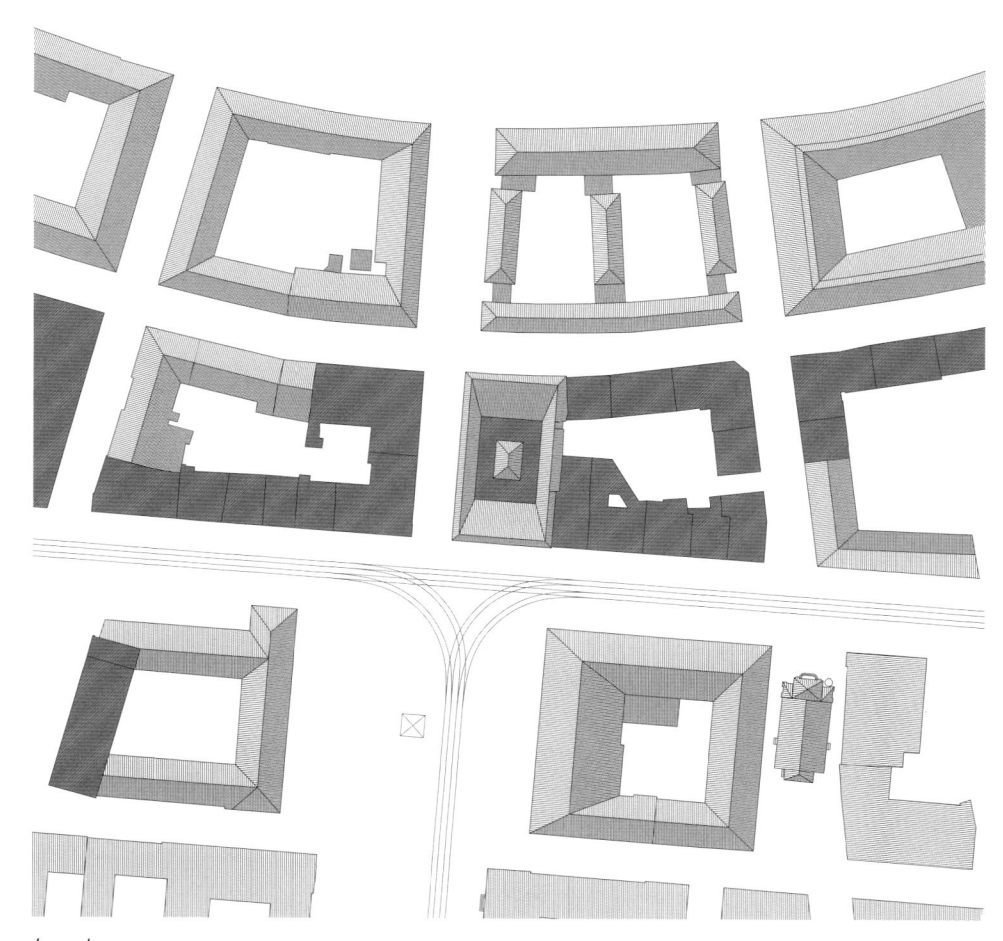

*Lageplan*

PONTUS FALK

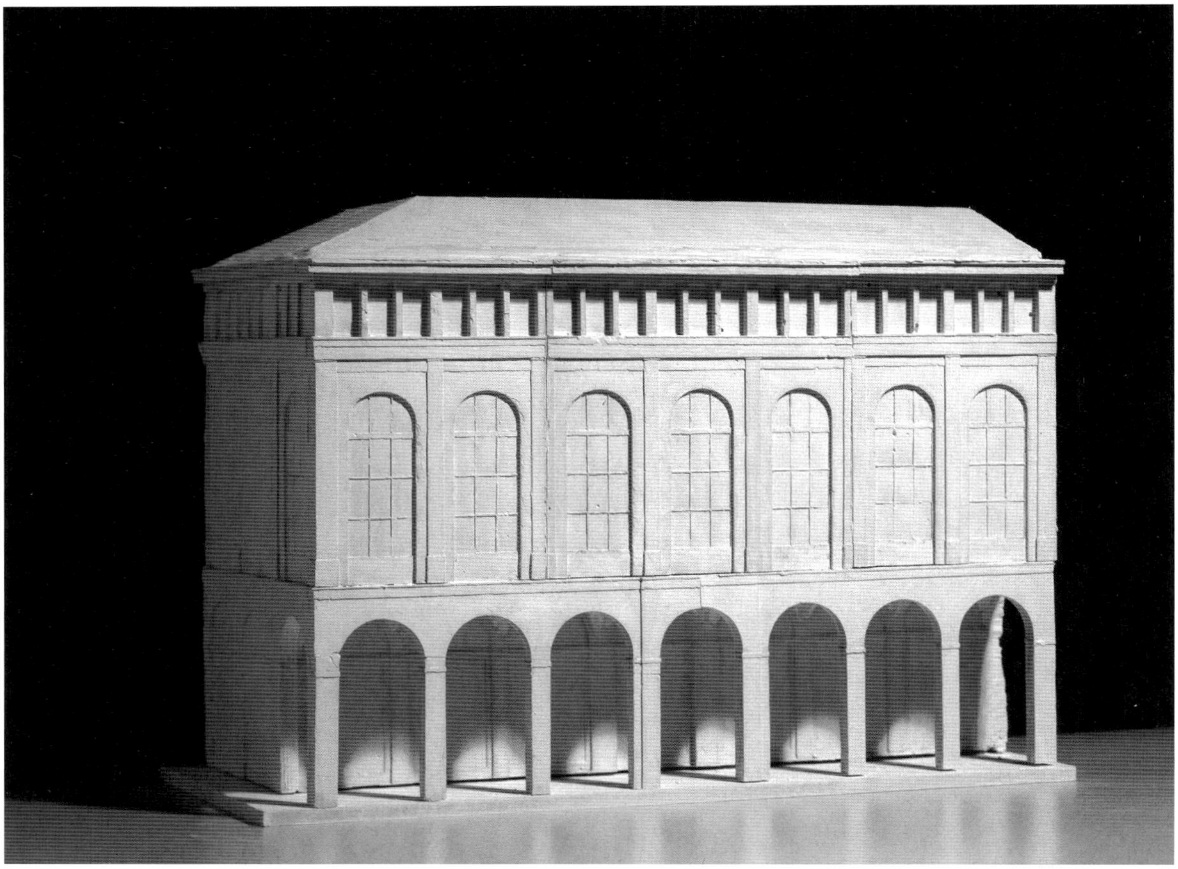

Pontus Falk

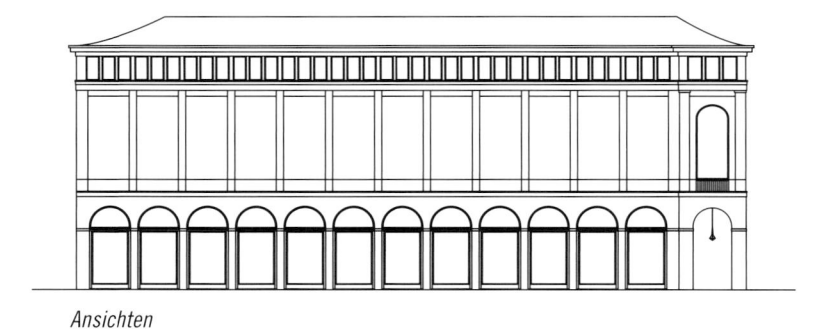

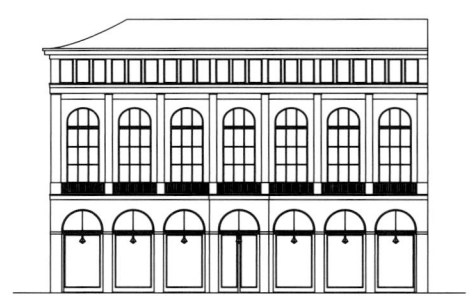

*Ansichten*

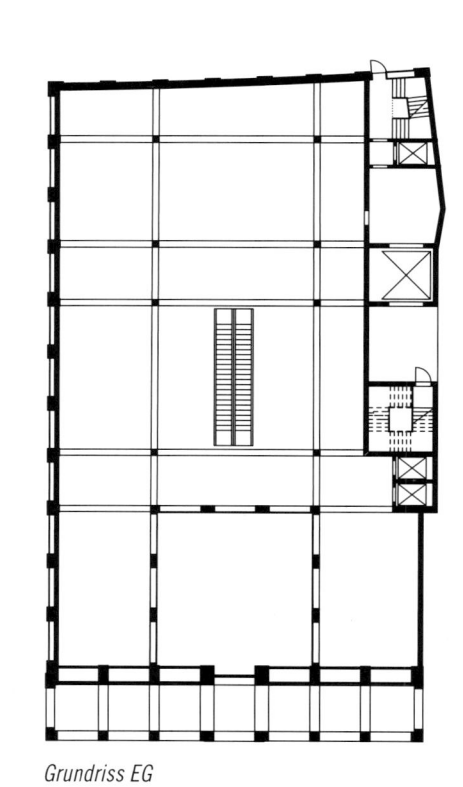

*Grundriss EG*

Pontus Falk 91

*Schnitte*

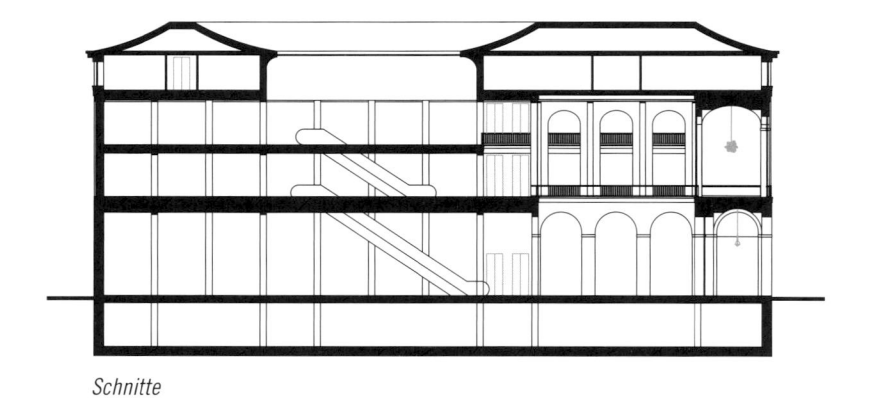

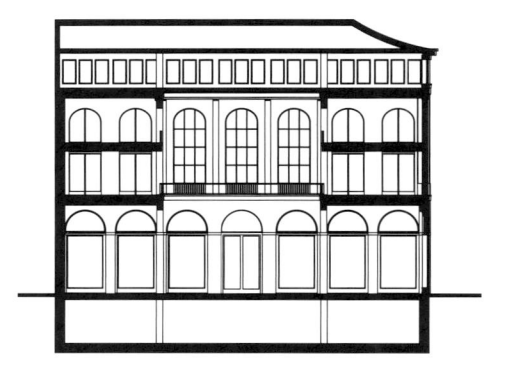

*Grundriss OG*

Pontus Falk

*Lageplan*

# KARIN GAUCH

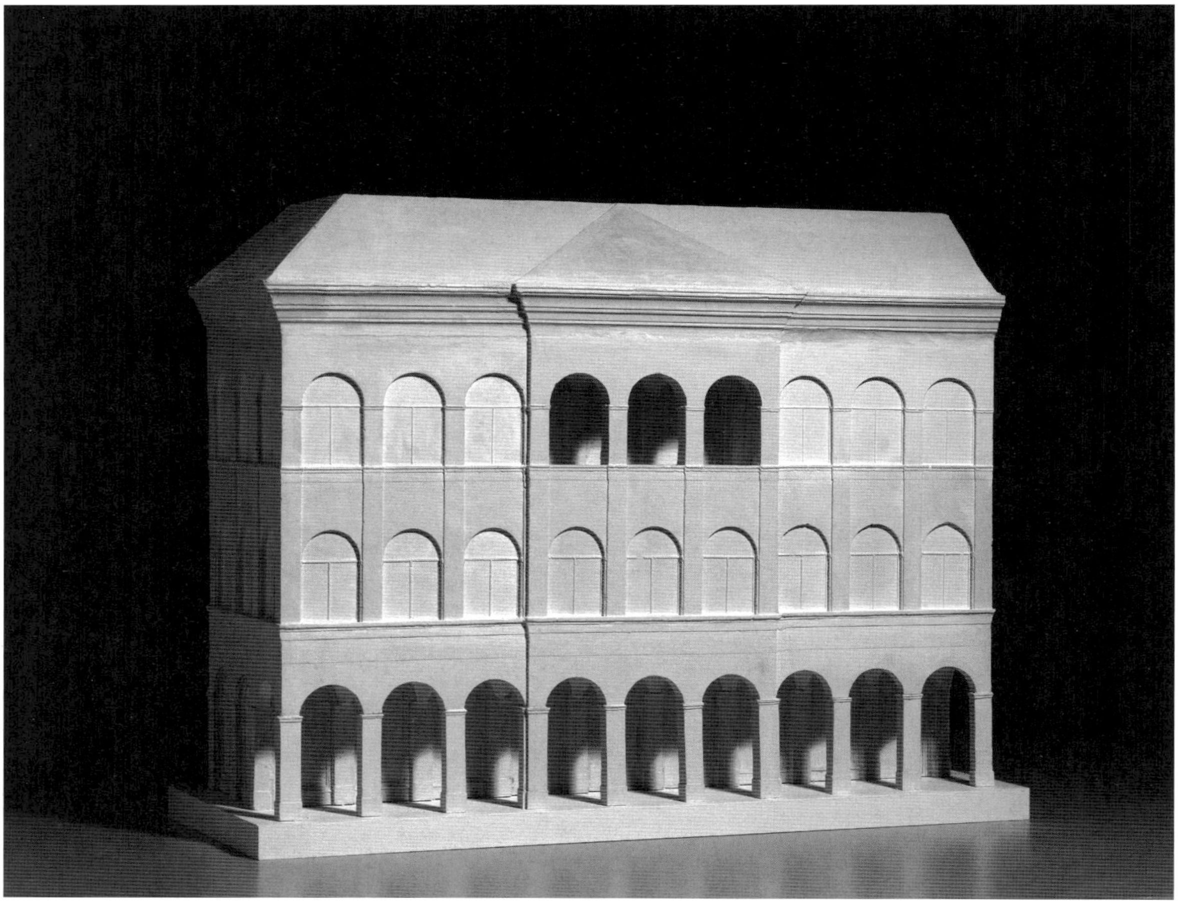

Karin Gauch

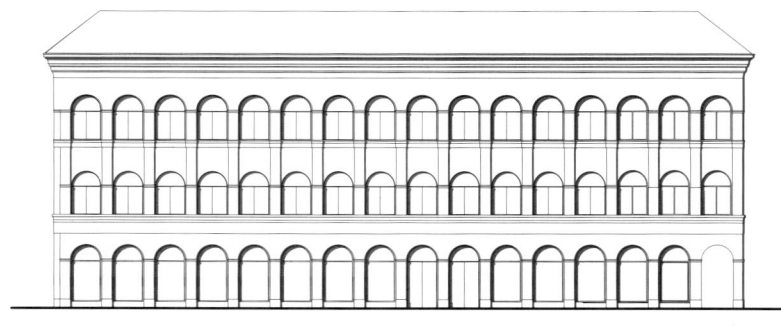

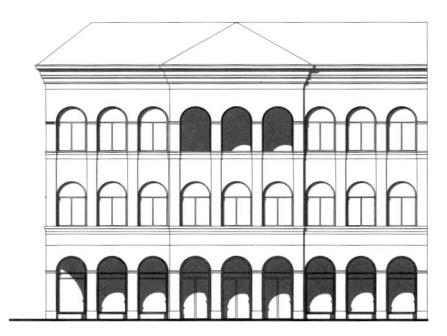

*Ansichten*

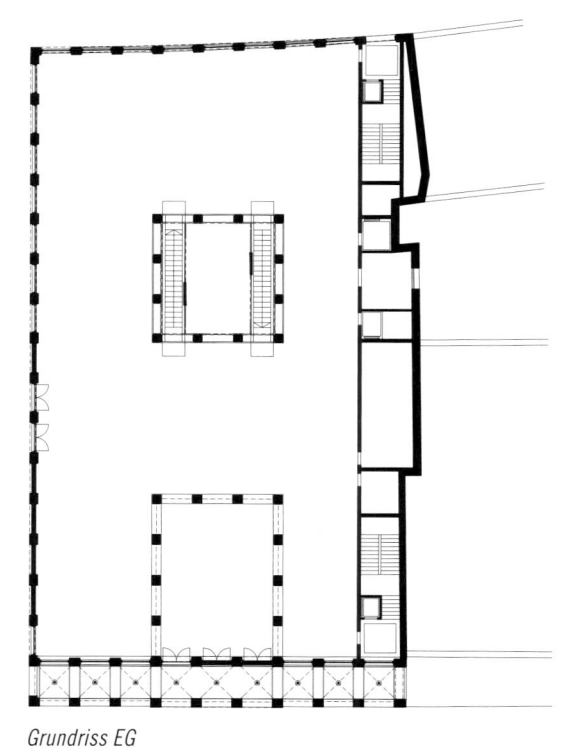

*Grundriss EG*

Karin Gauch 99

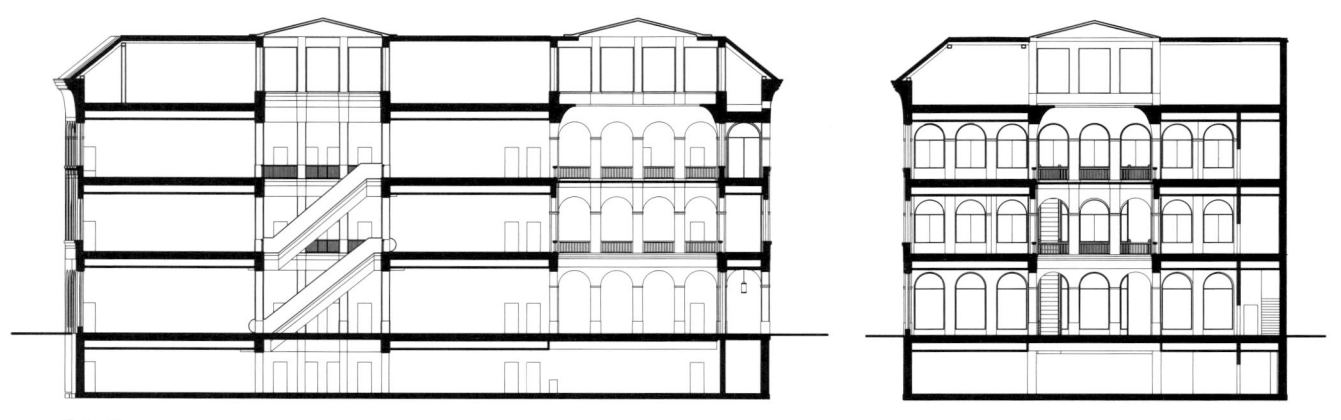

*Schnitte*

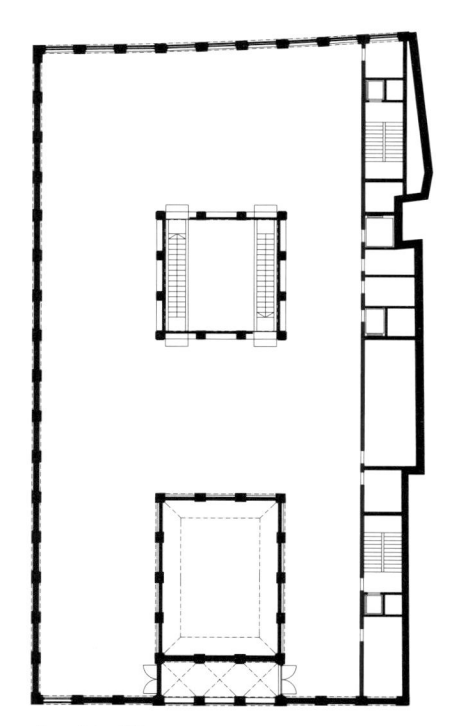

*Grundriss OG*

Karin Gauch

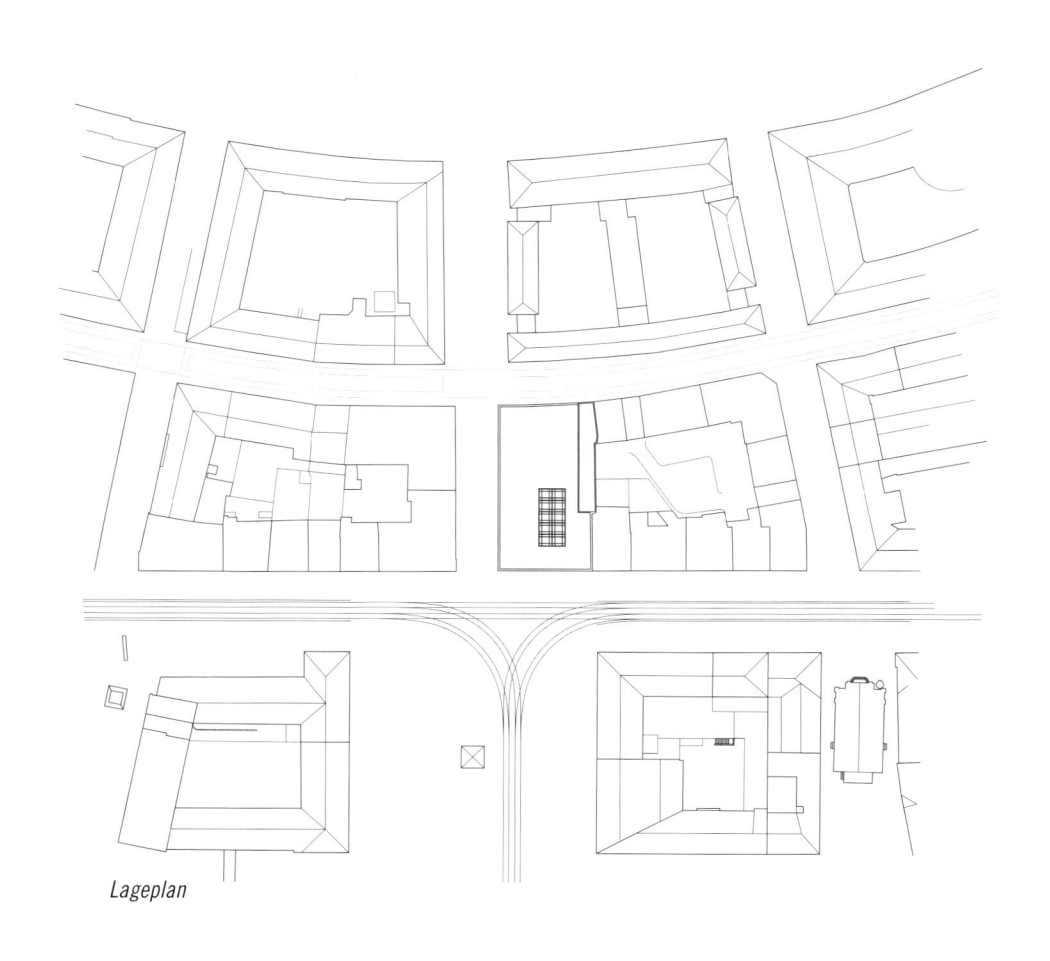

*Lageplan*

# CHRISTIAN GORK

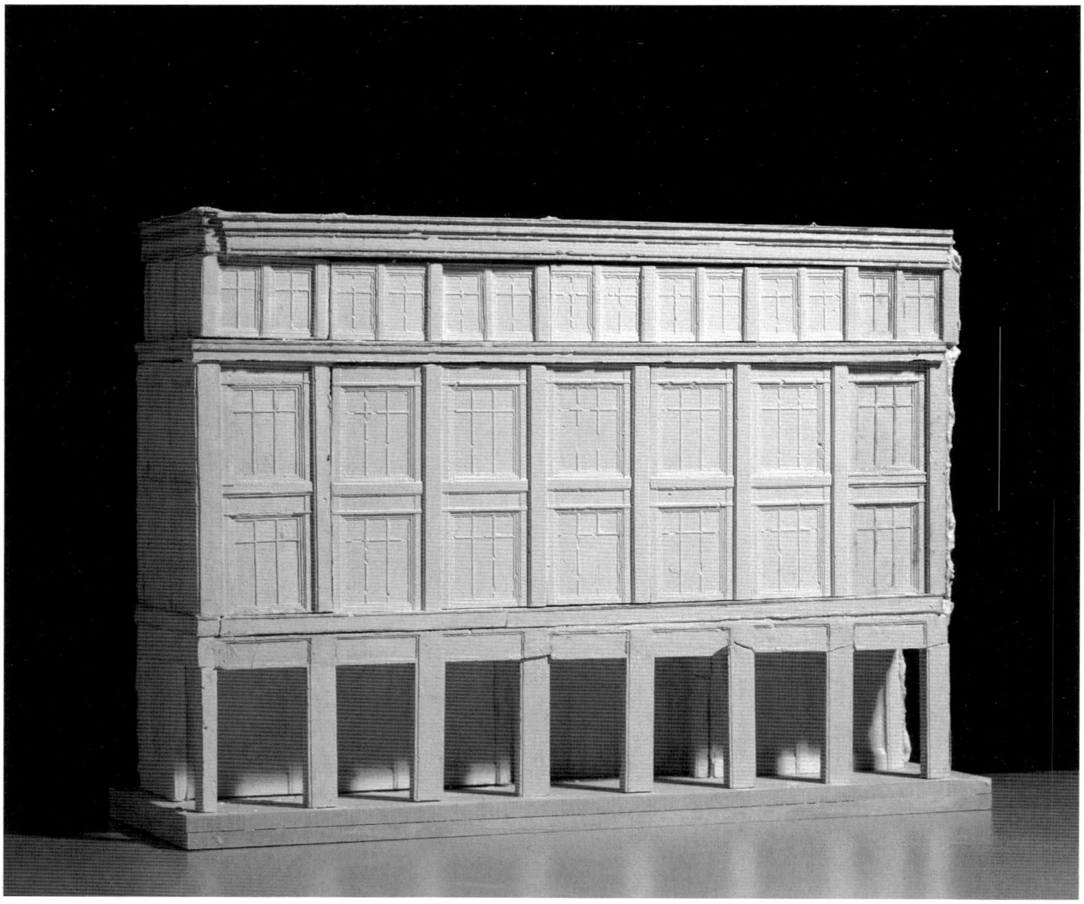

Christian Gork

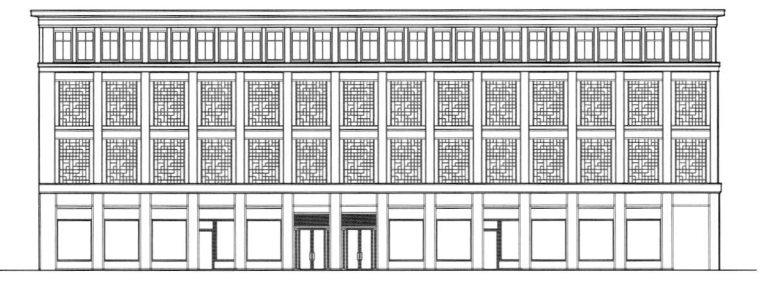

*Ansichten*

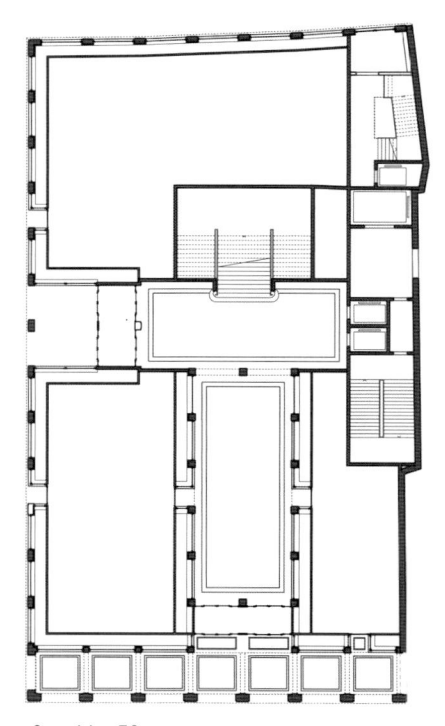

*Grundriss EG*

Christian Gork

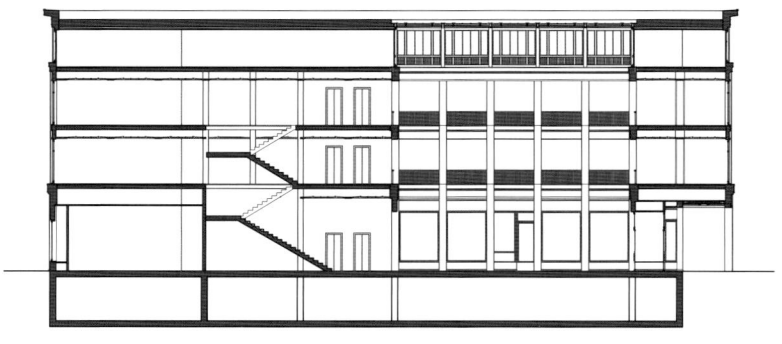

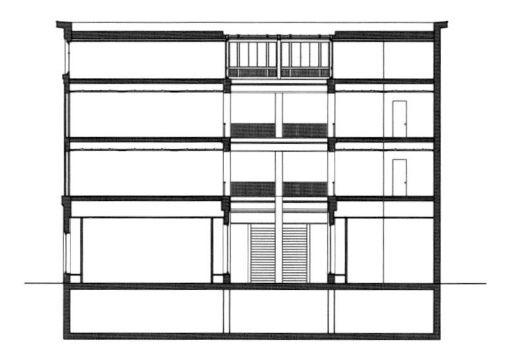

*Schnitte*

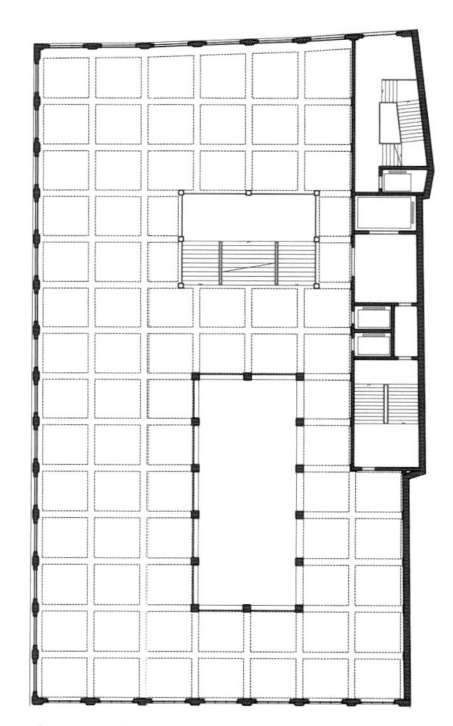

*Grundriss OG*

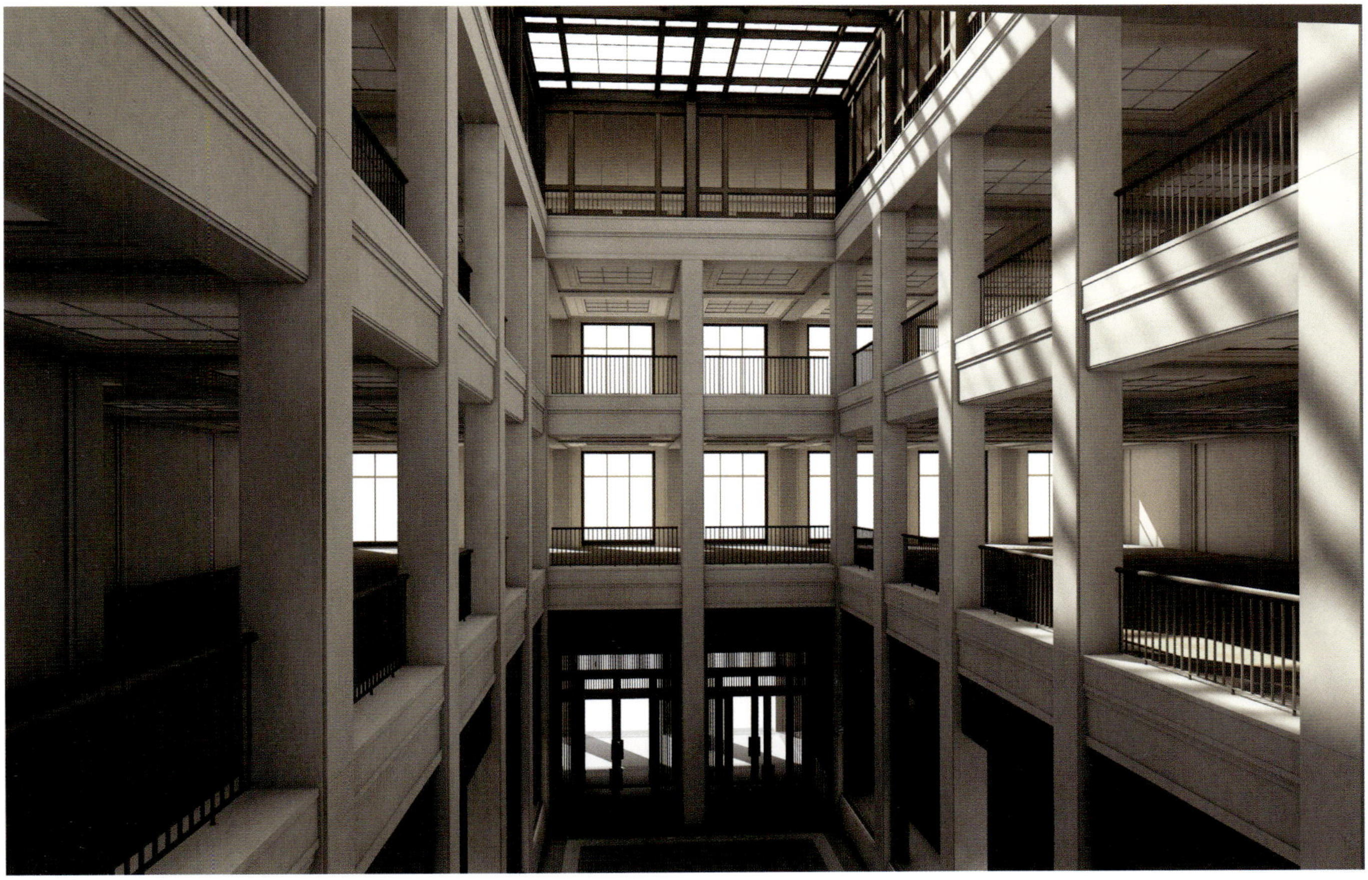

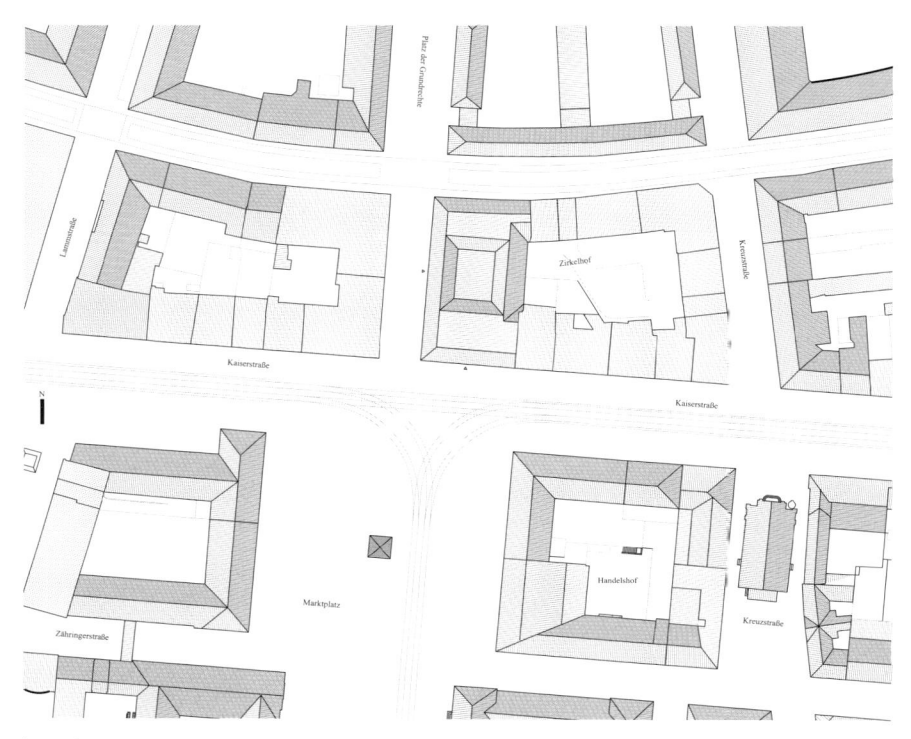

*Lageplan*

# STEFFEN HÄGELE

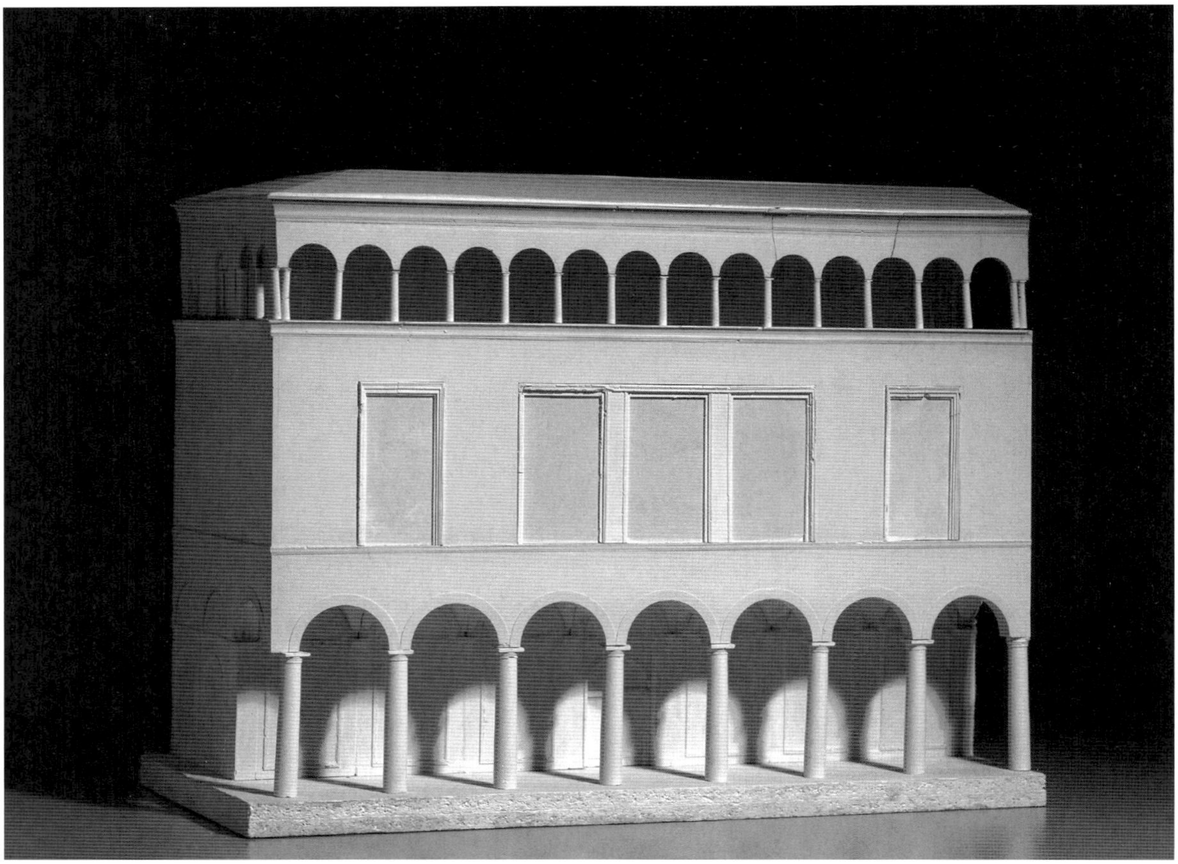

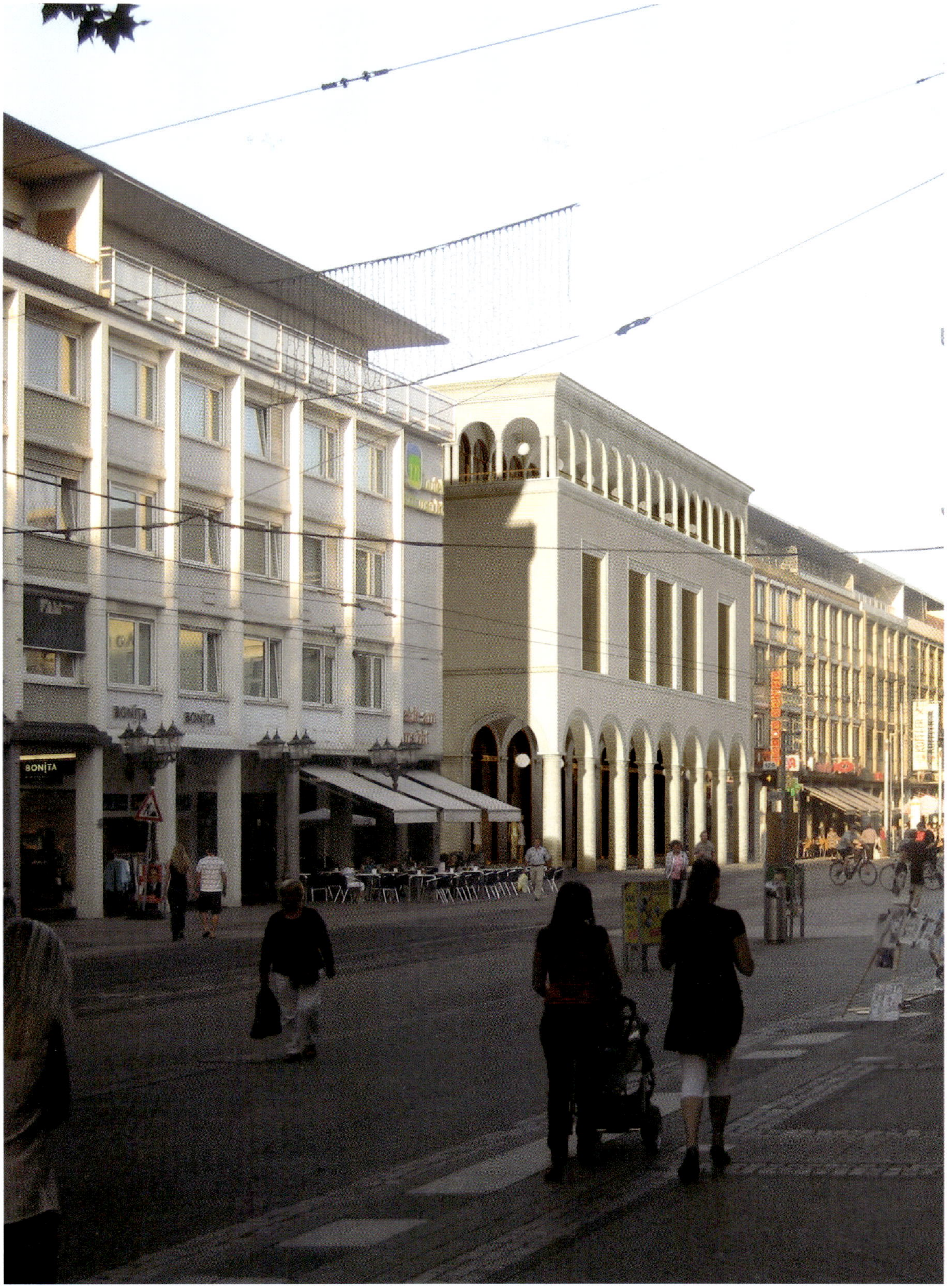
BONITA
BONITA
BONITA

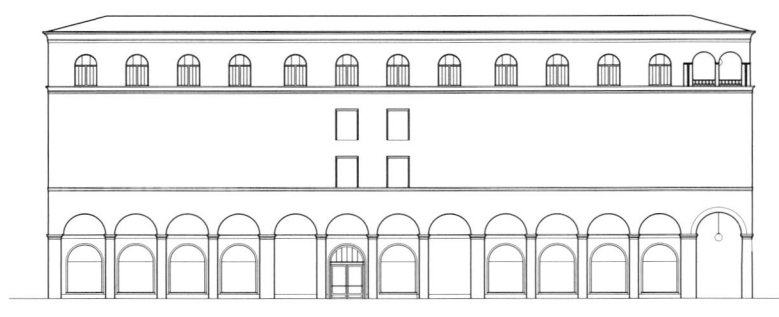

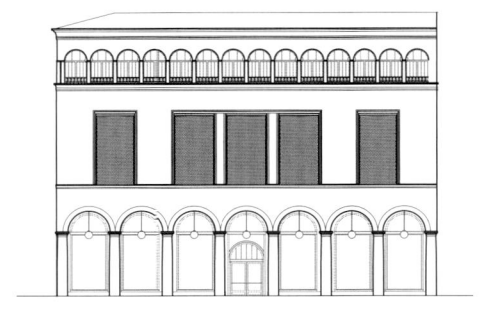

*Ansichten*

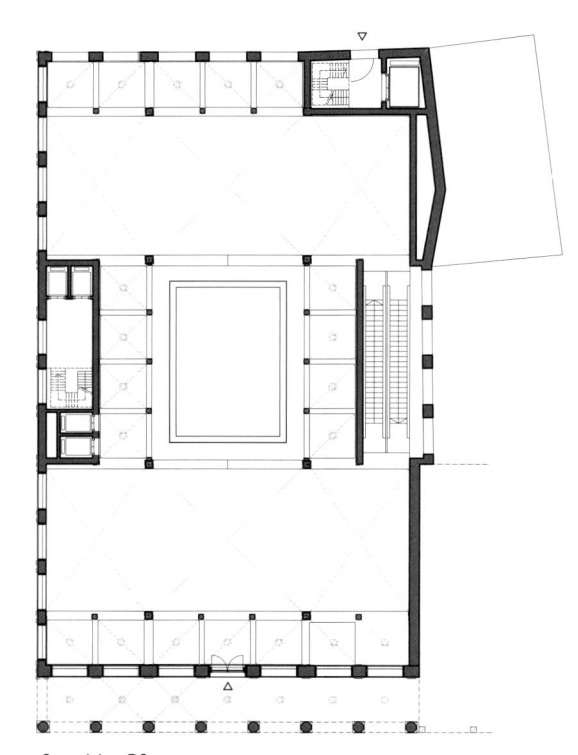

*Grundriss EG*

Steffen Hägele

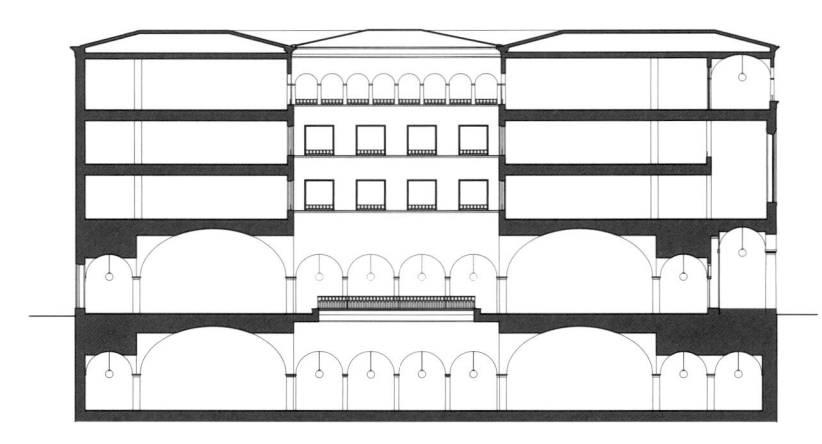

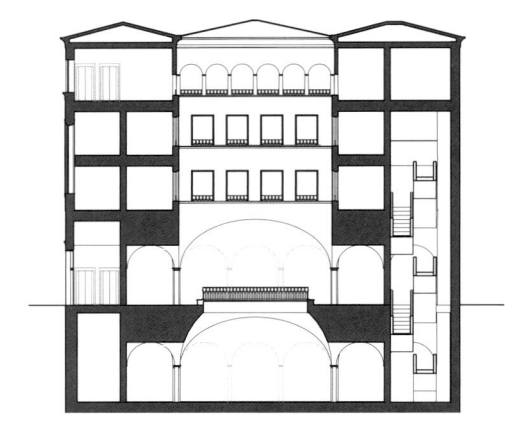

*Schnitte*

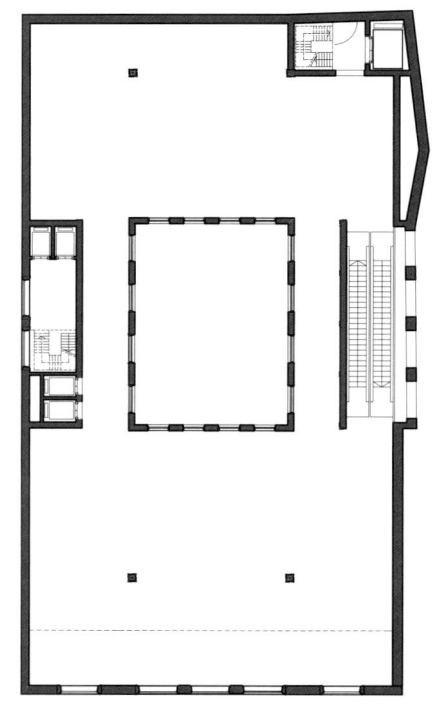

*Grundriss OG*

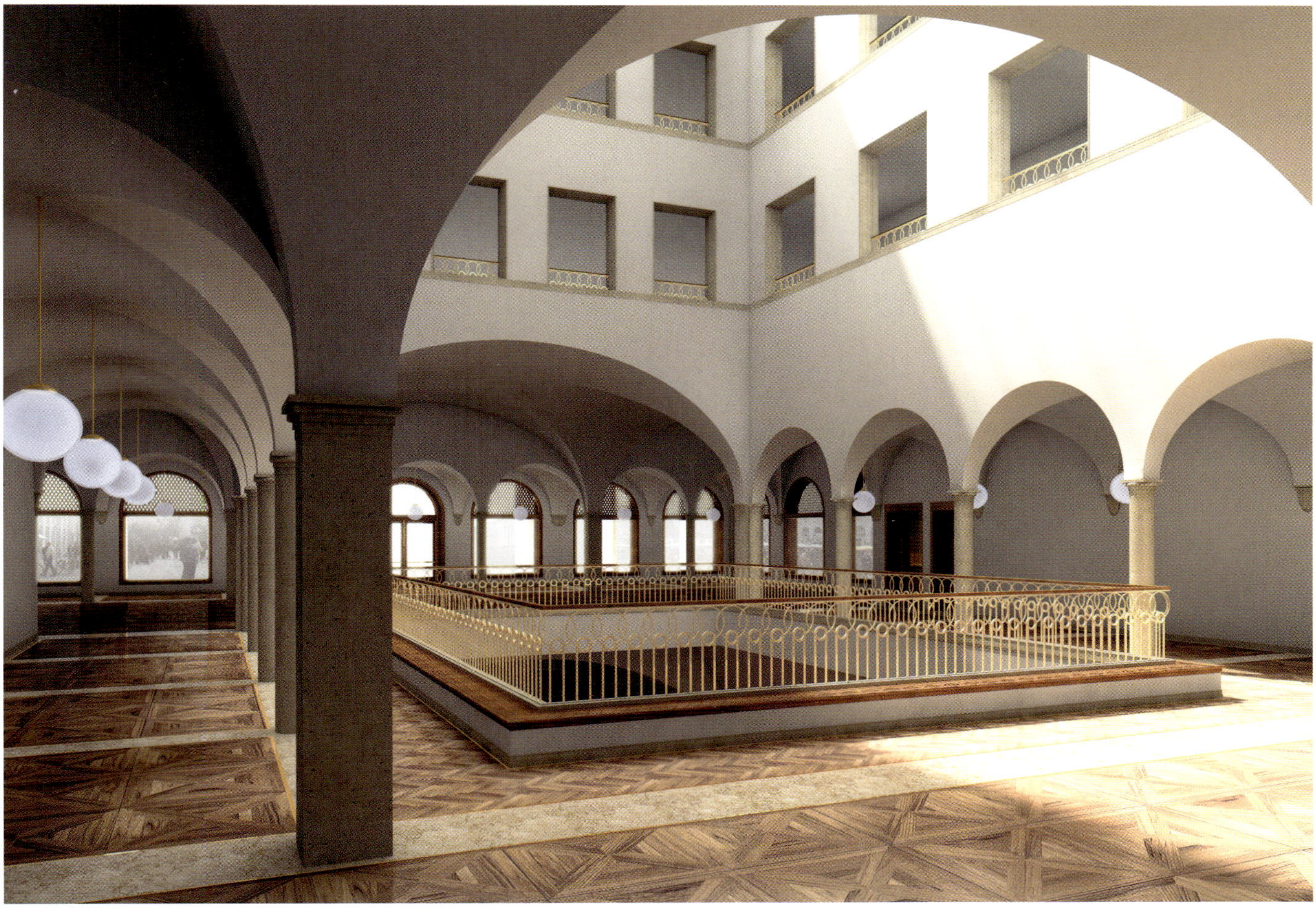

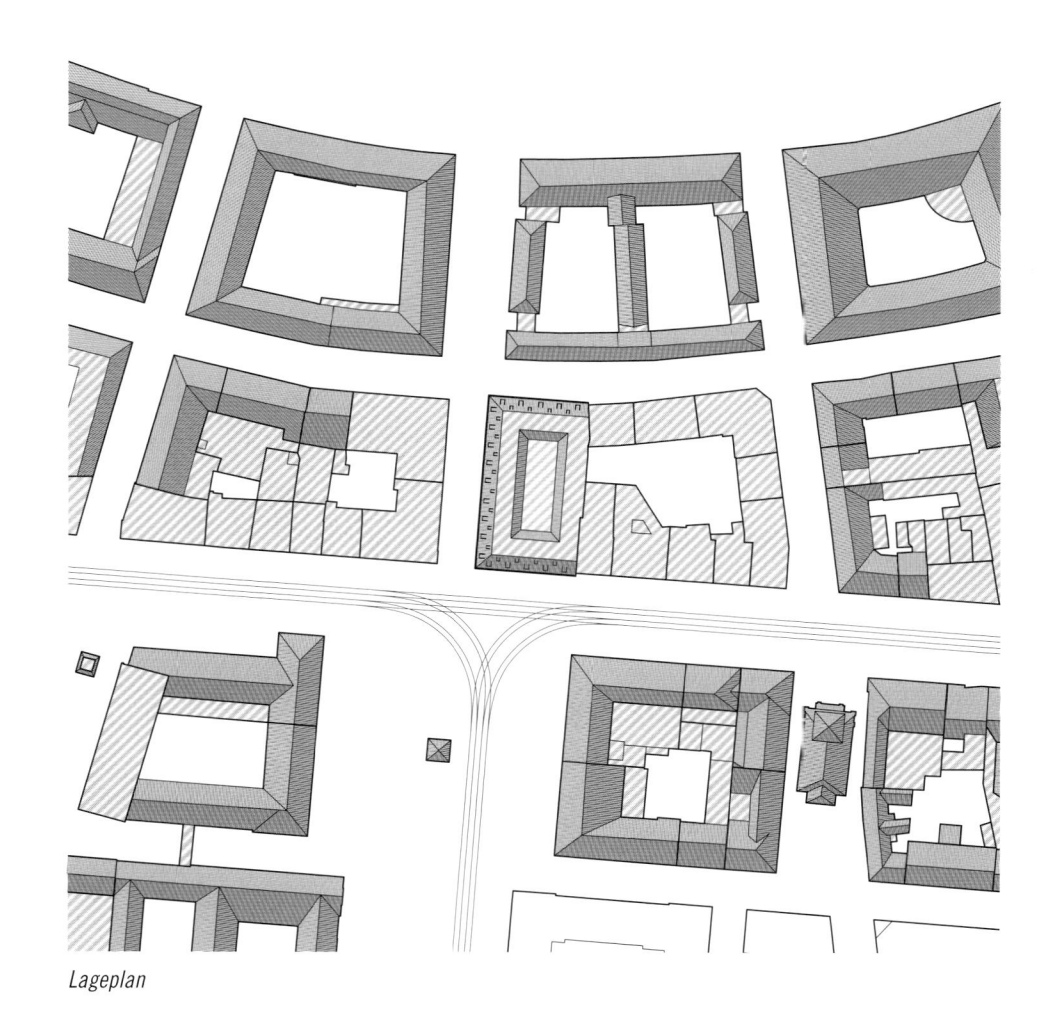

*Lageplan*

# CHRISTIAN HUBER

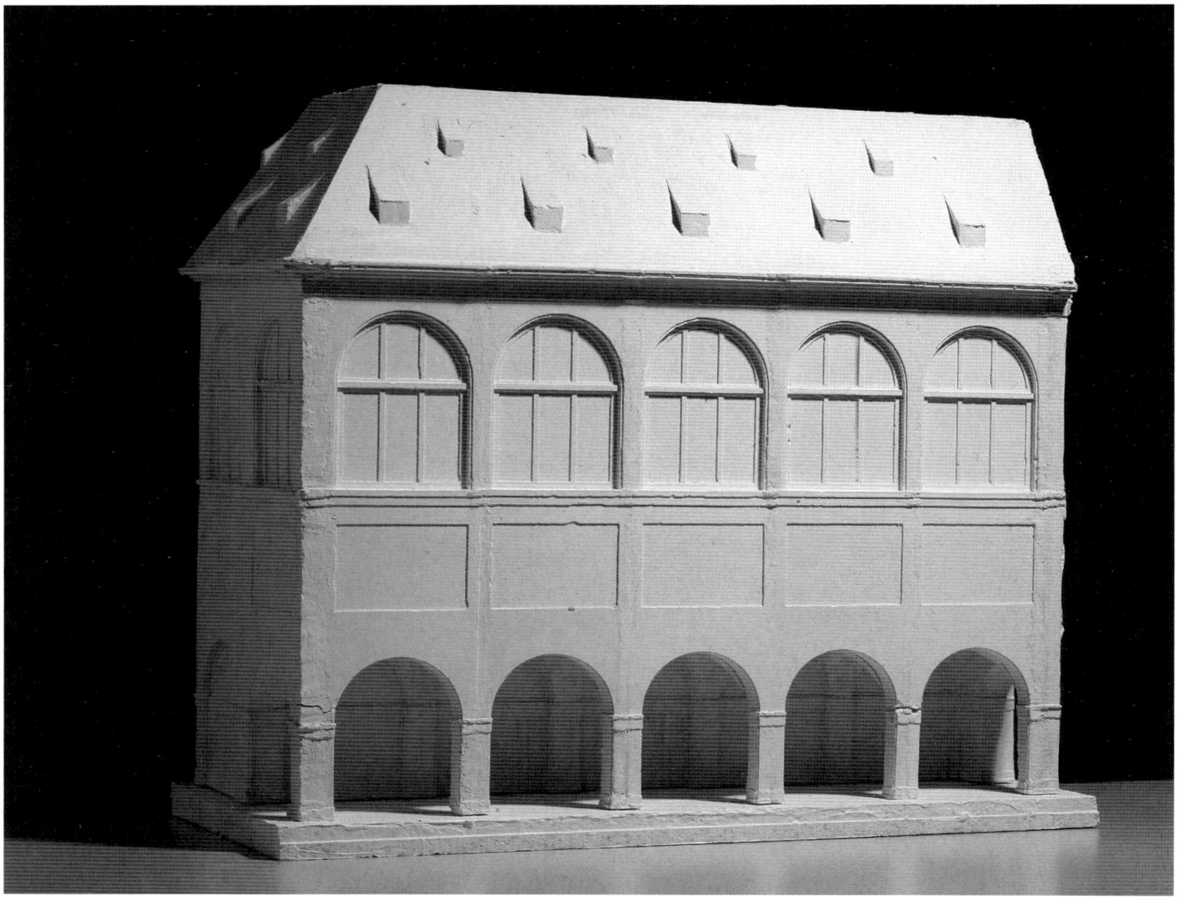

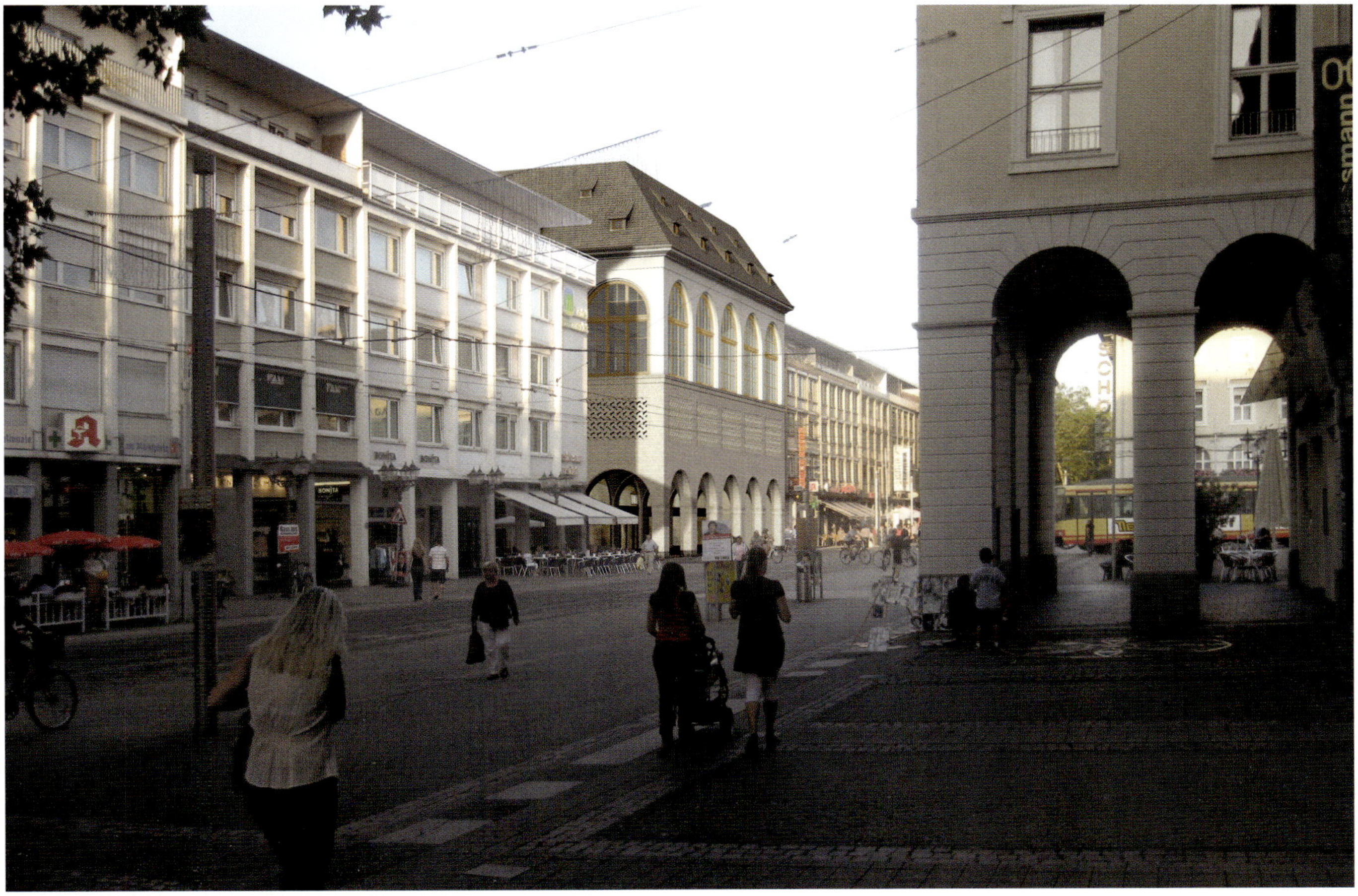

*Ansichten*

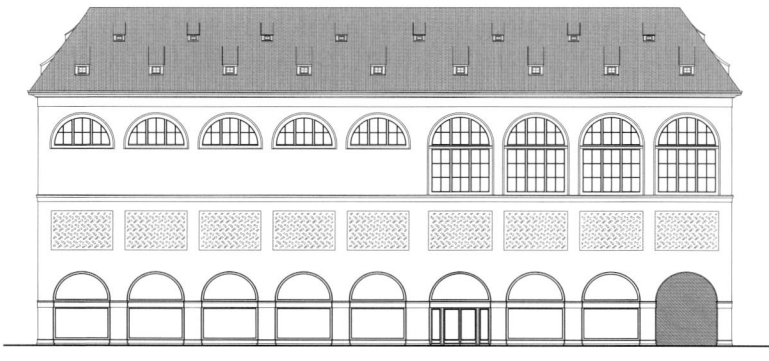

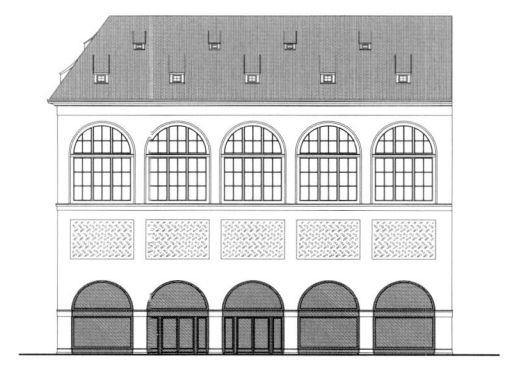

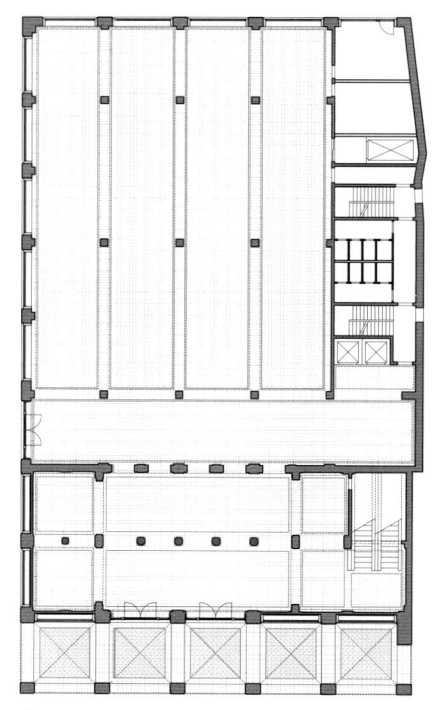

*Grundriss EG*

Christian Huber

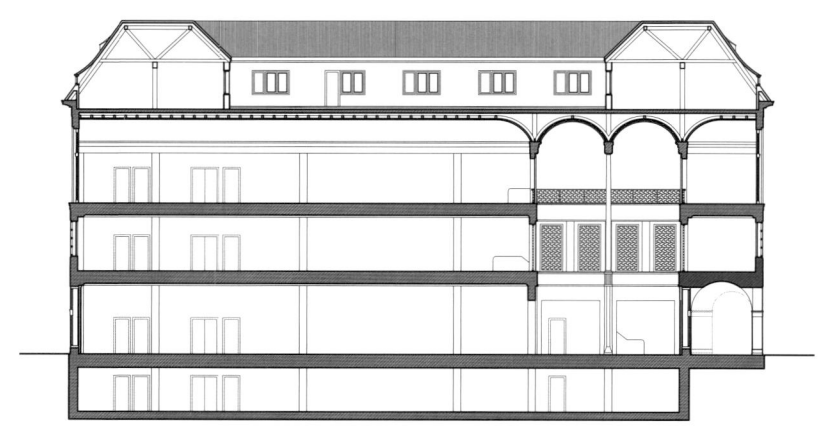

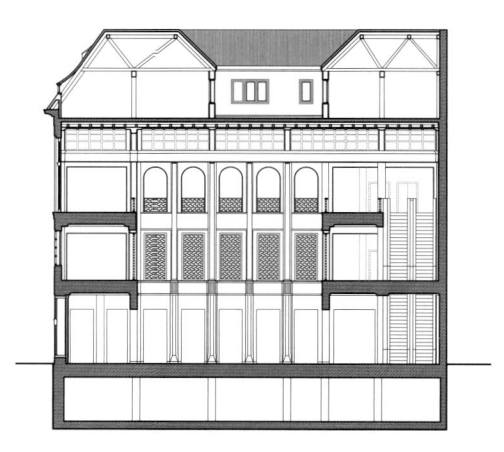

*Schnitte*

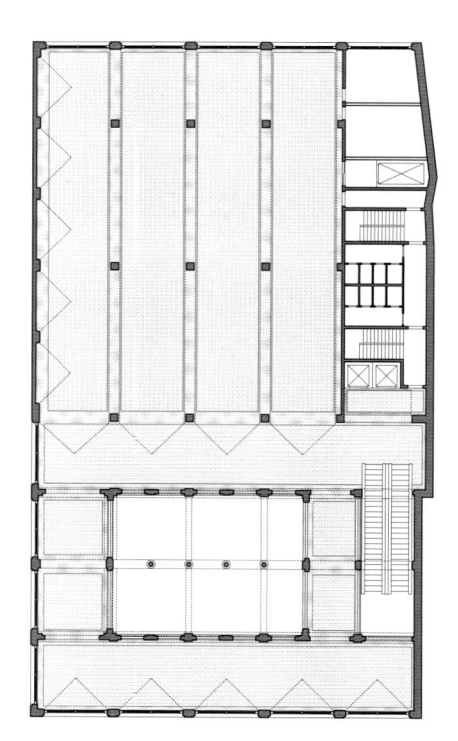

*Grundriss OG*

Christian Huber

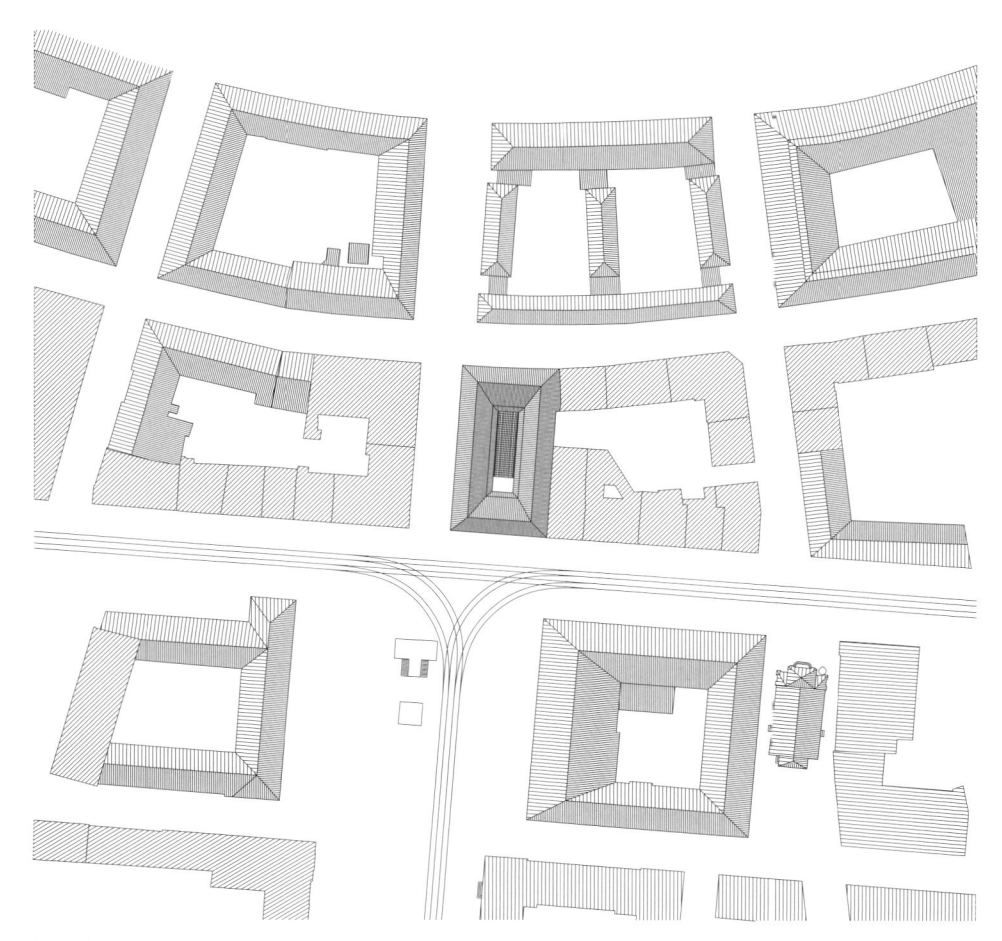

*Lageplan*

# CHRISTINA IMFELD

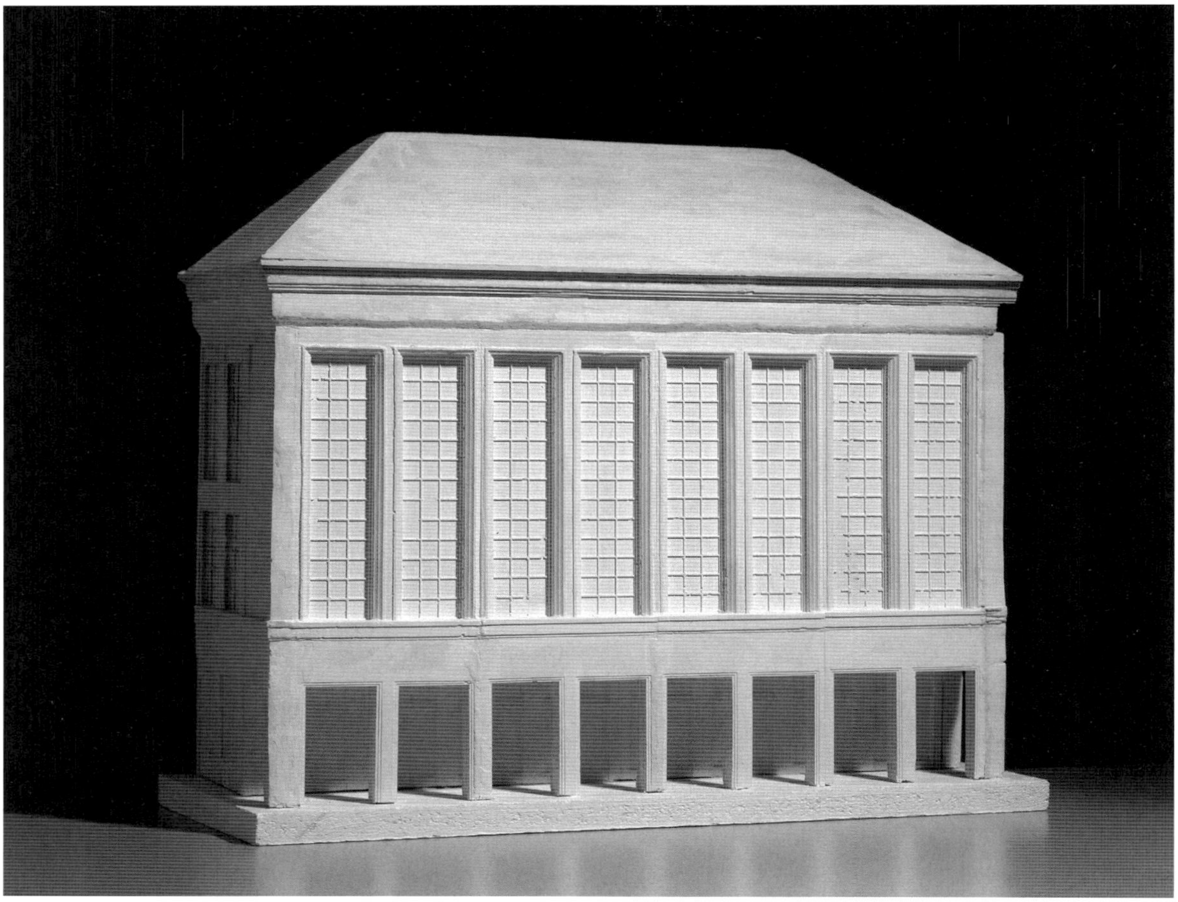

Christina Imfeld

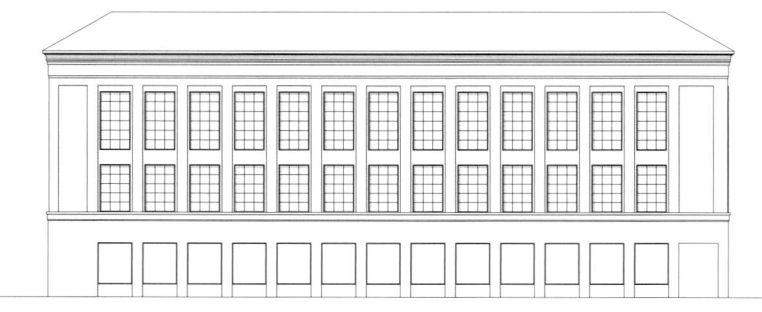

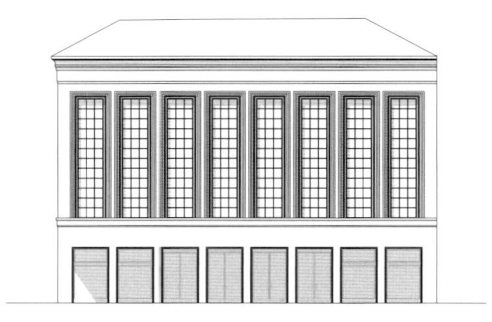

Ansichten

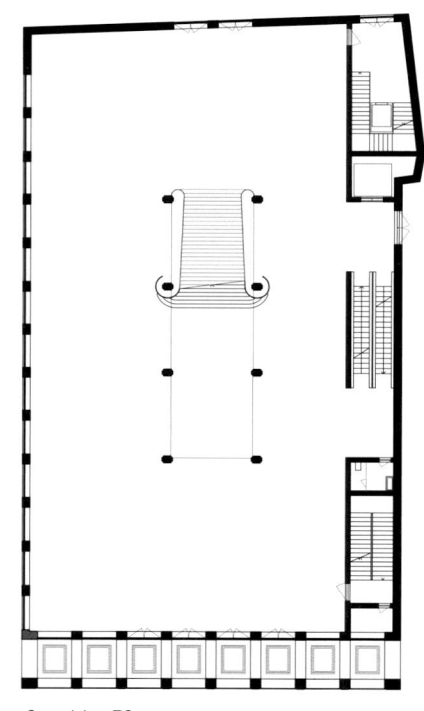

Grundriss EG

Christina Imfeld 131

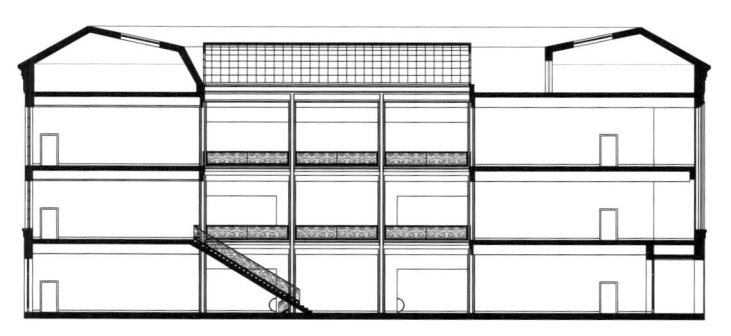

*Schnitte*

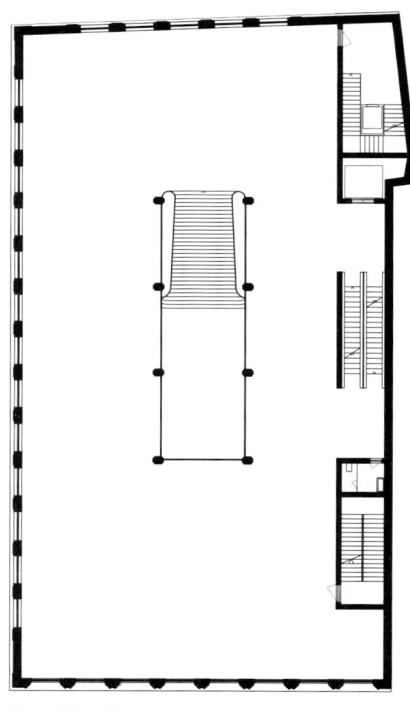

*Grundriss OG*

Christina Imfeld 133

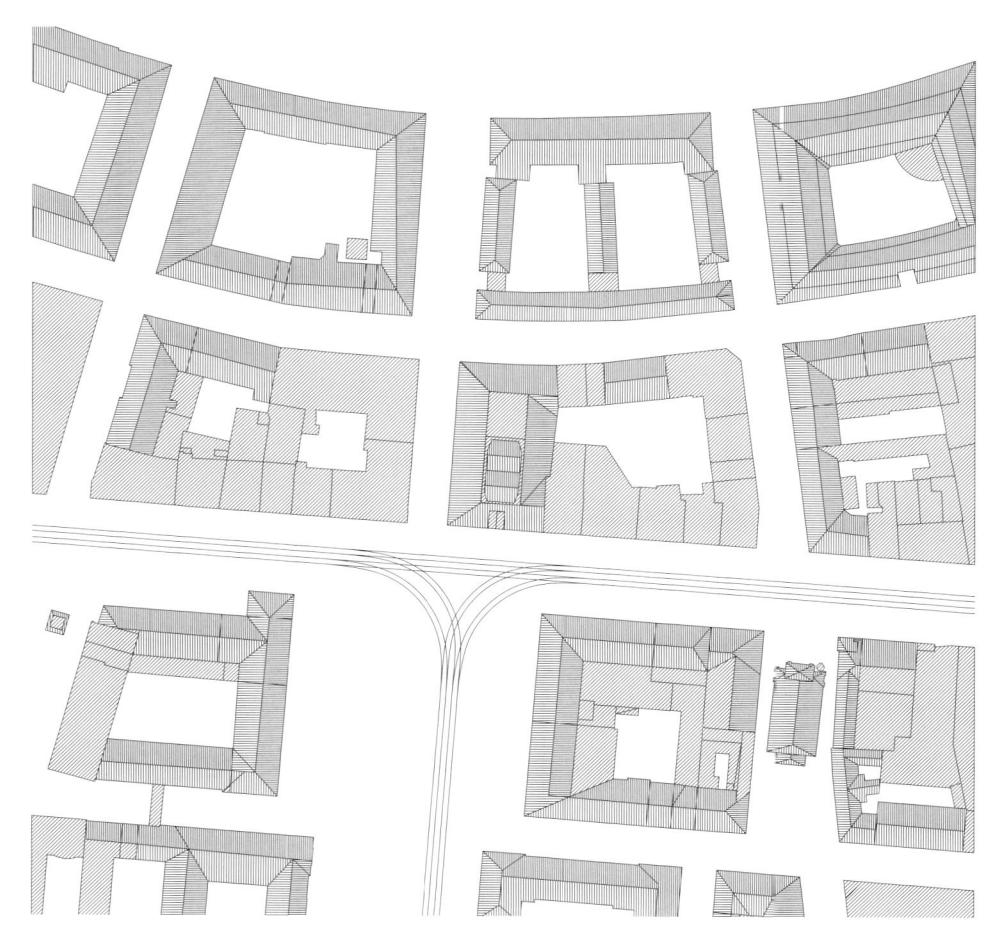

*Lageplan*

# SIMONE JAUN

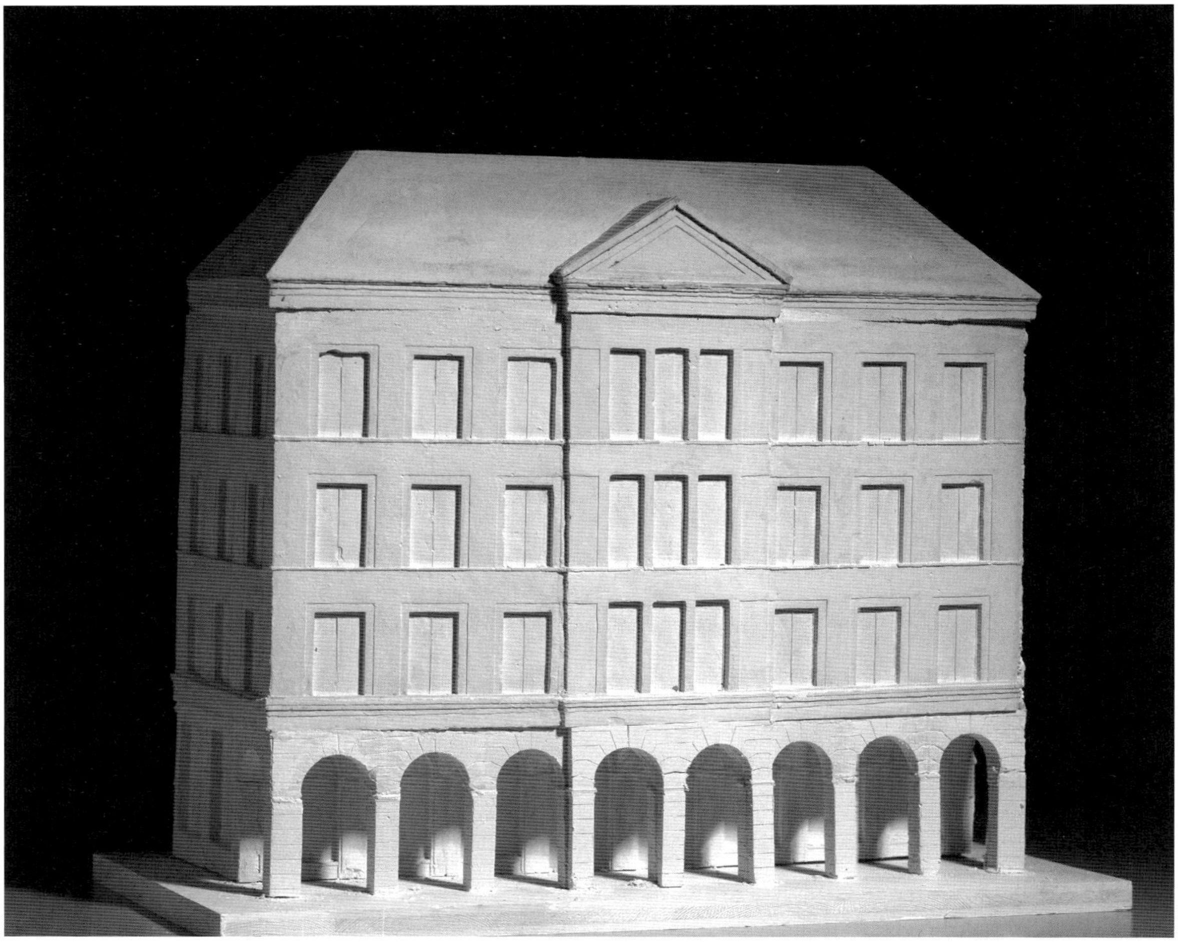

Simone Jaun

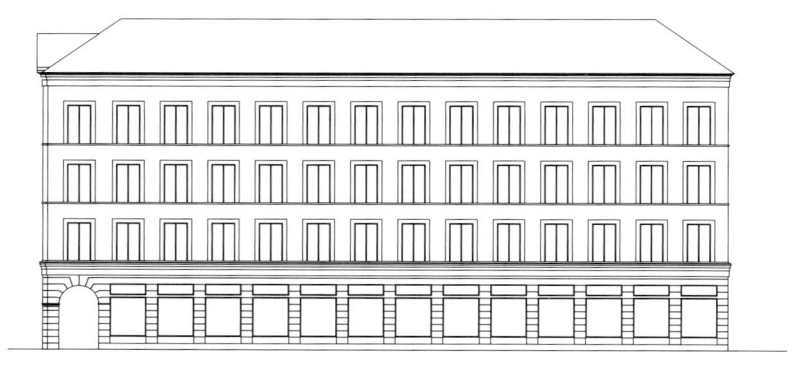

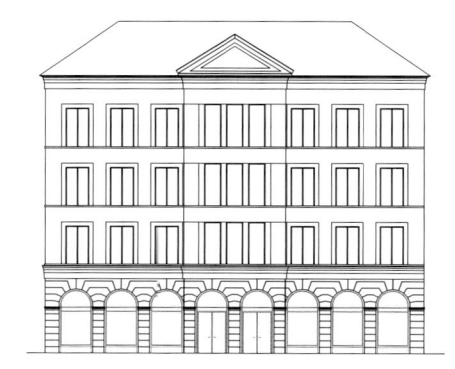

*Ansichten*

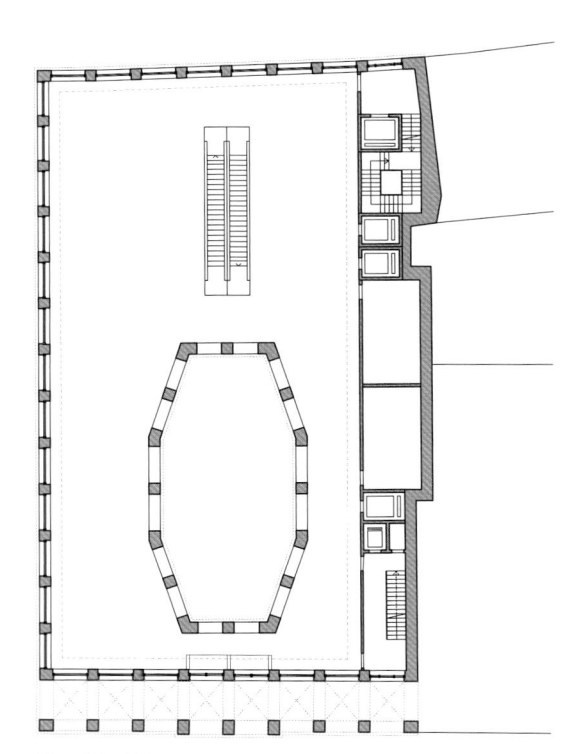

*Grundriss EG*

Simone Jaun

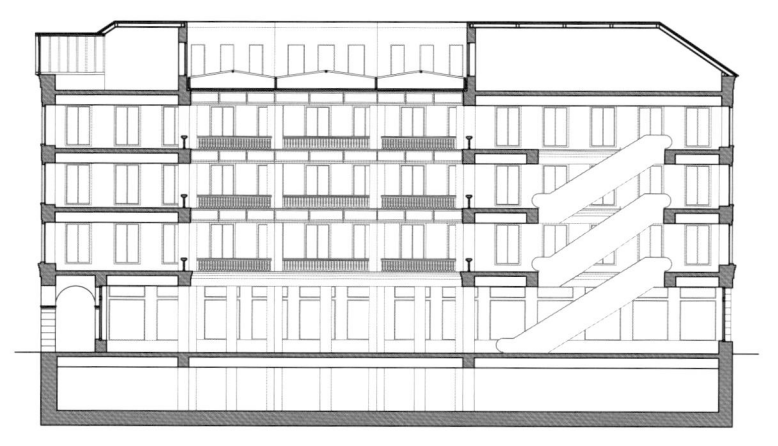

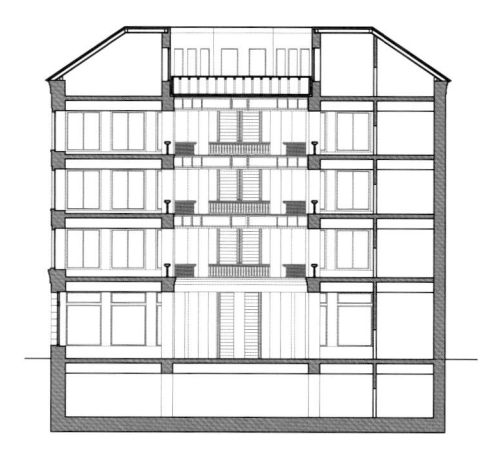

*Schnitte*

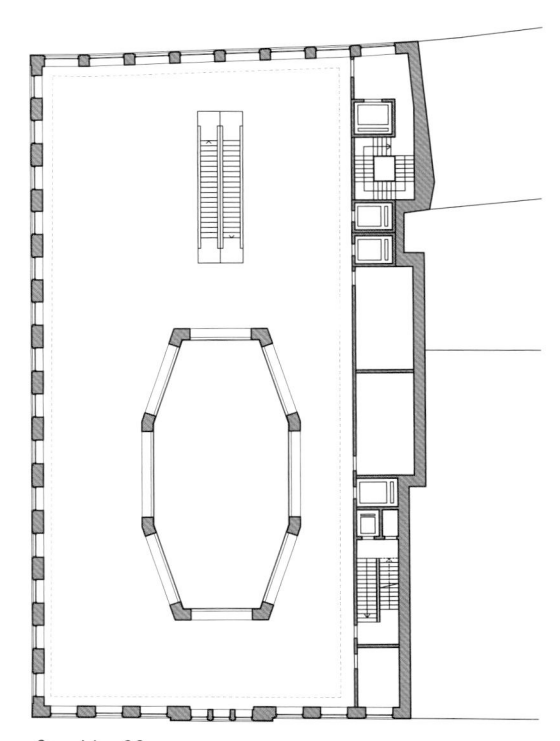

*Grundriss OG*

Simone Jaun

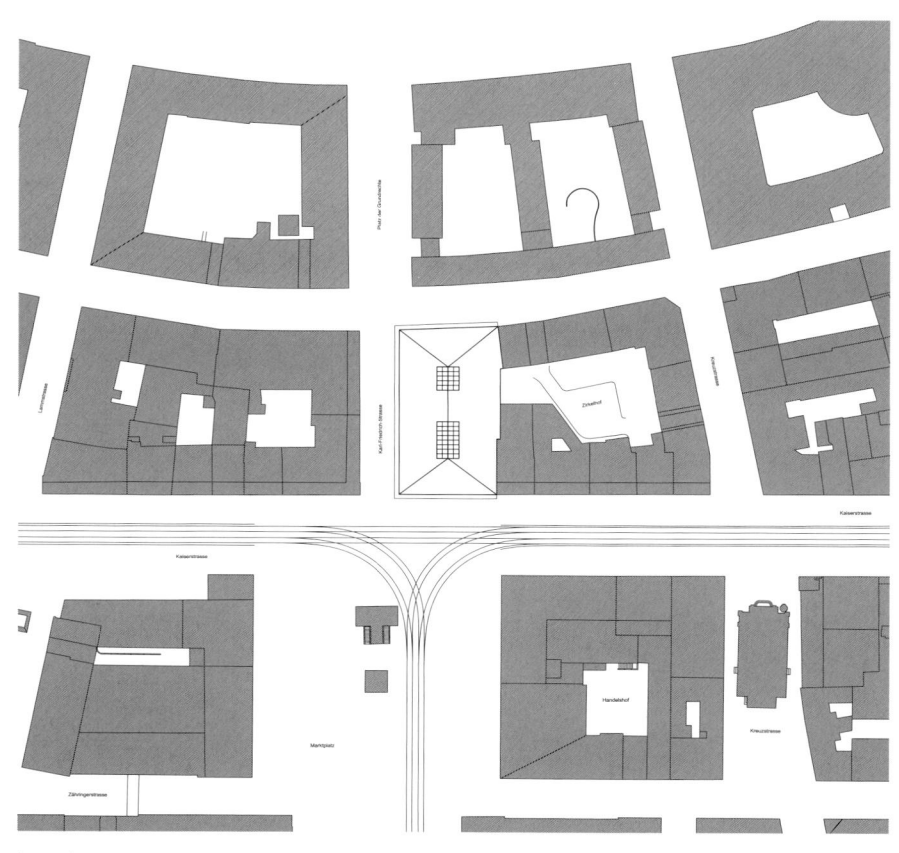

*Lageplan*

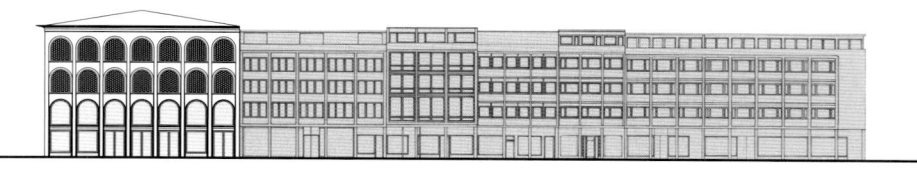

# JIN SOON LEE

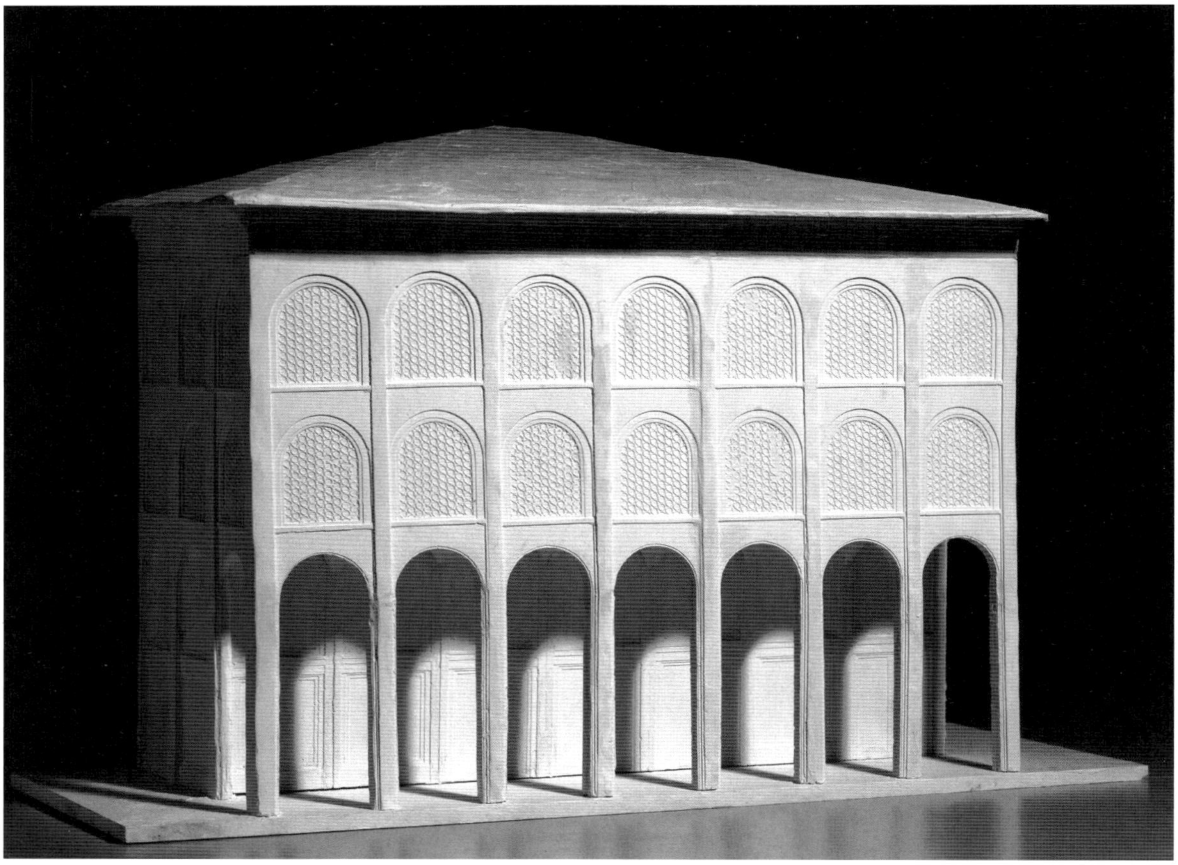

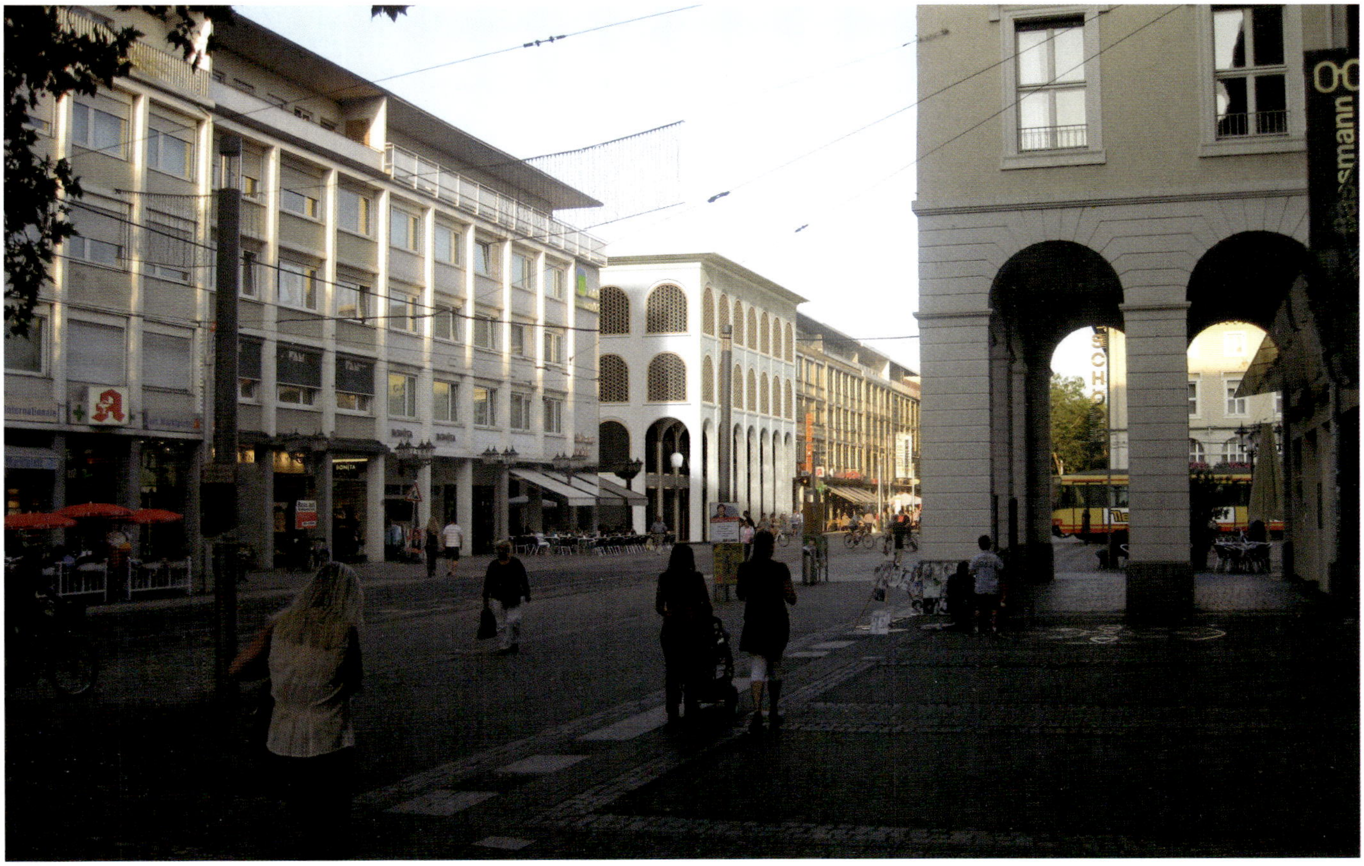

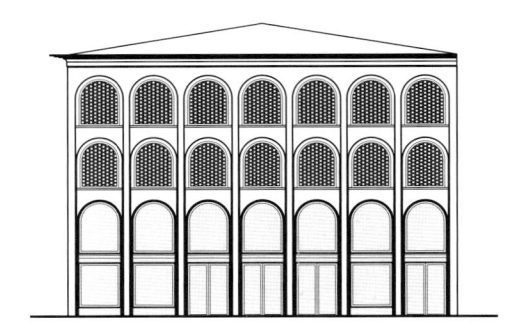

*Ansichten*

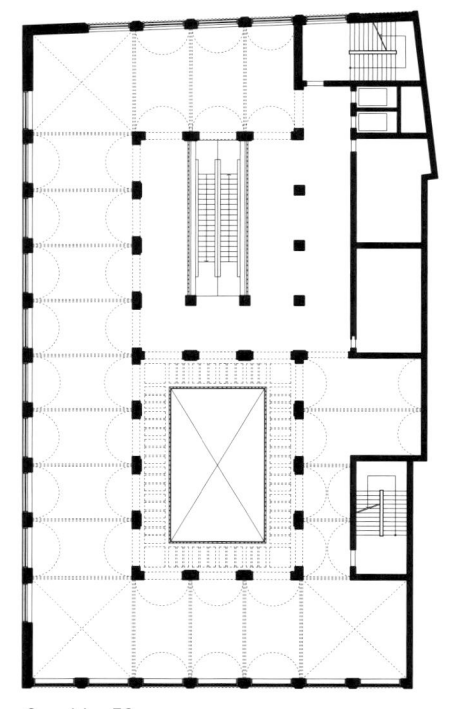

*Grundriss EG*

Jin Soon Lee

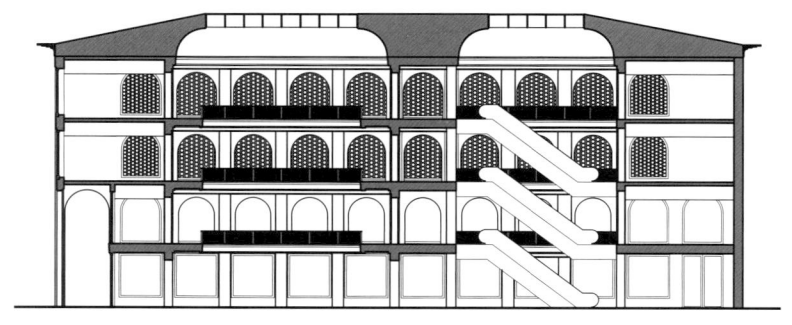

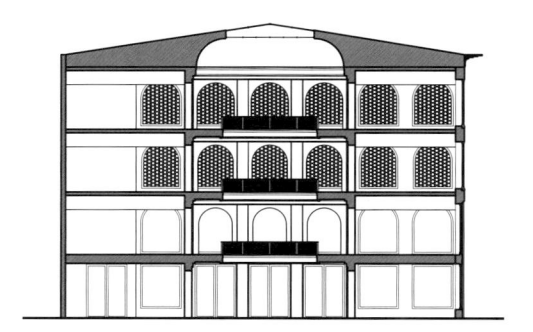

*Schnitte*

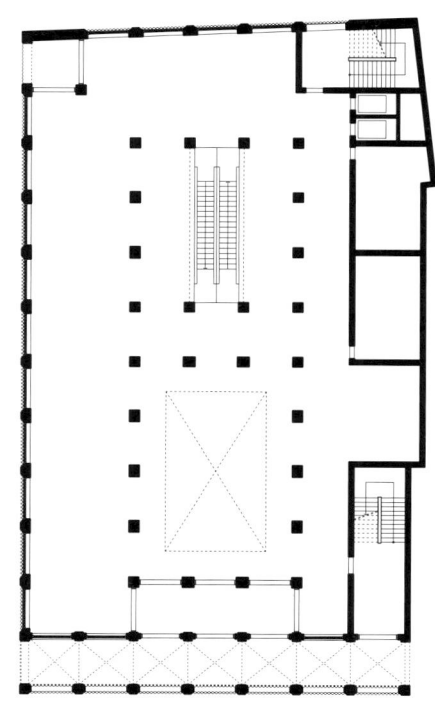

*Grundriss OG*

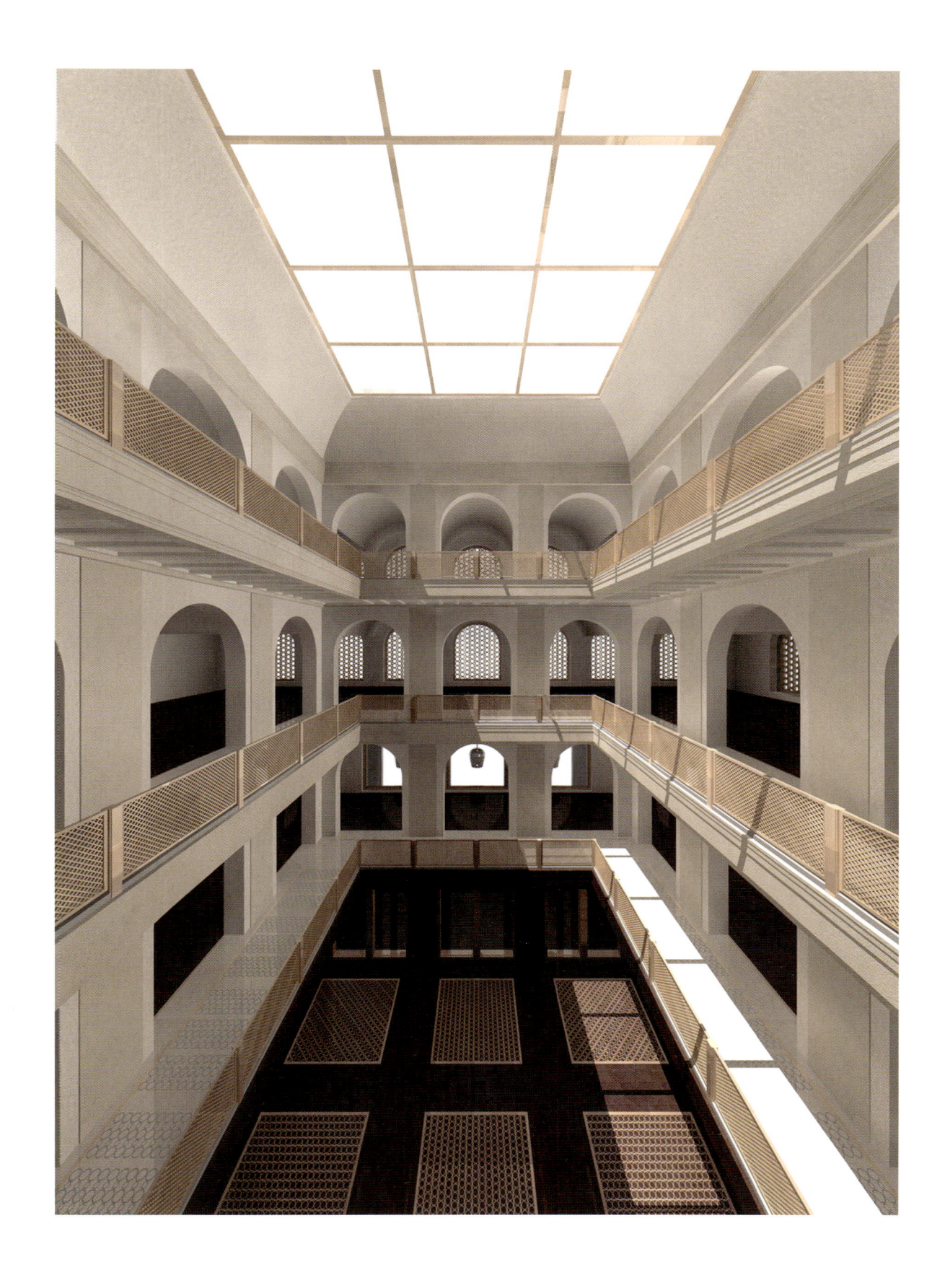

Jin Soon Lee

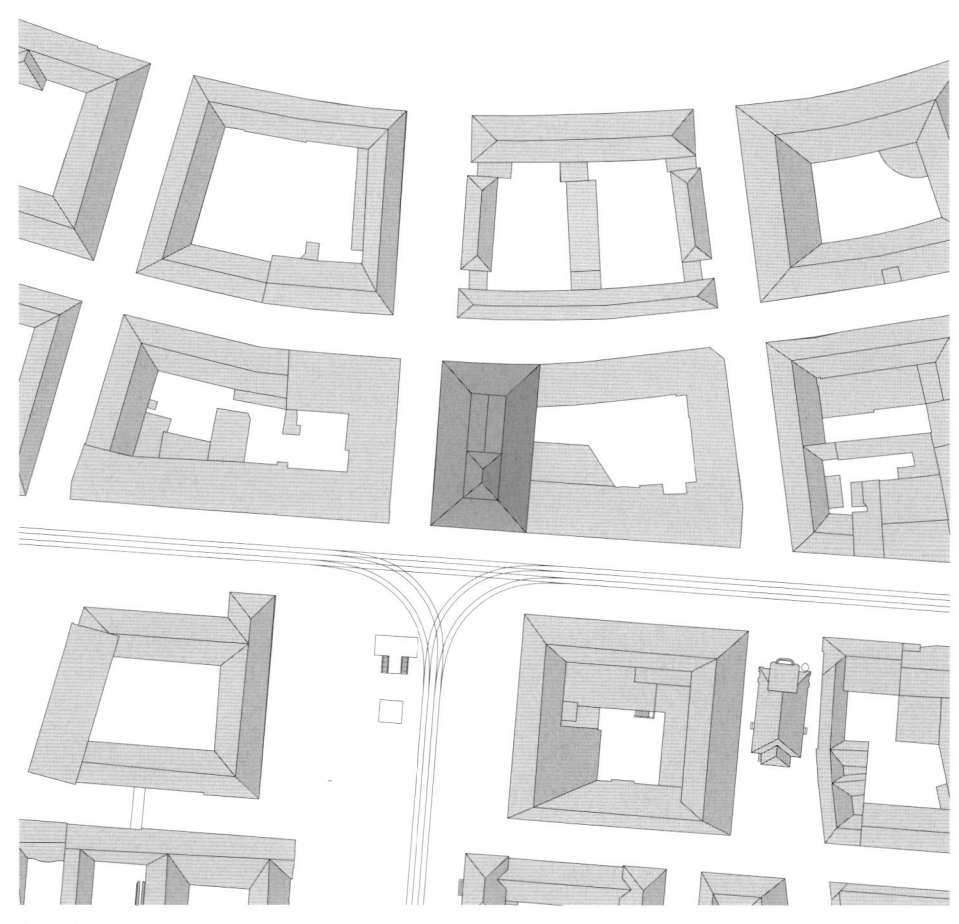

*Lageplan*

150

# ROSANNA MAY

152

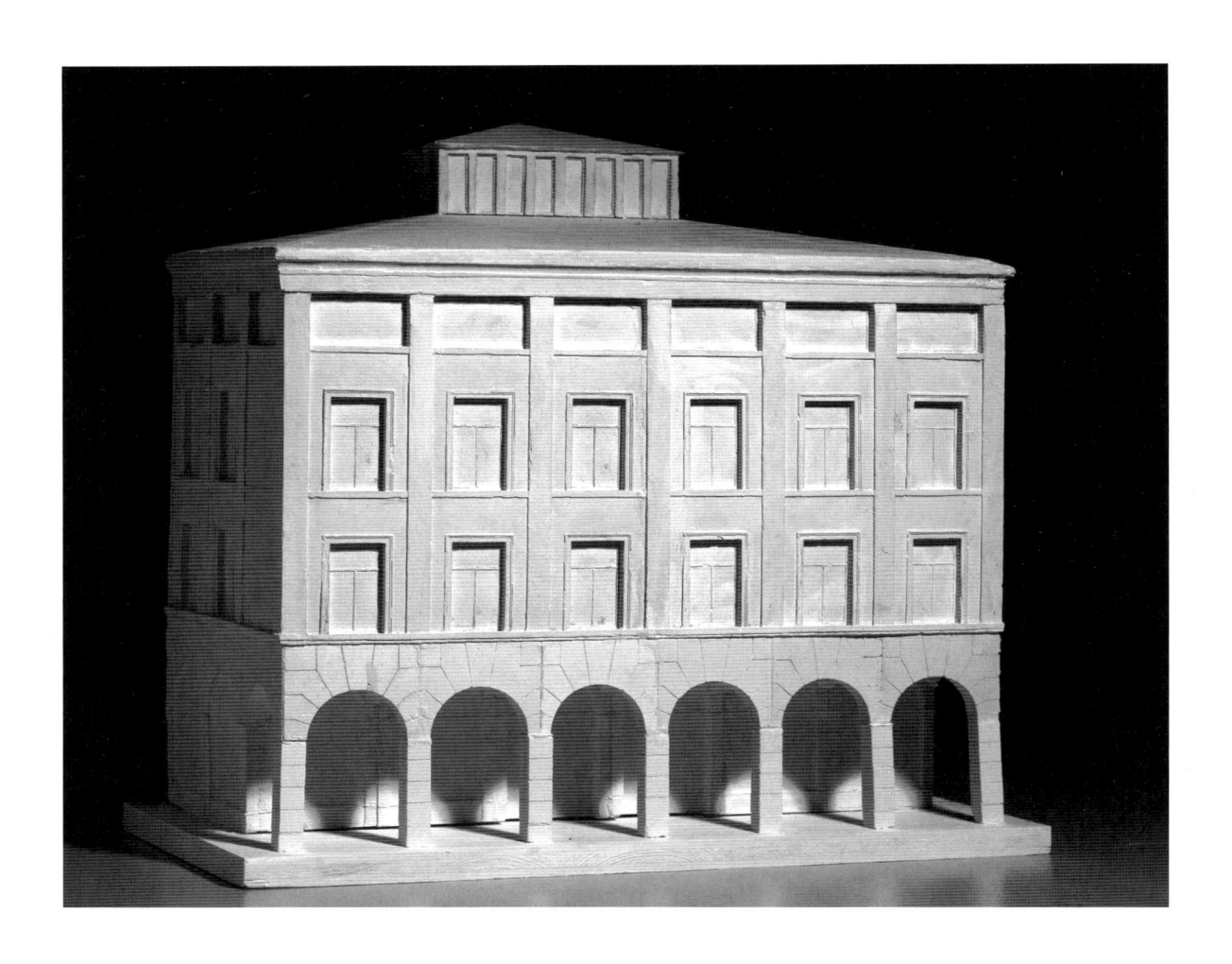

Rosanna May

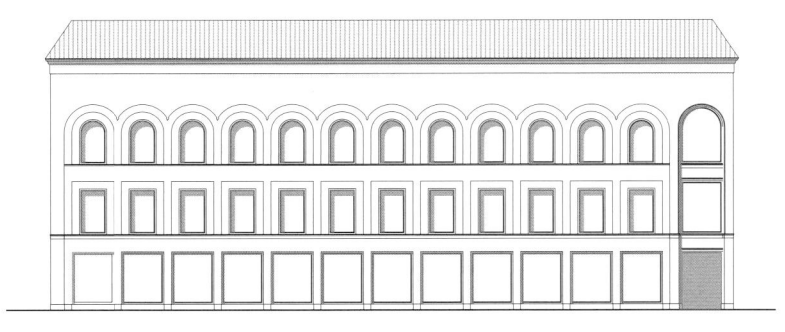

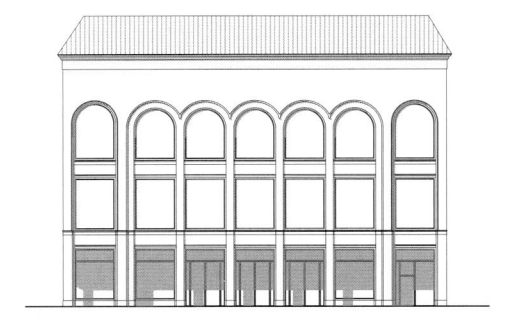

*Ansichten*

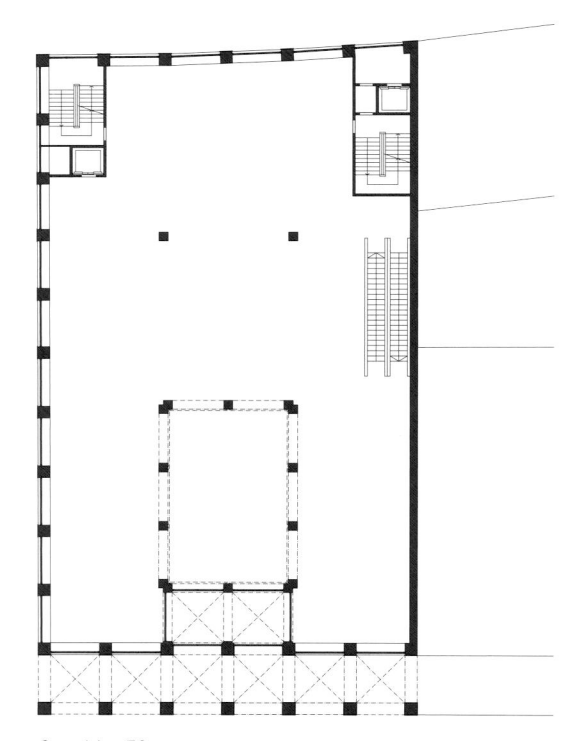

*Grundriss EG*

Rosanna May   155

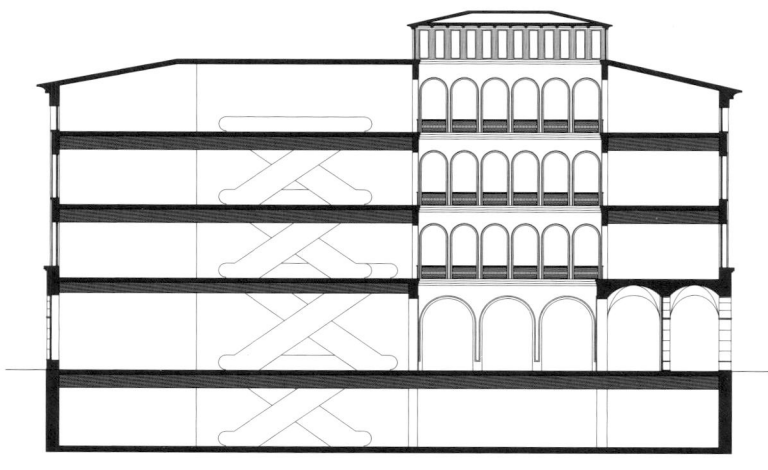

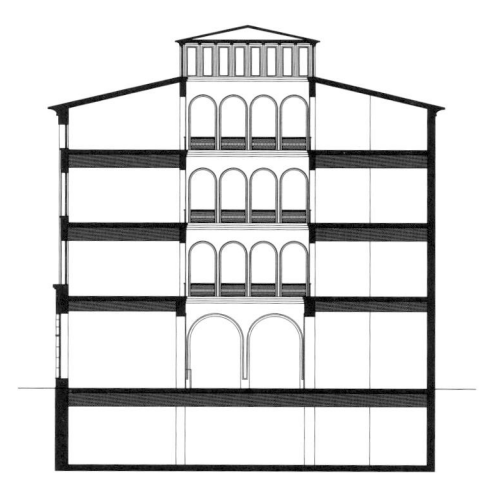

*Schnitte*

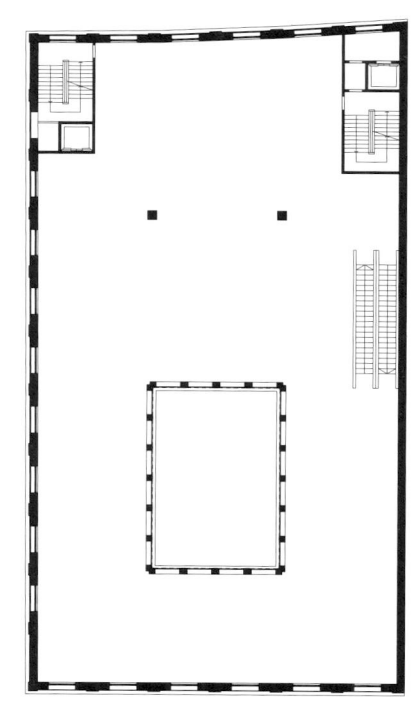

*Grundriss OG*

Rosanna May 157

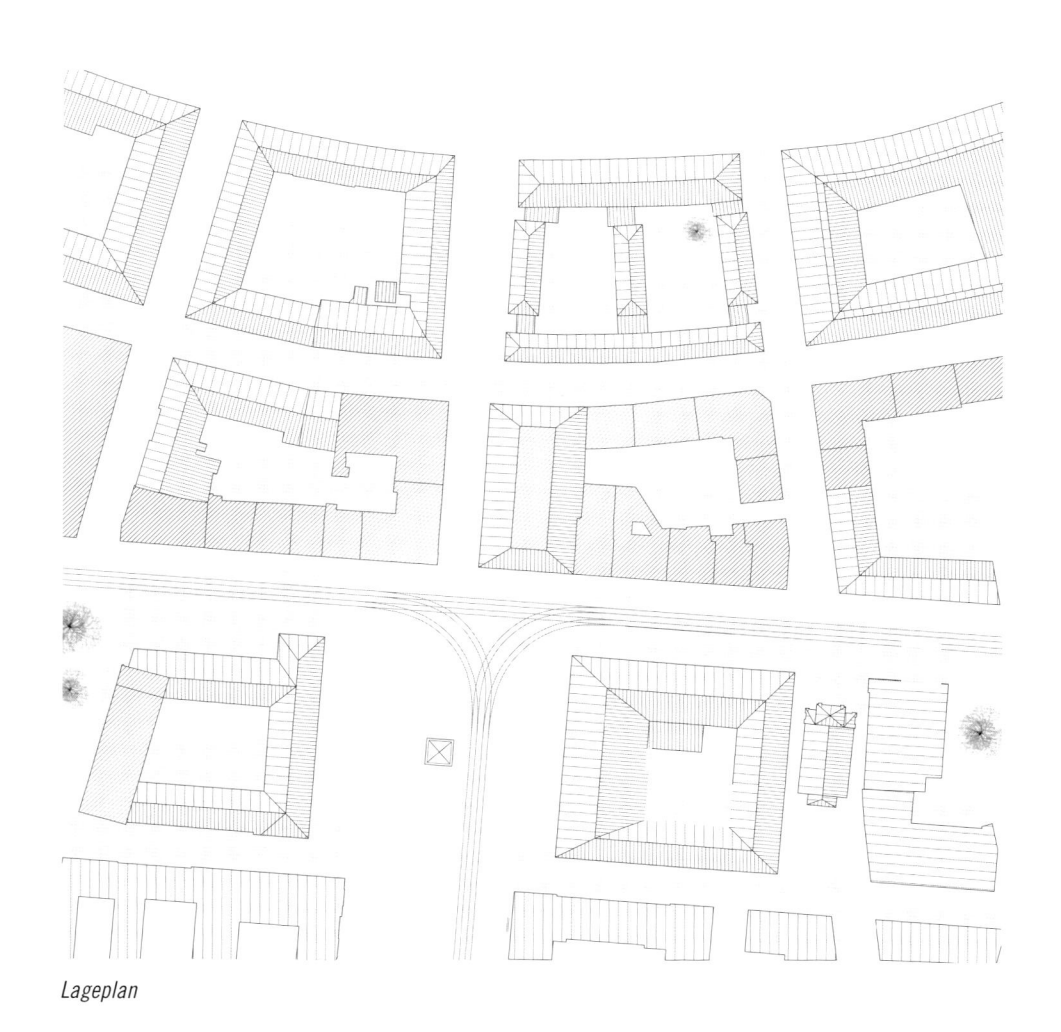

*Lageplan*

# LEVIN MERANER

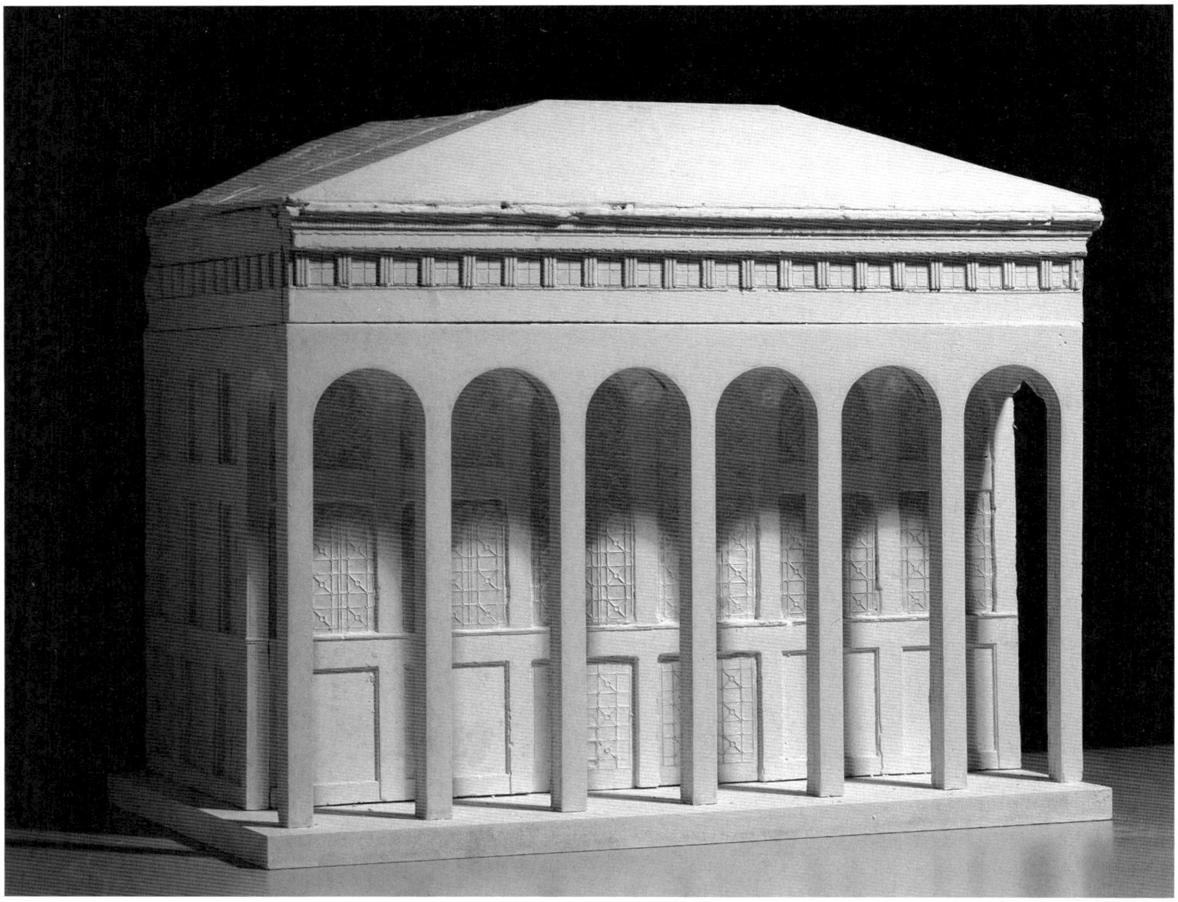

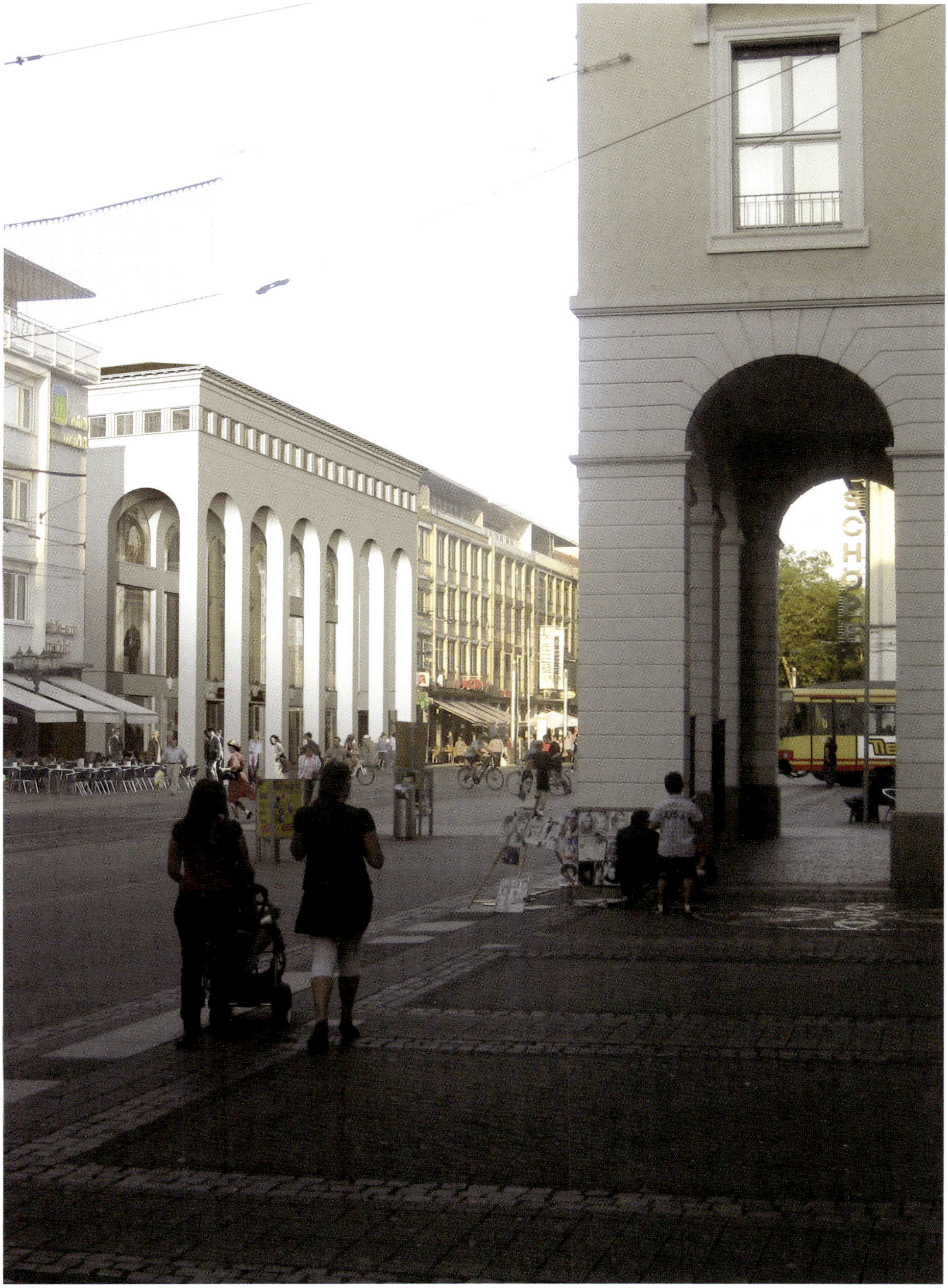

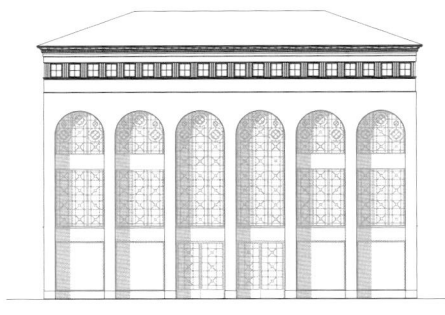

*Ansichten*

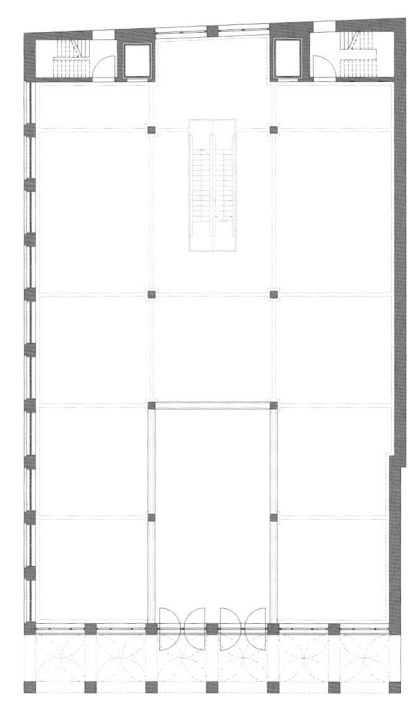

*Grundriss EG*

162

Levin Meraner

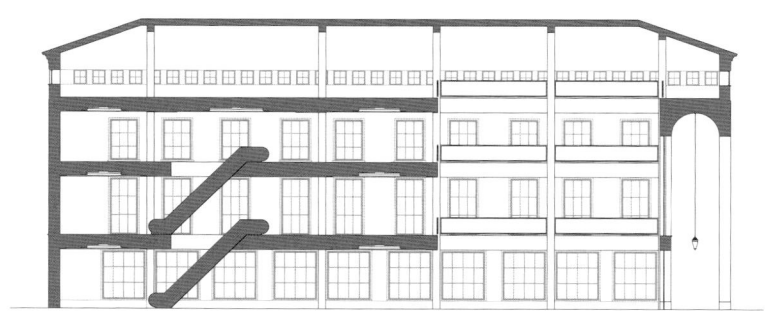

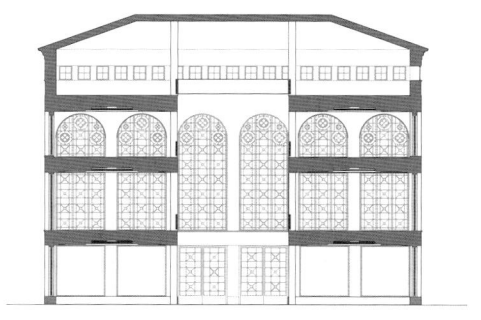

*Schnitte*

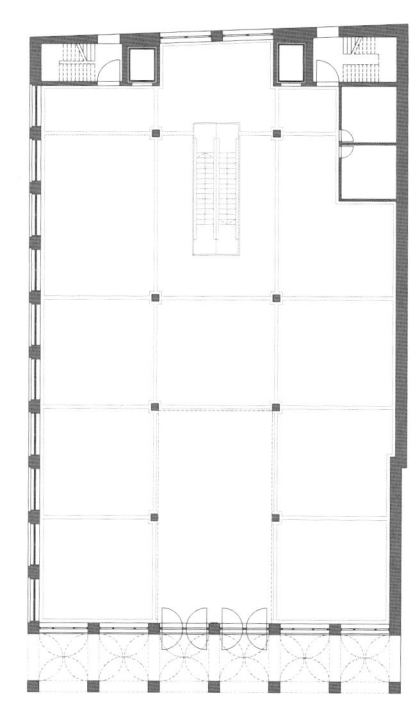

*Grundriss OG*

Levin Meraner 165

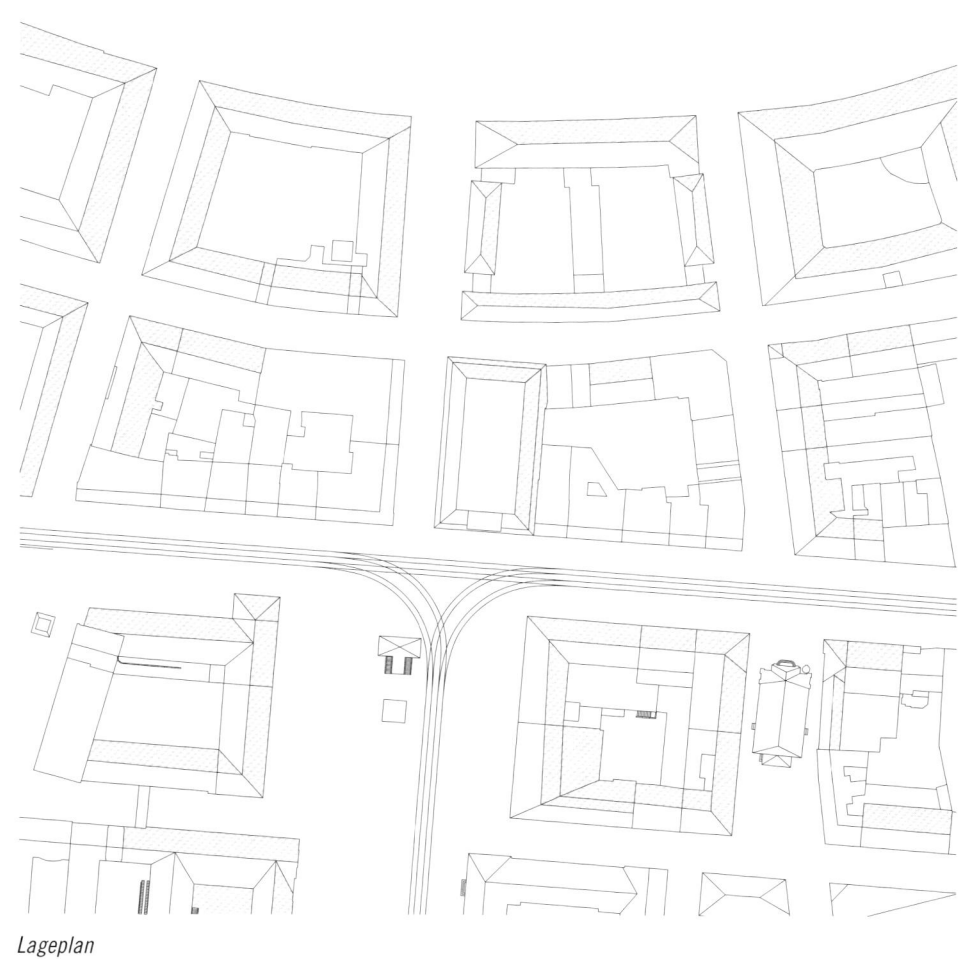

*Lageplan*

## SIMONA MÜHLEBACH

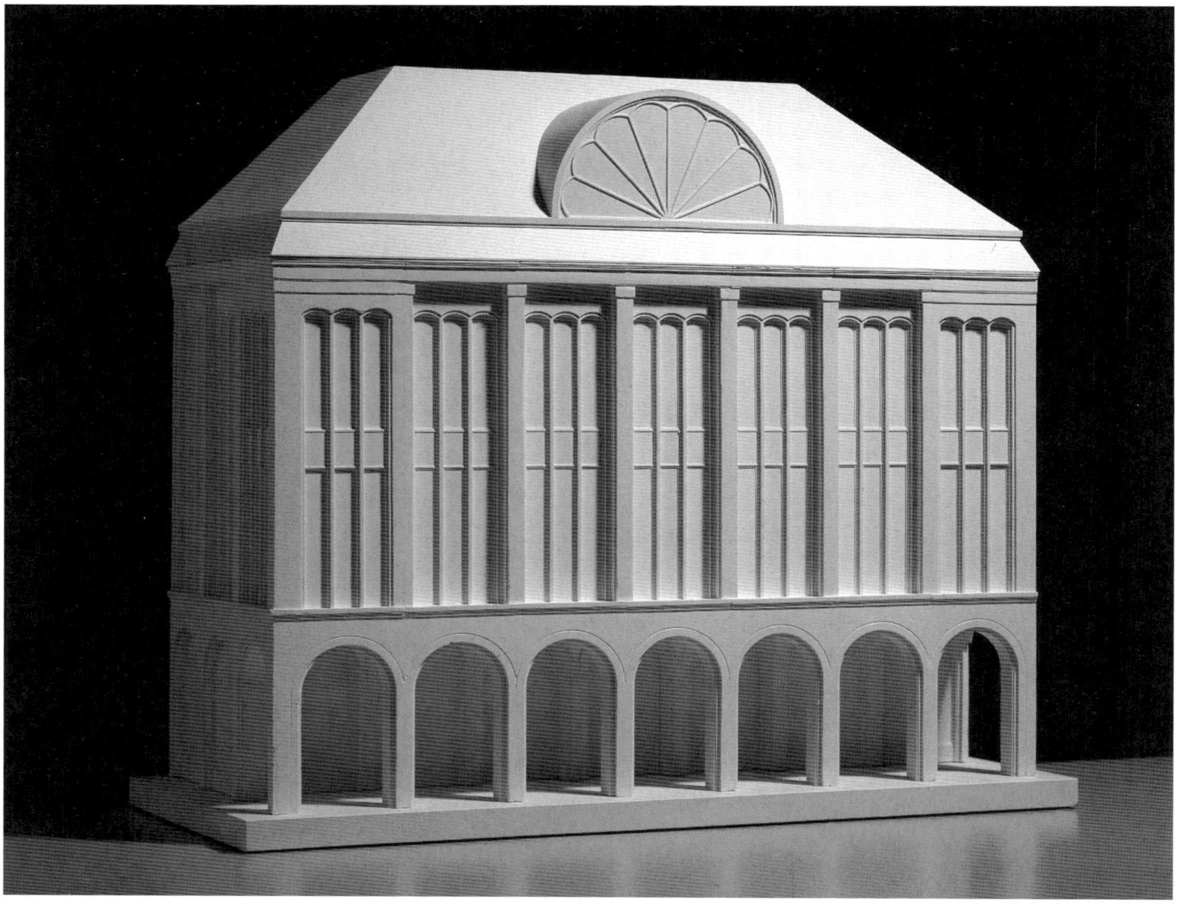

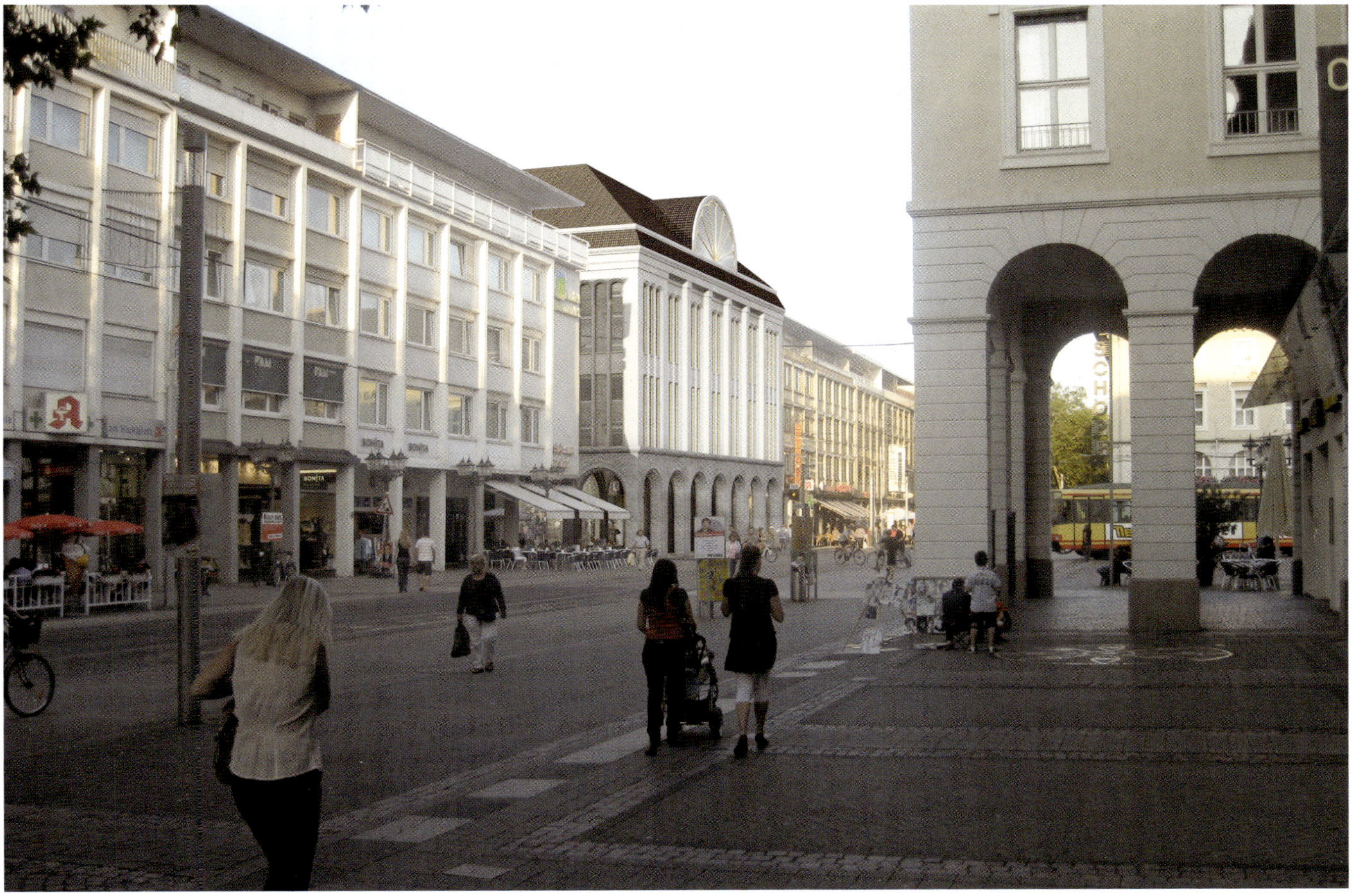

*Ansichten*

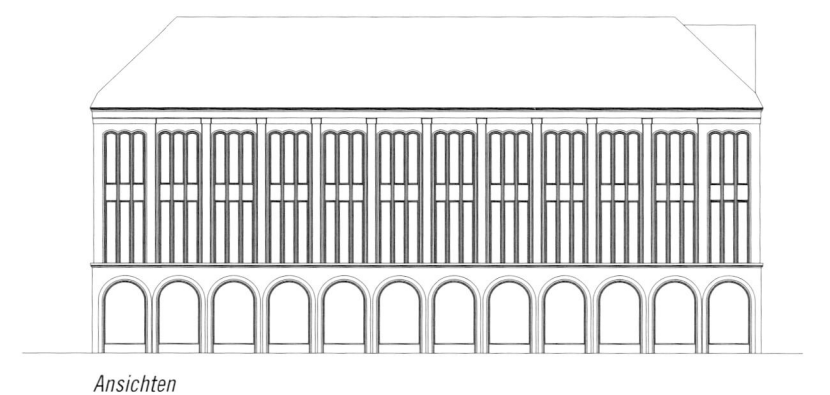

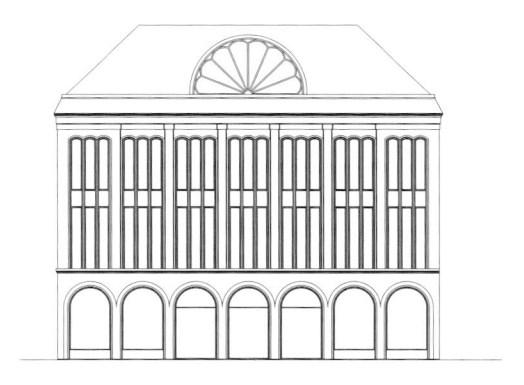

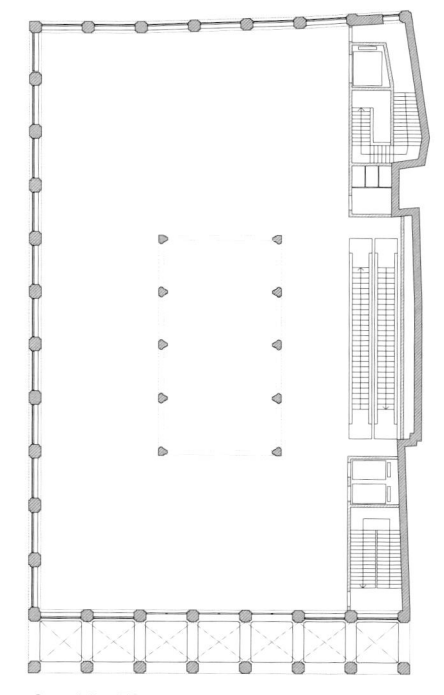

*Grundriss EG*

Simona Mühlebach 171

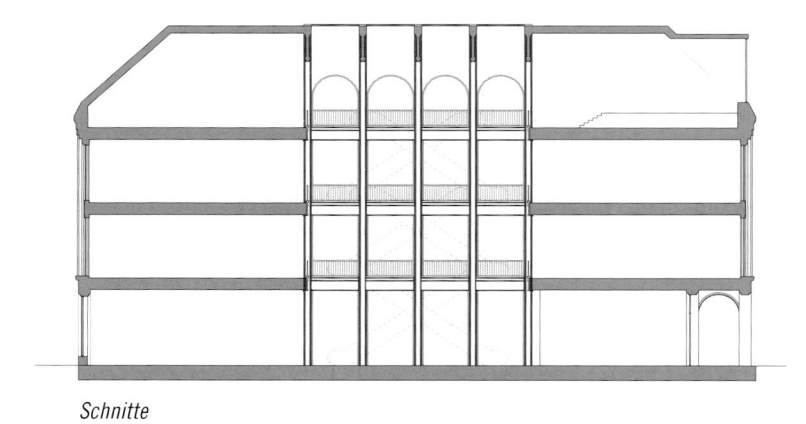

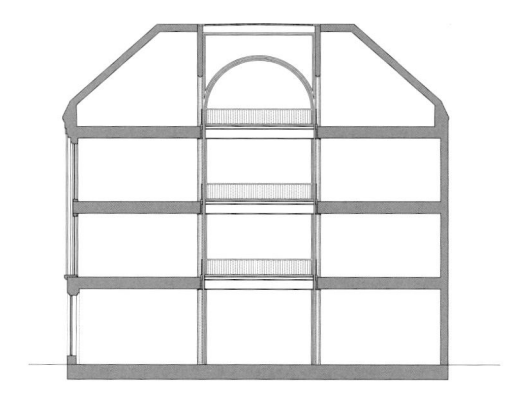

*Schnitte*

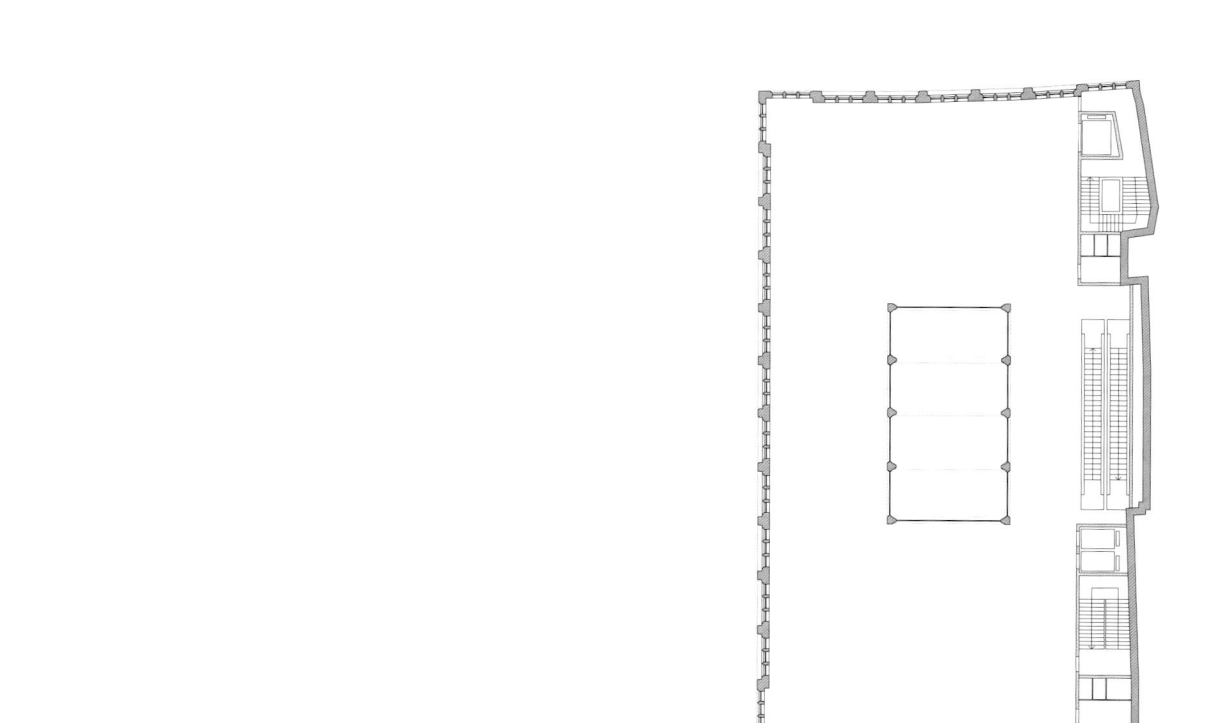

*Grundriss OG*

Simona Mühlebach 173

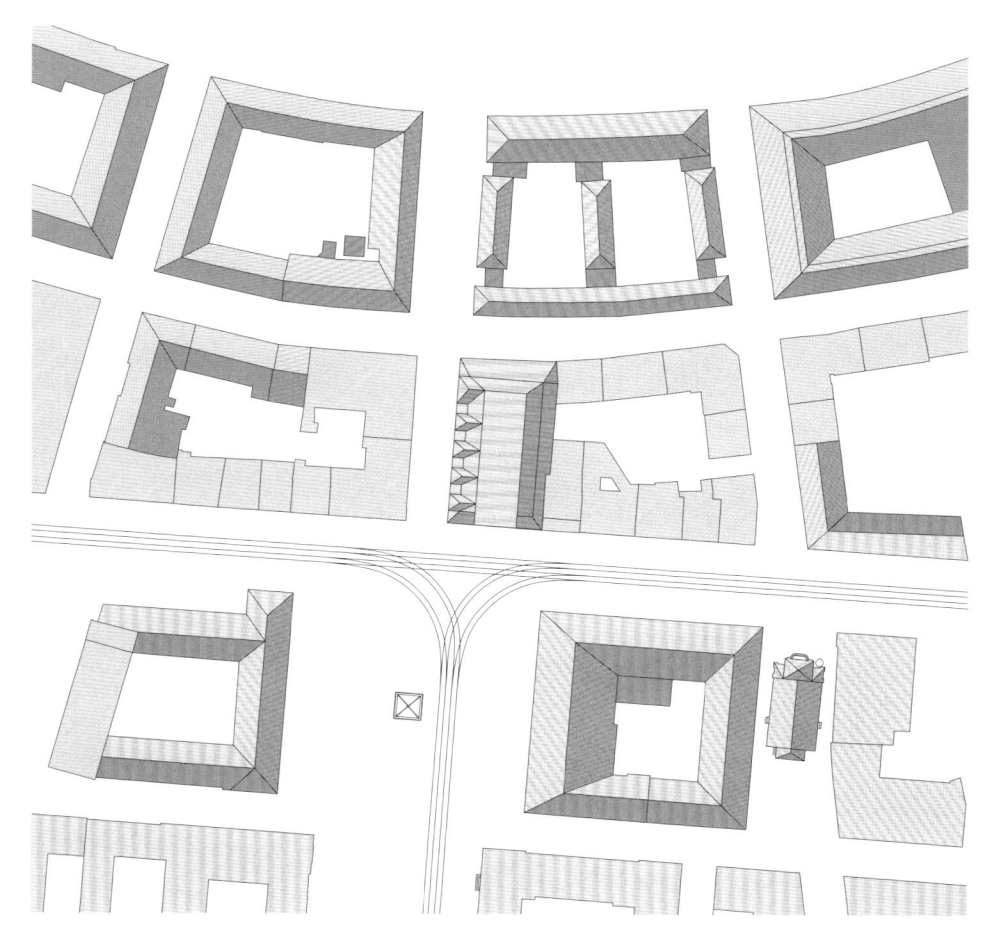

*Lageplan*

# PHILIPP OESCH

176

Philipp Oesch

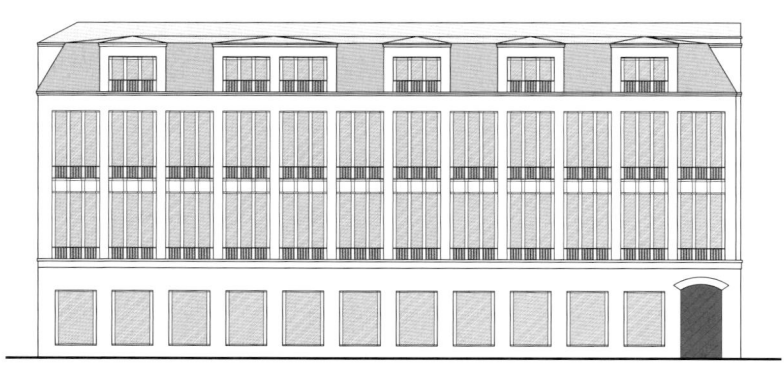

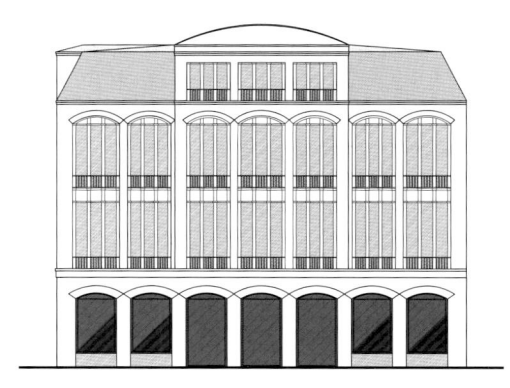

*Ansichten*

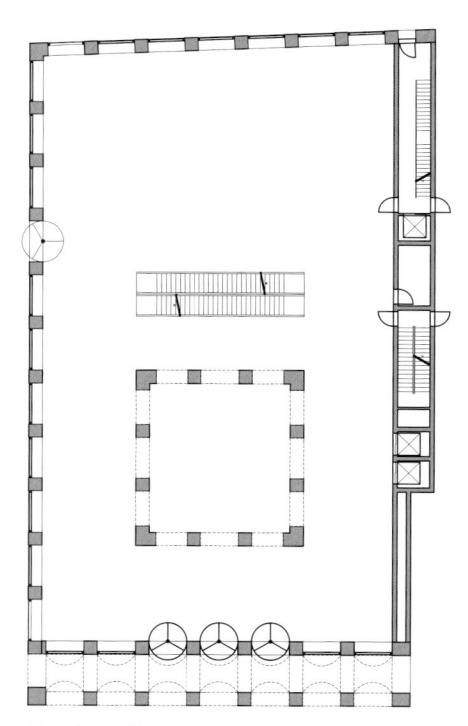

*Grundriss EG*

Philipp Oesch

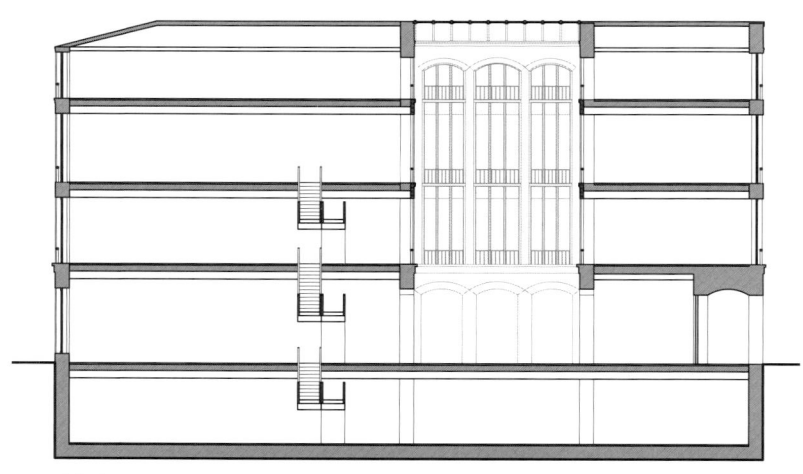

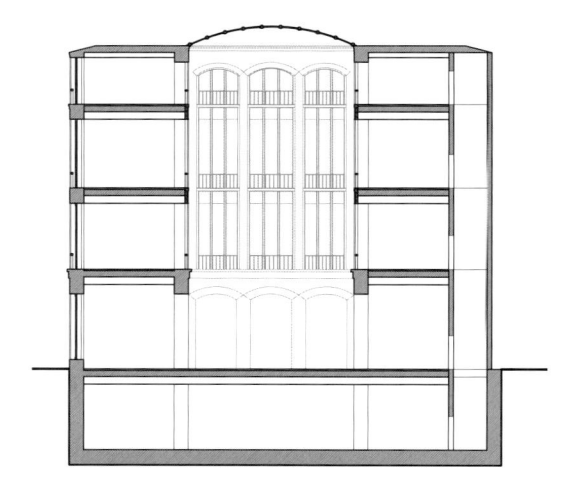

*Schnitte*

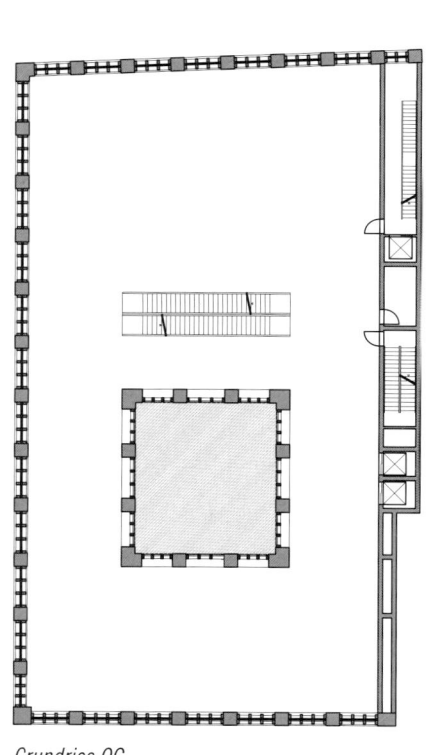

*Grundriss OG*

Philipp Oesch

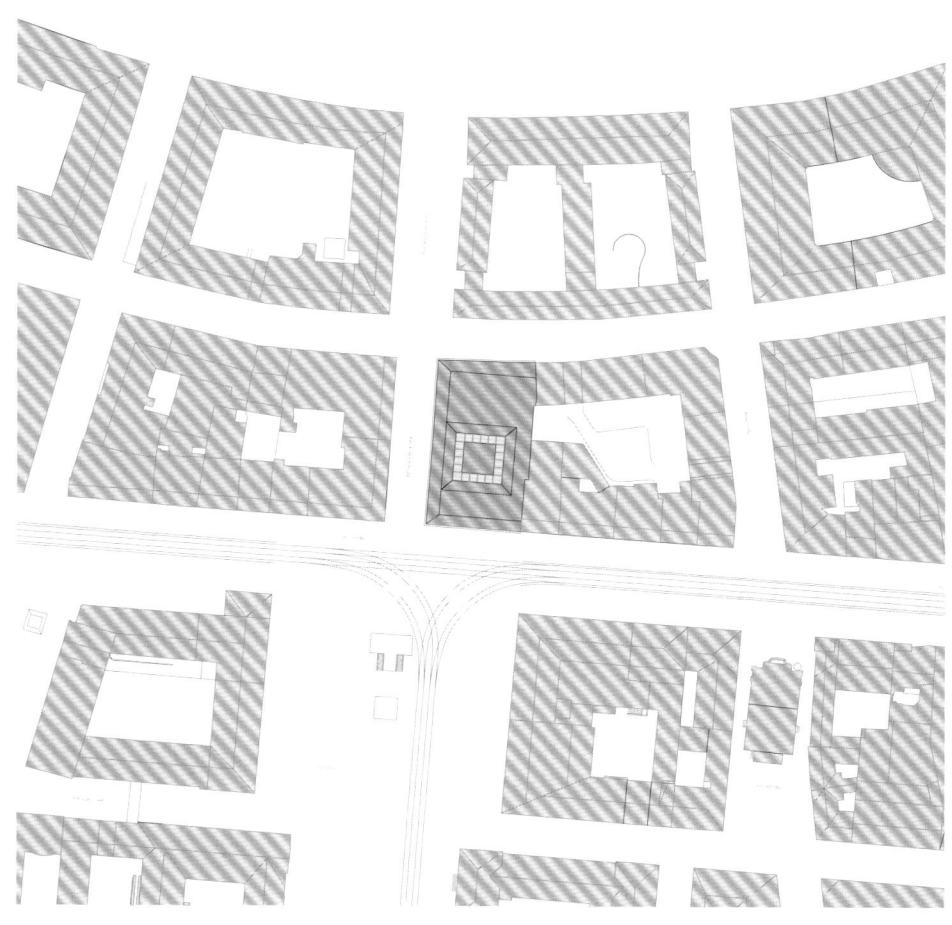

*Lageplan*

RICARDA PANIZZA

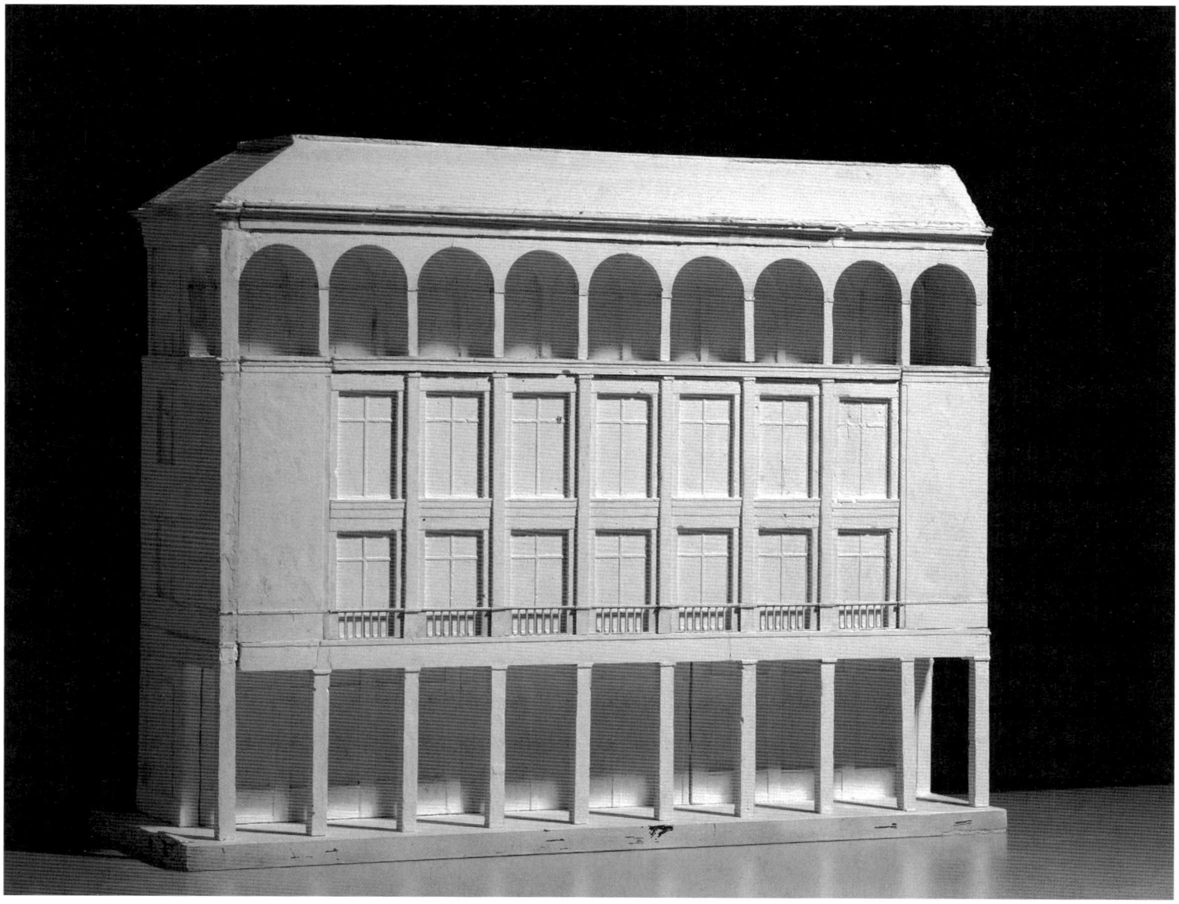

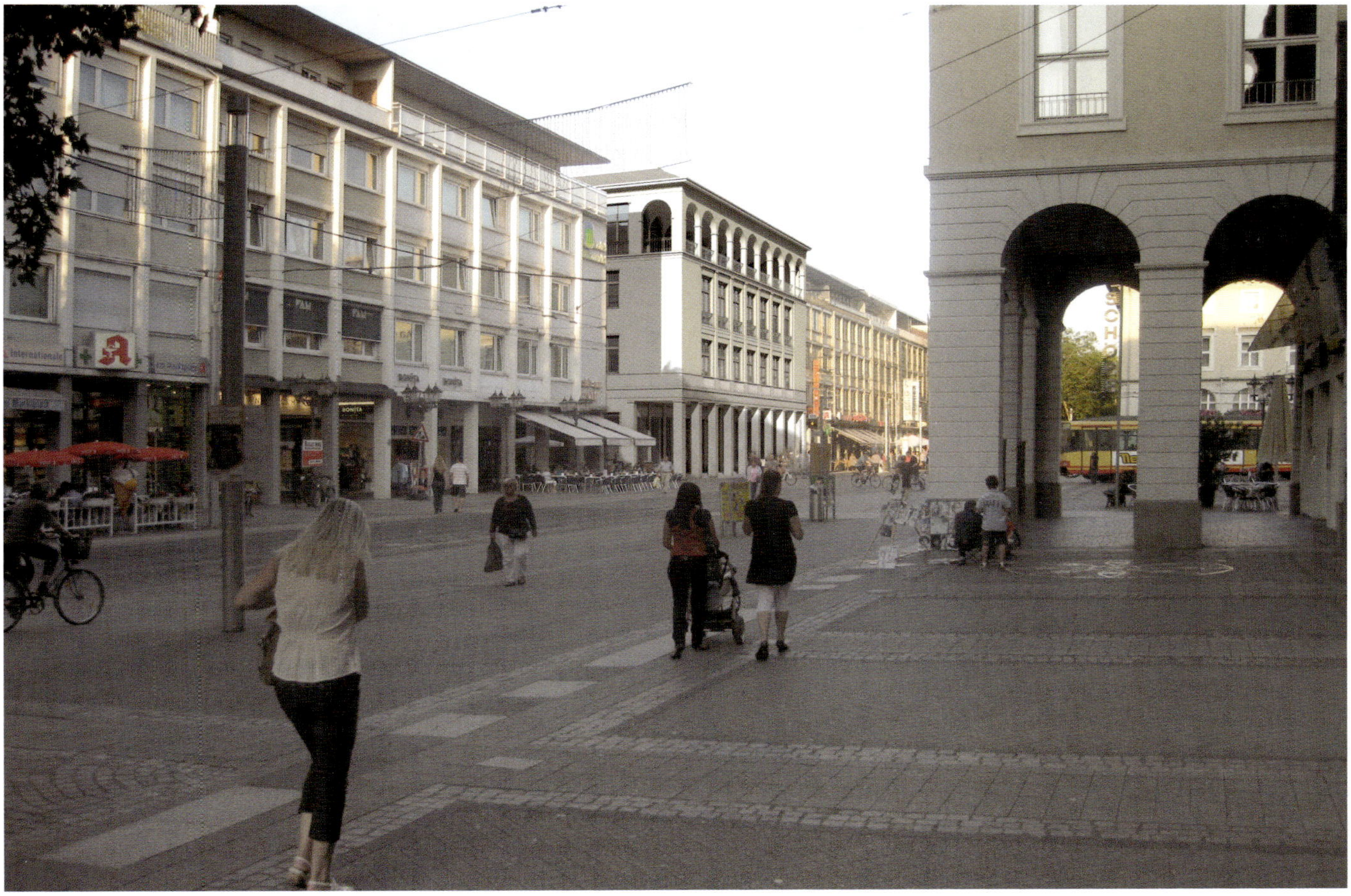

*Ansichten*

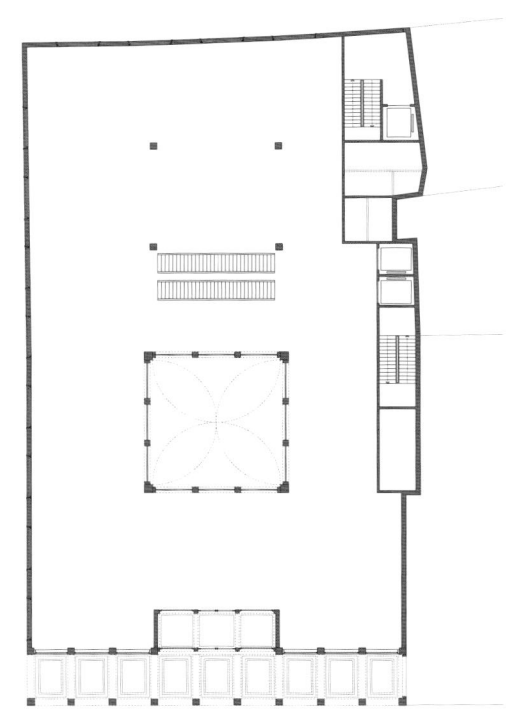

*Grundriss EG*

Ricarda Panizza 187

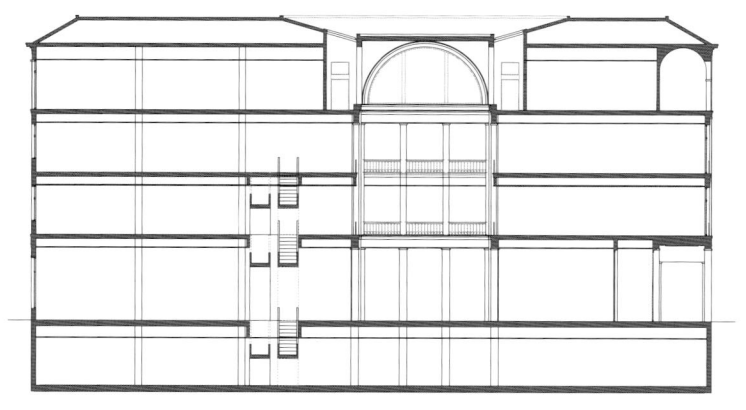

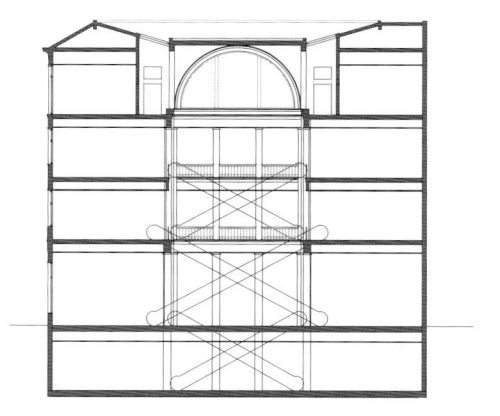

*Schnitte*

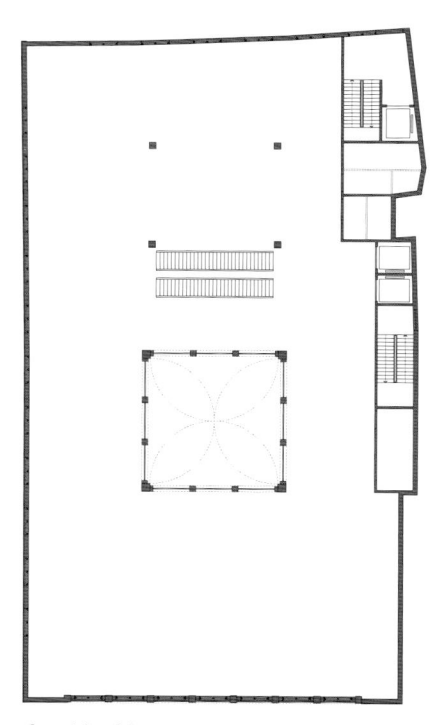

*Grundriss OG*

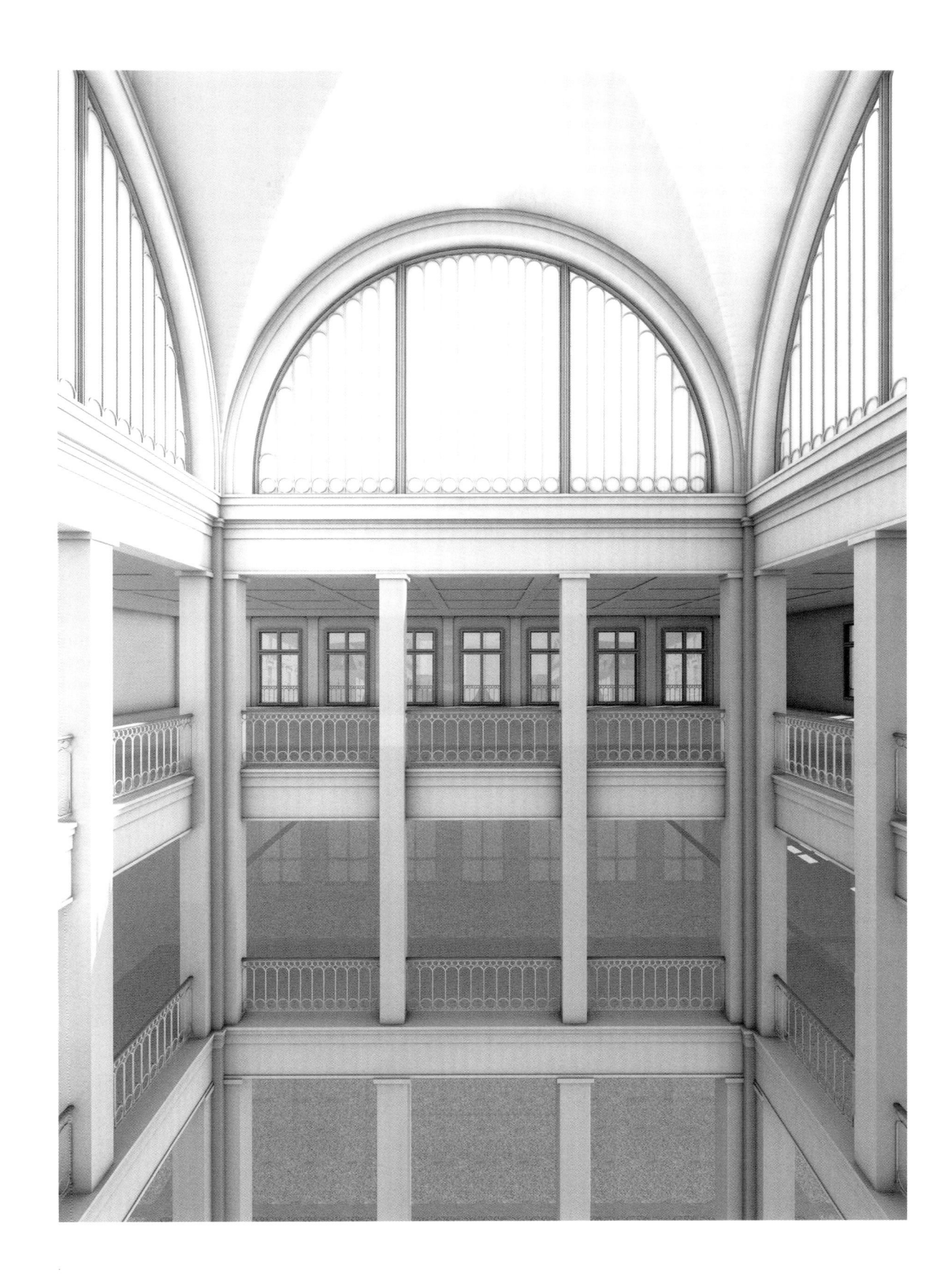

Ricarda Panizza

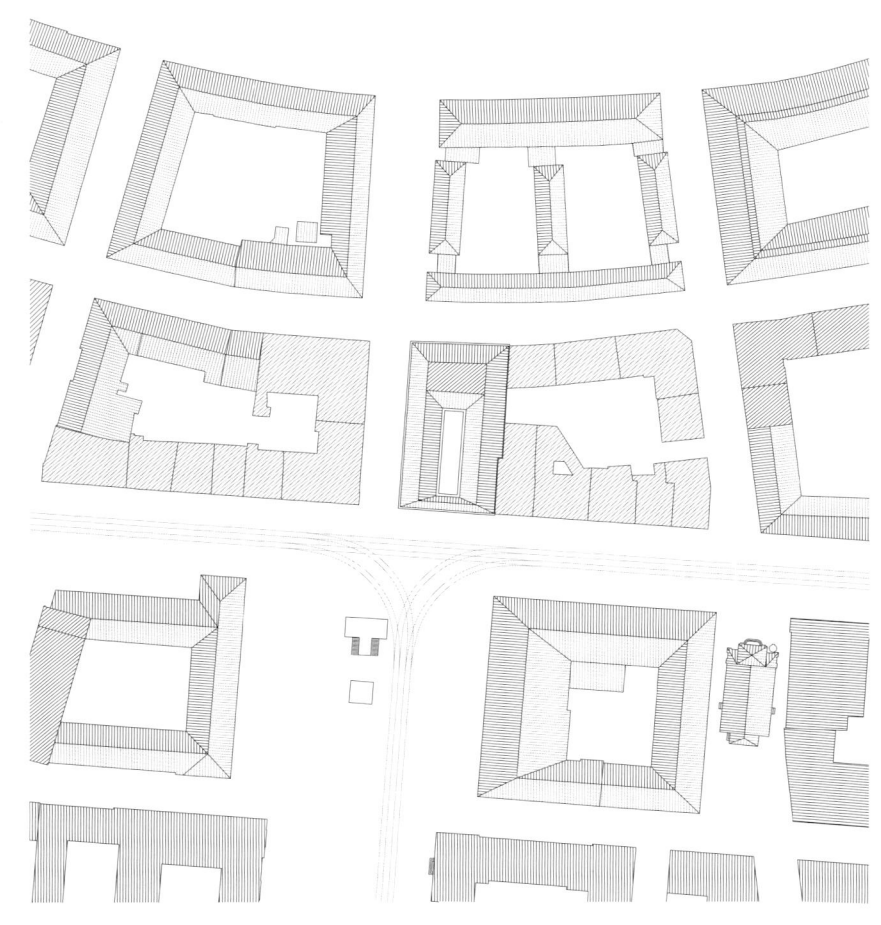

*Lageplan*

KATHRIN PERRIG

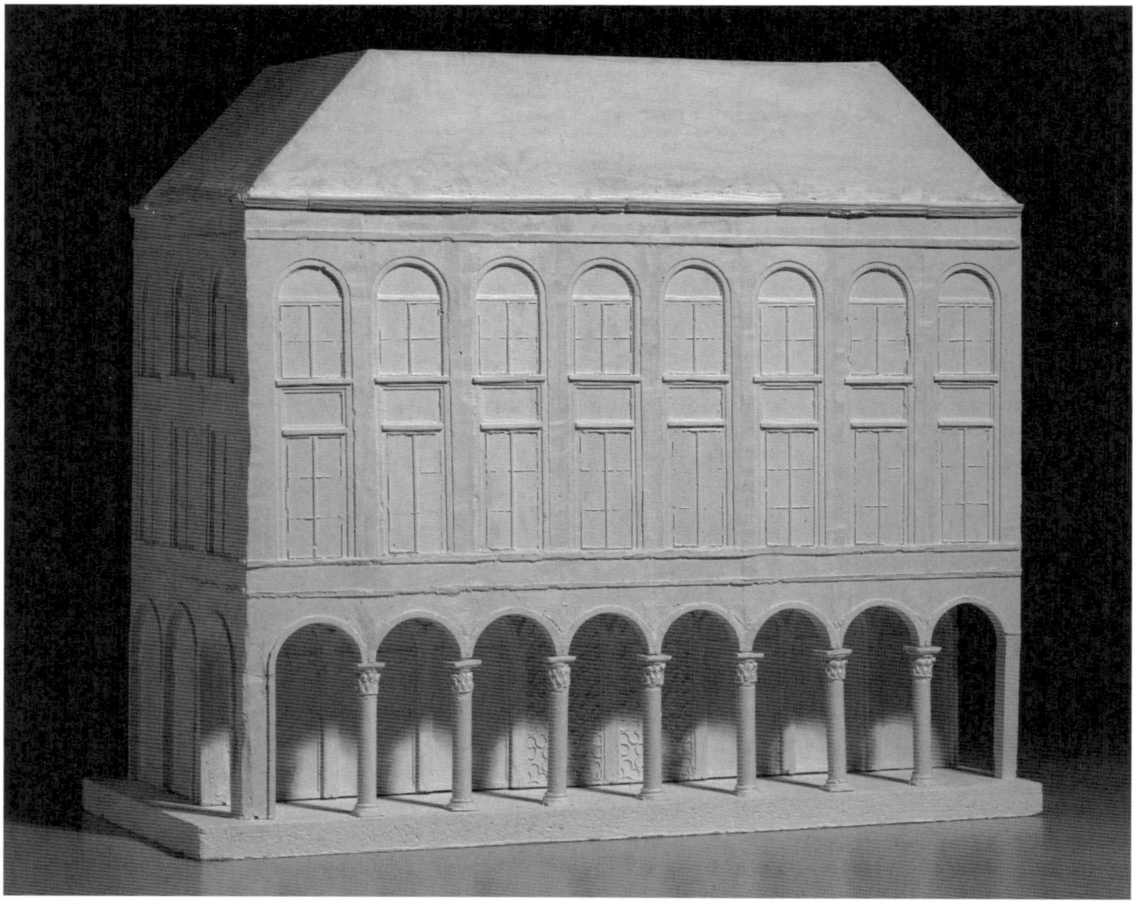

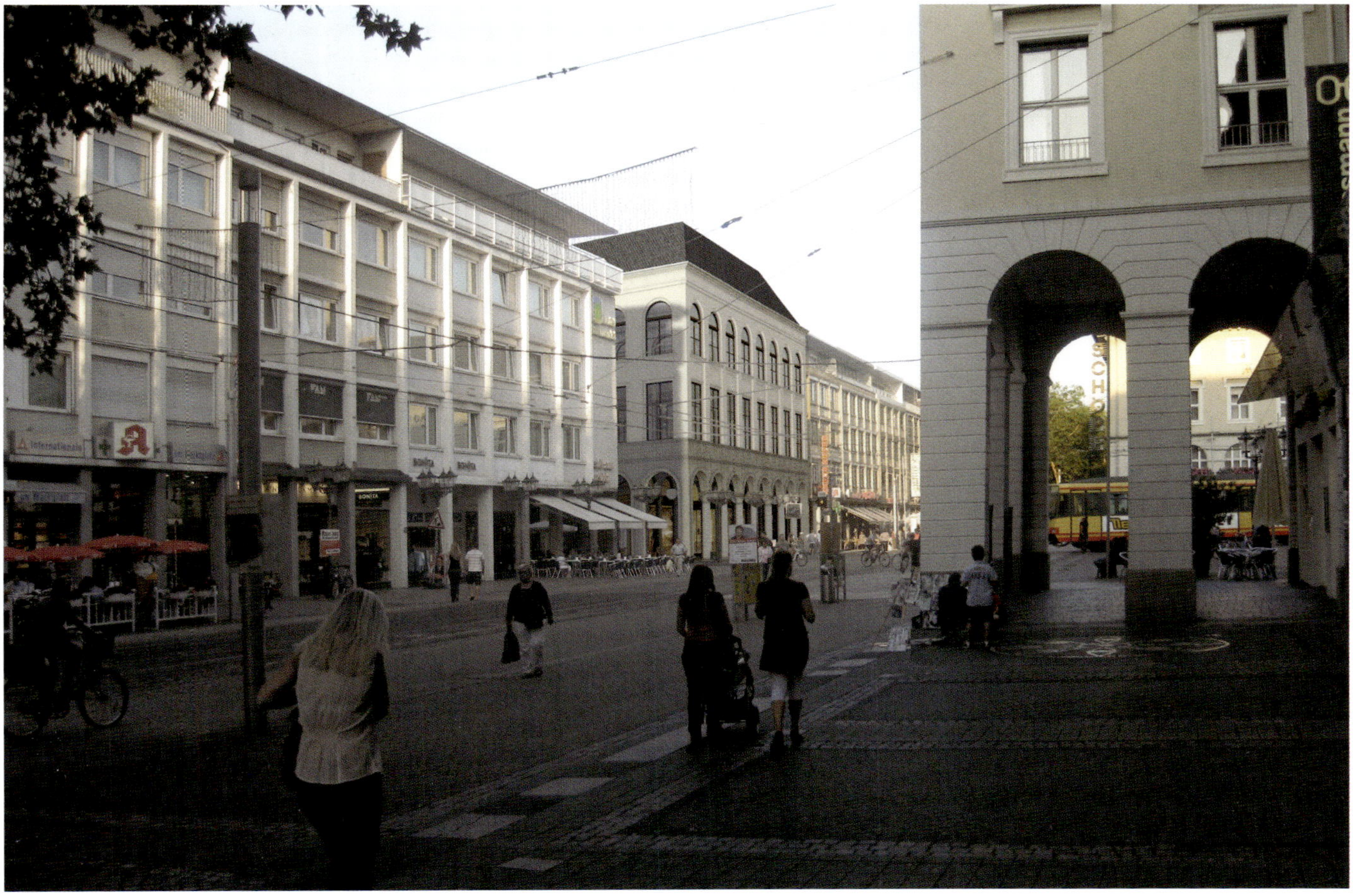

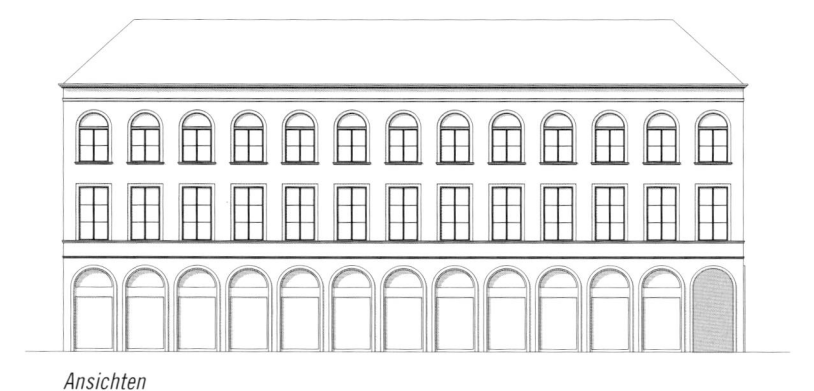

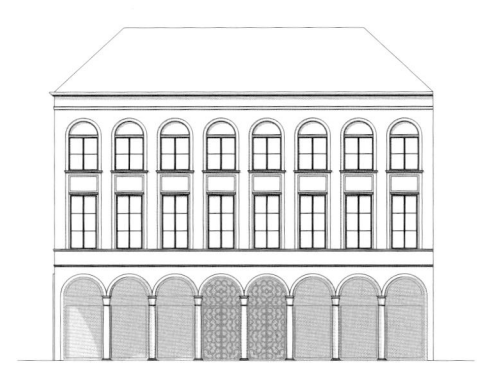

*Ansichten*

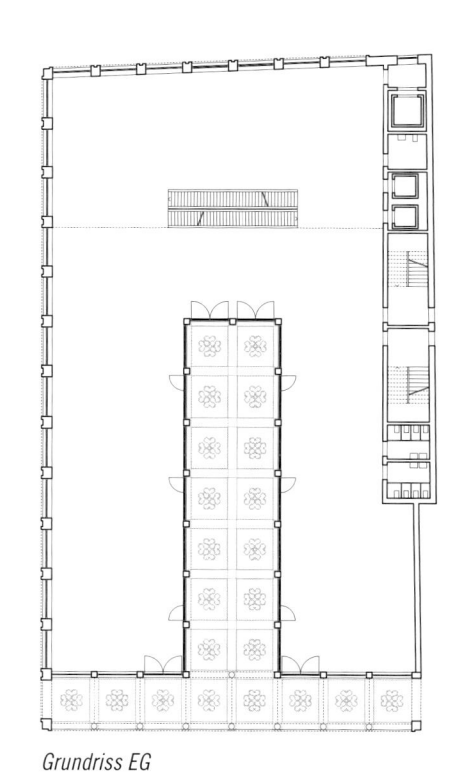

*Grundriss EG*

Kathrin Perrig

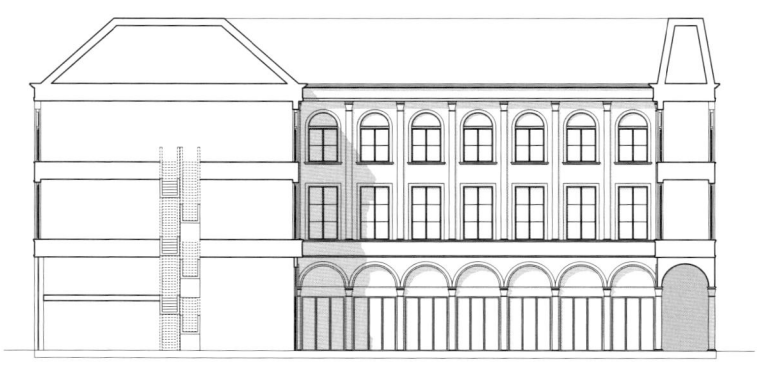

*Schnitte*

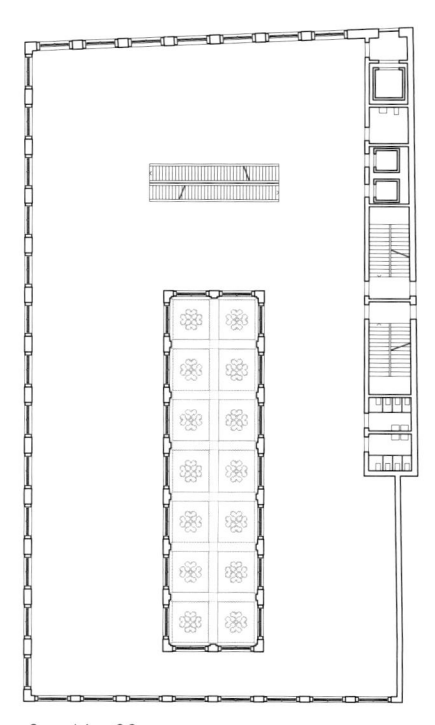

*Grundriss OG*

Kathrin Perrig 197

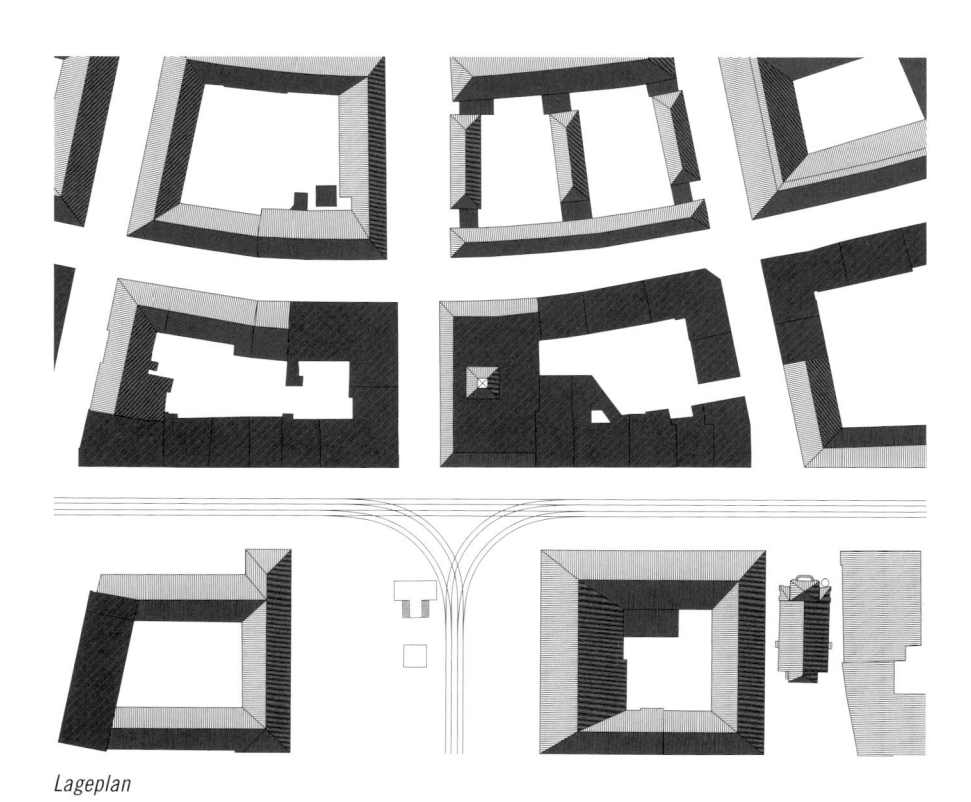

*Lageplan*

# NELLY PILZ

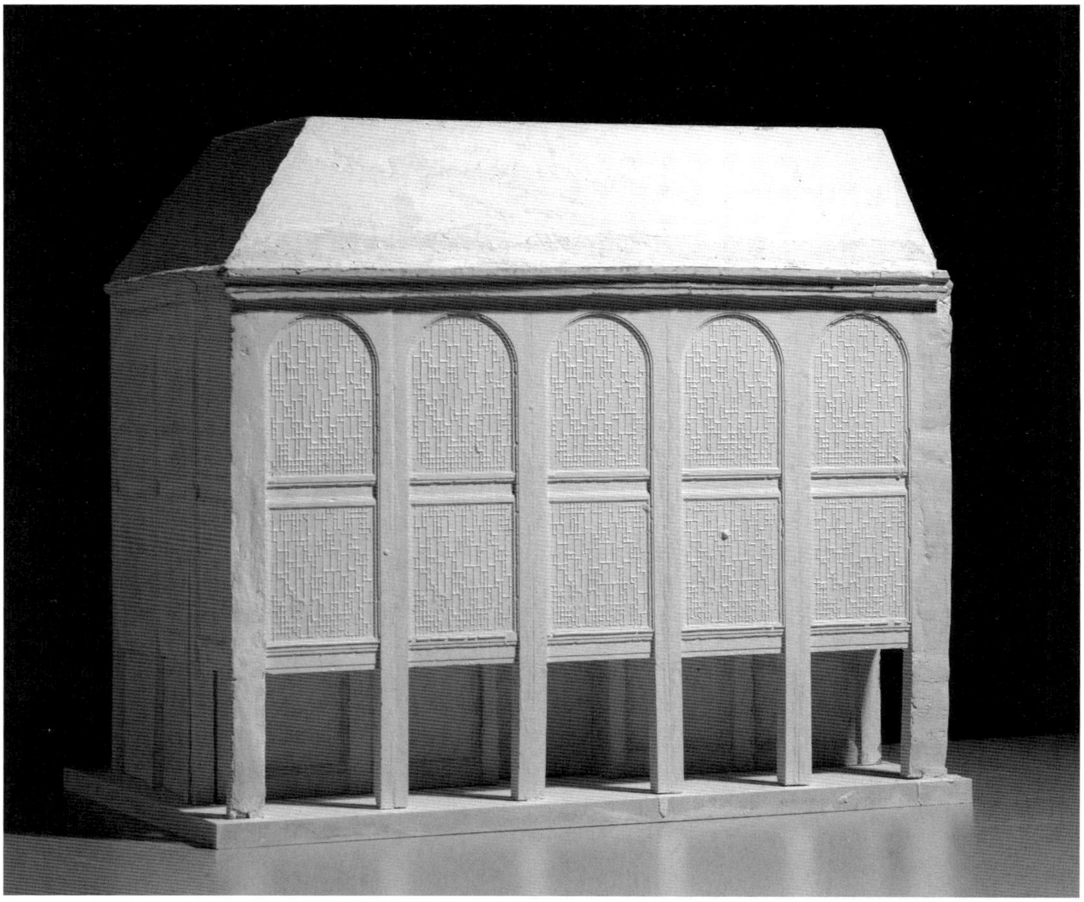

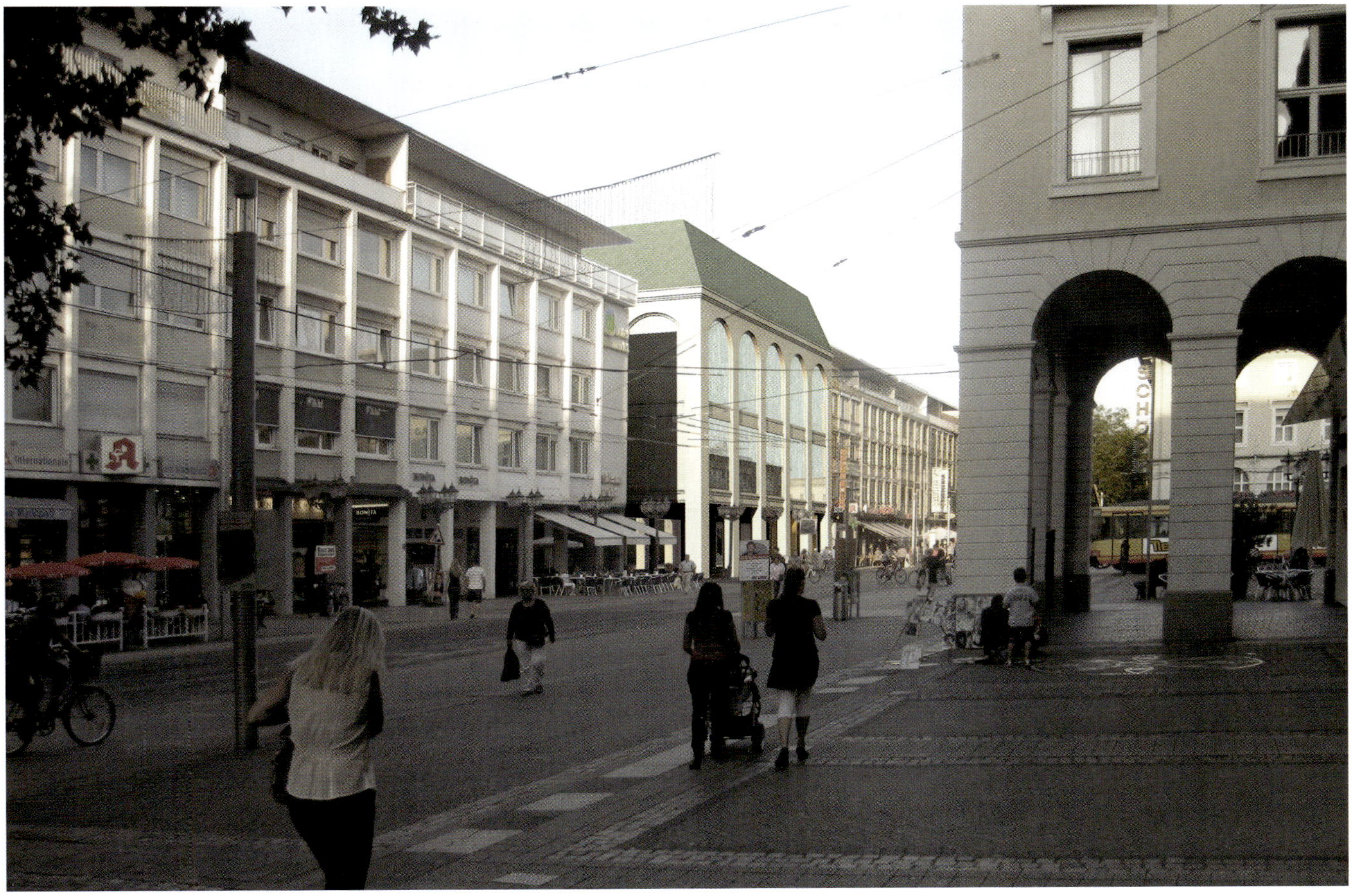

*Ansichten*

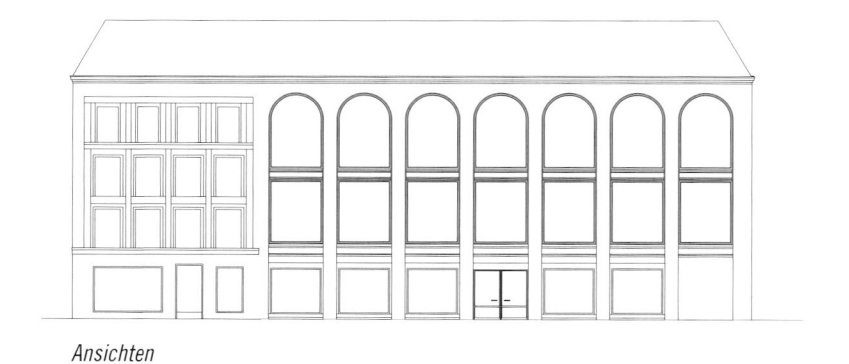

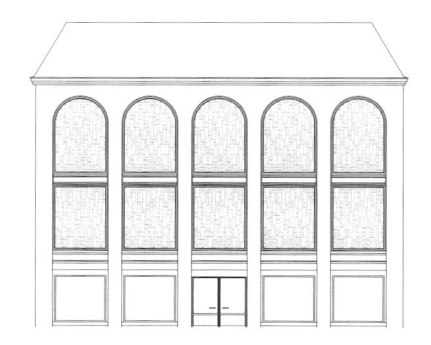

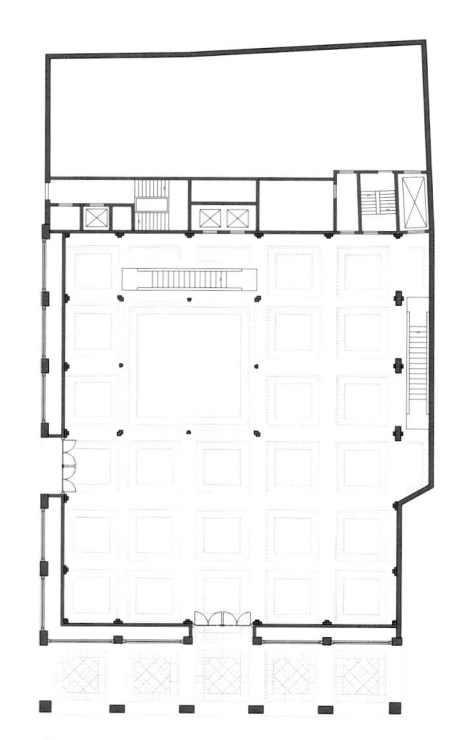

*Grundriss EG*

Nelly Pilz 203

*Schnitt*

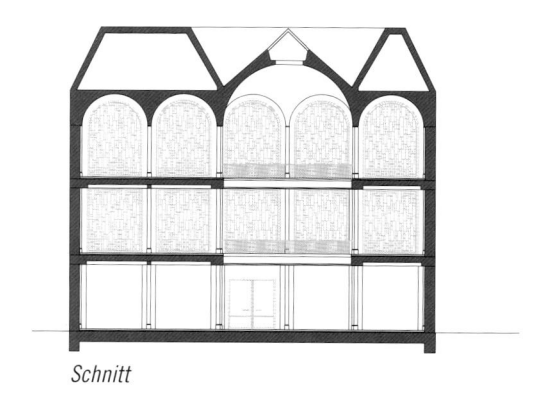

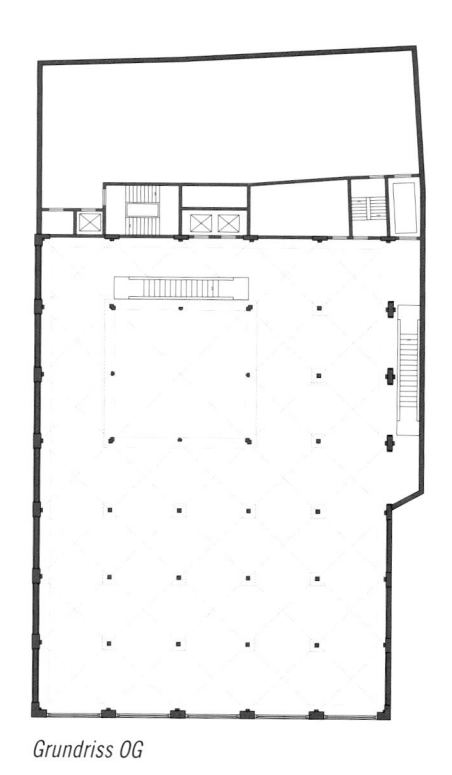

*Grundriss OG*

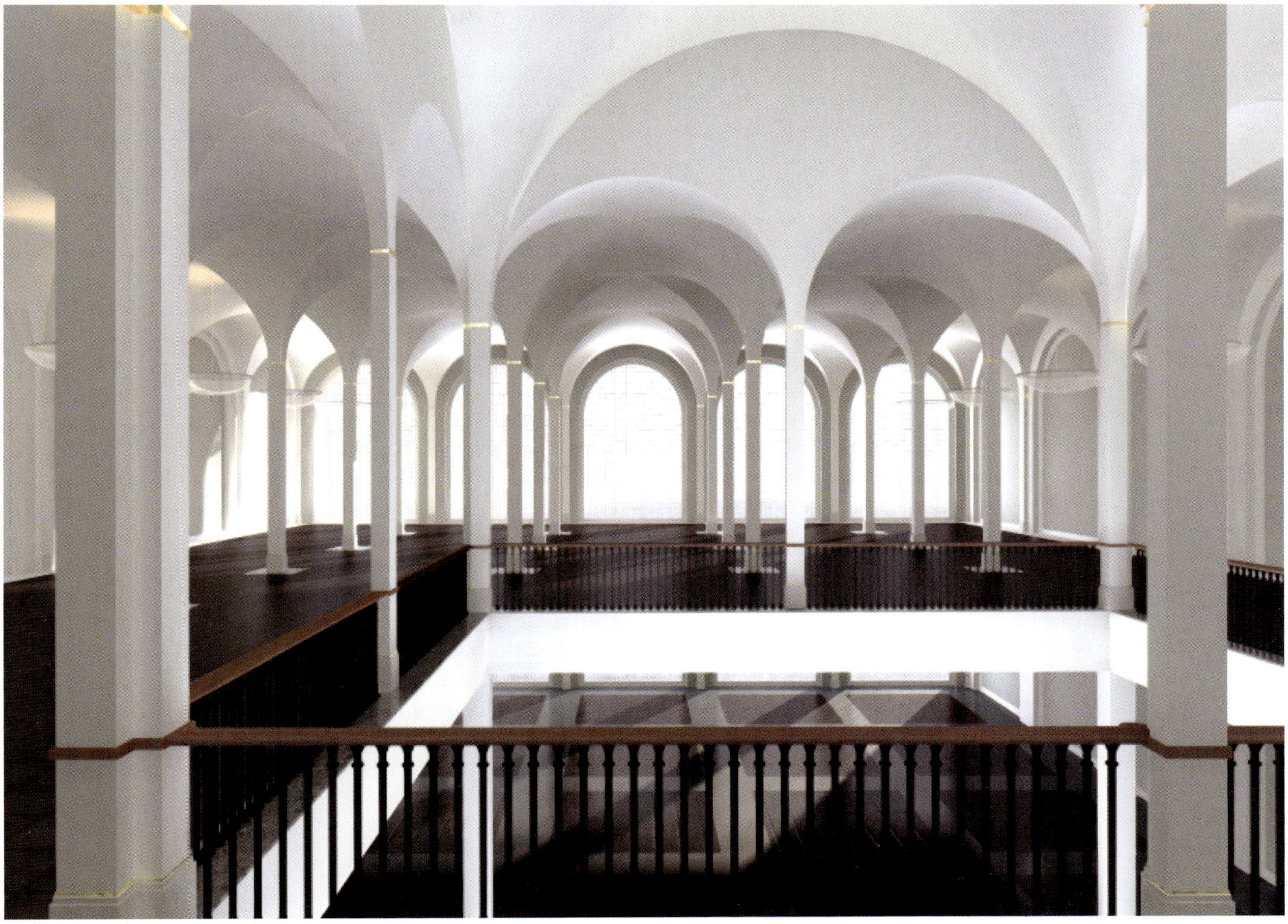

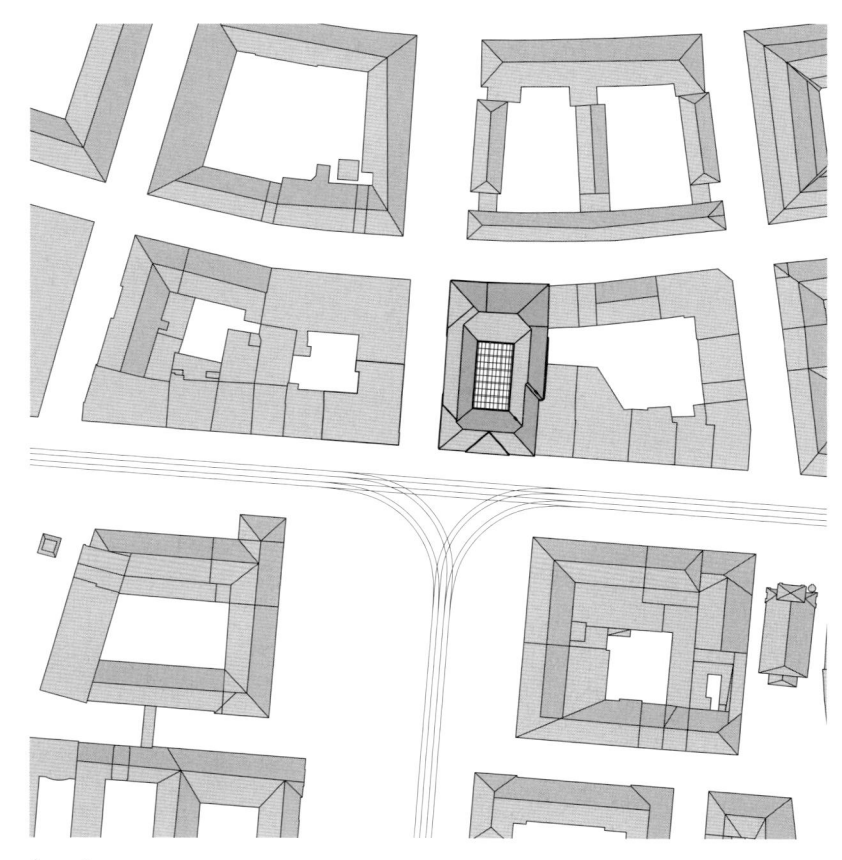

*Lageplan*

# LARISSA PITSCH

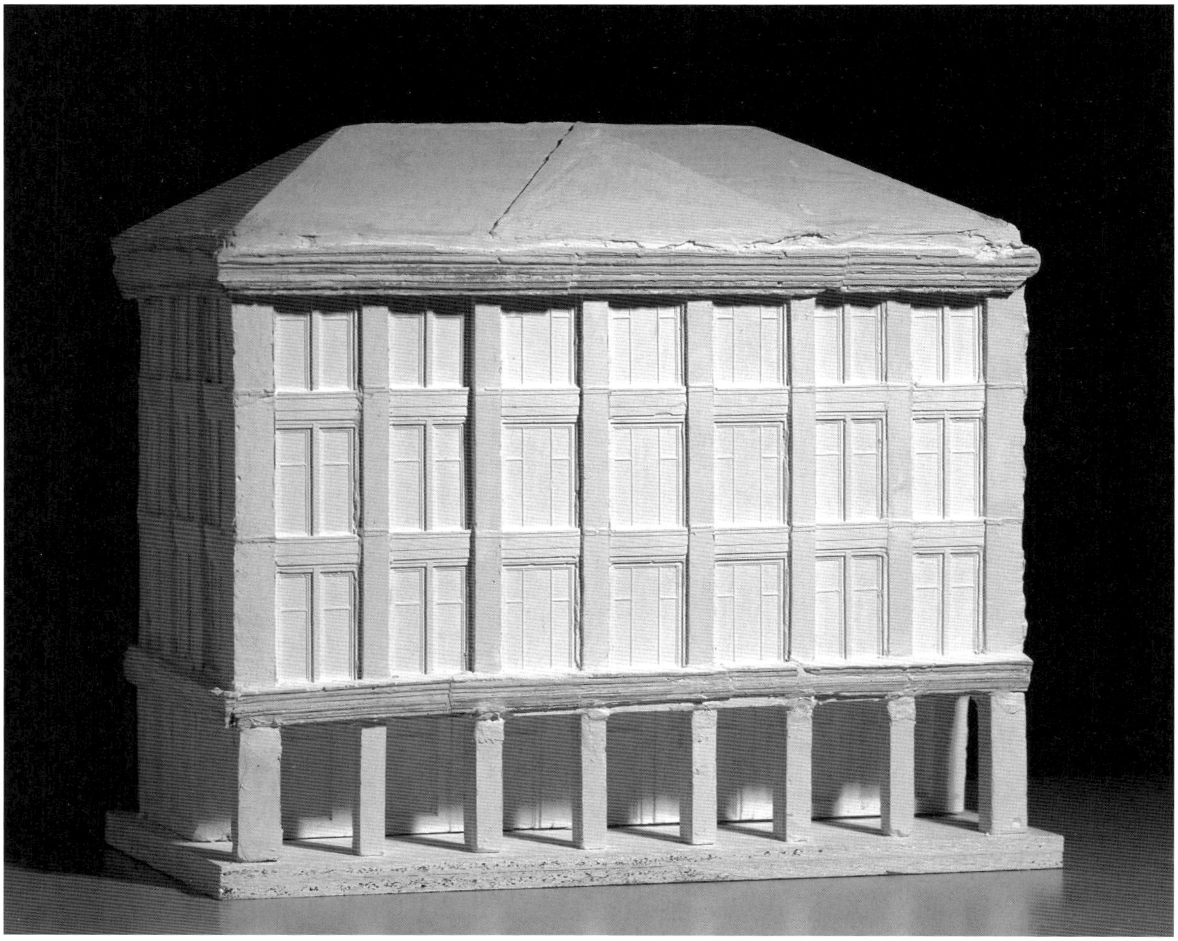

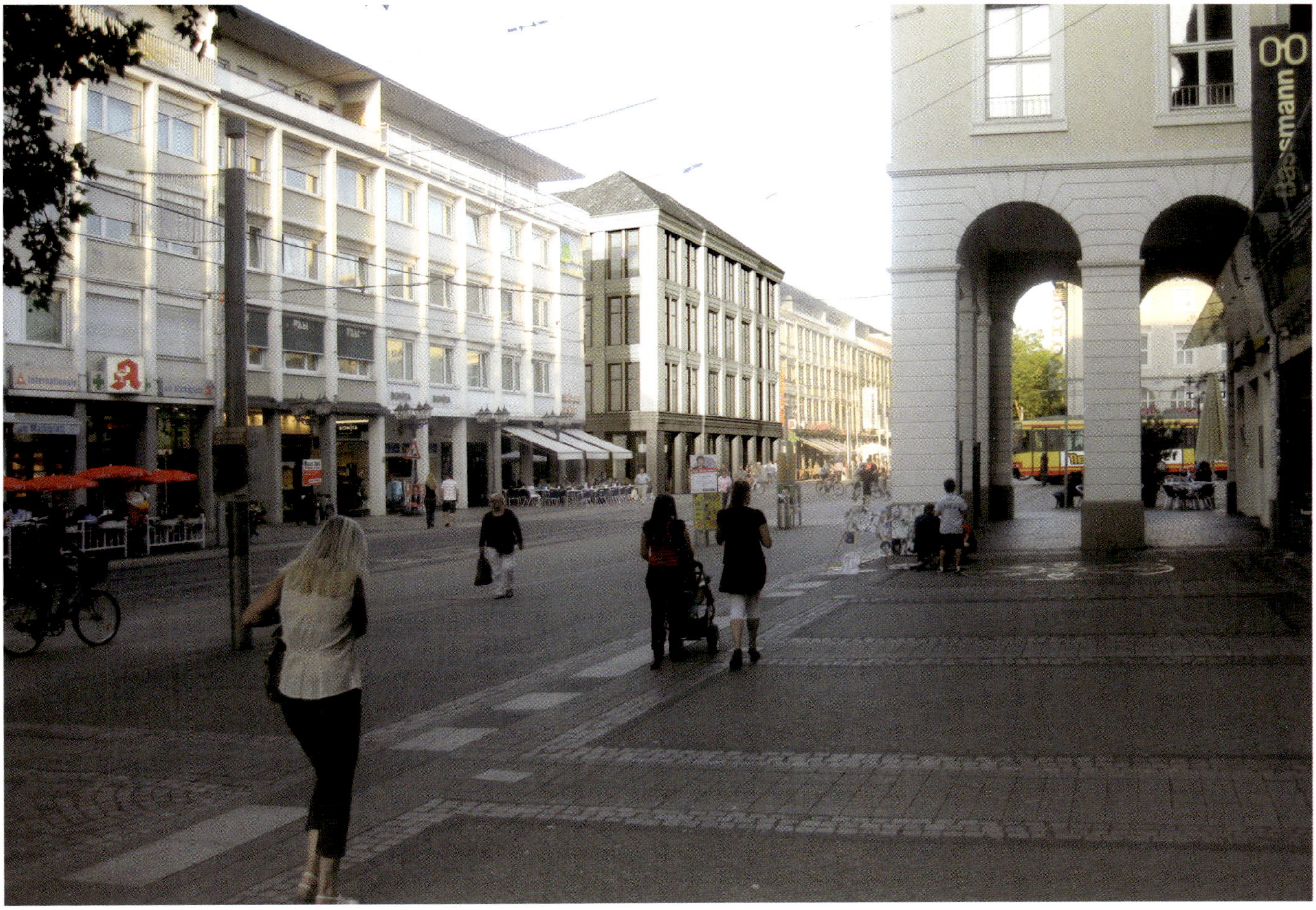

*Ansichten*

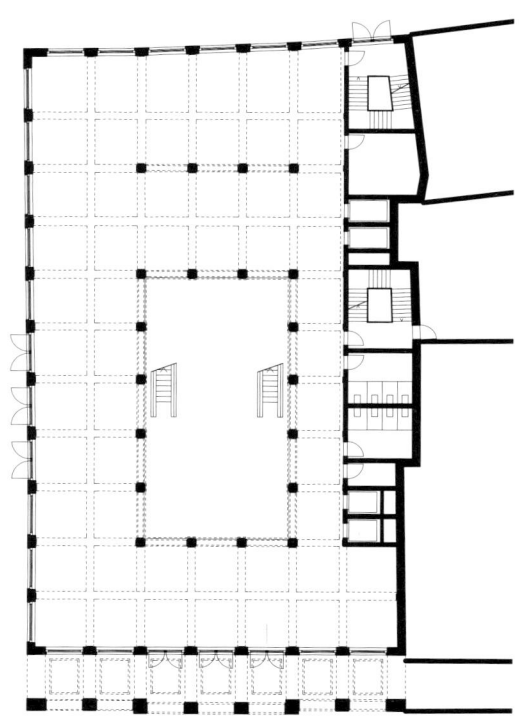

*Grundriss EG*

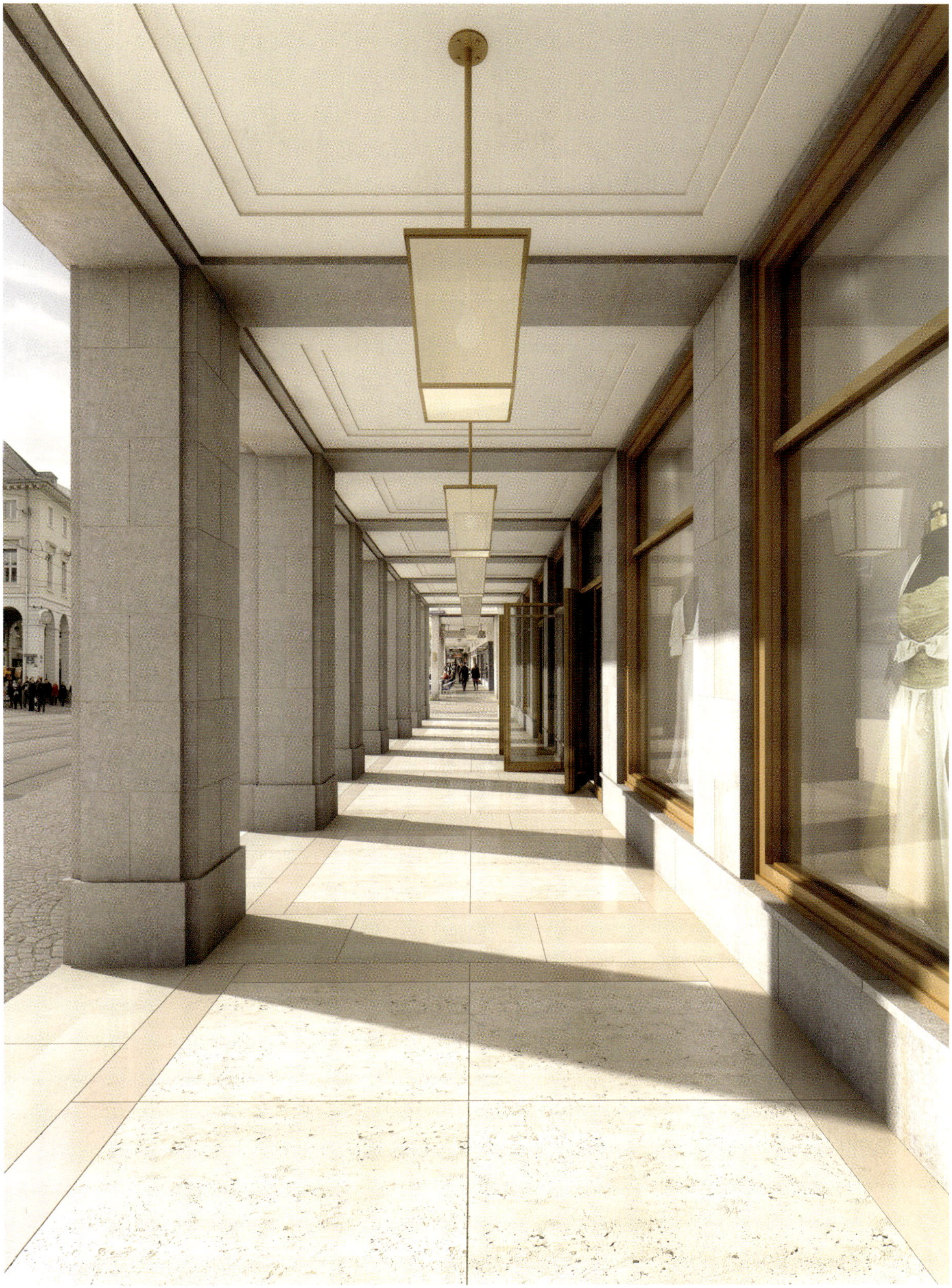

*Schnitte*

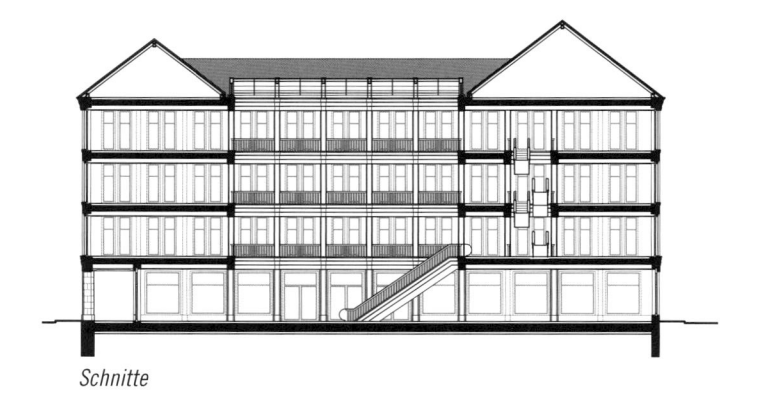

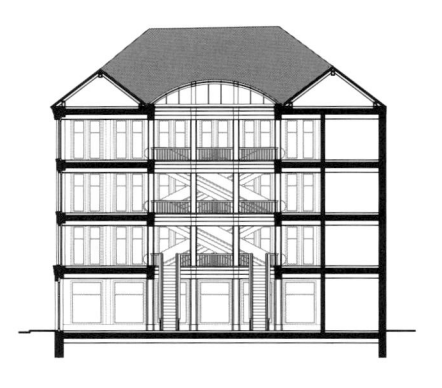

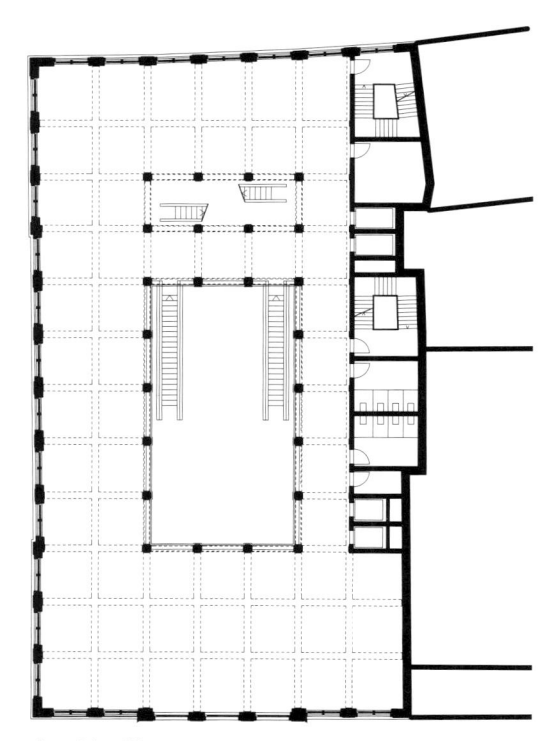

*Grundriss OG*

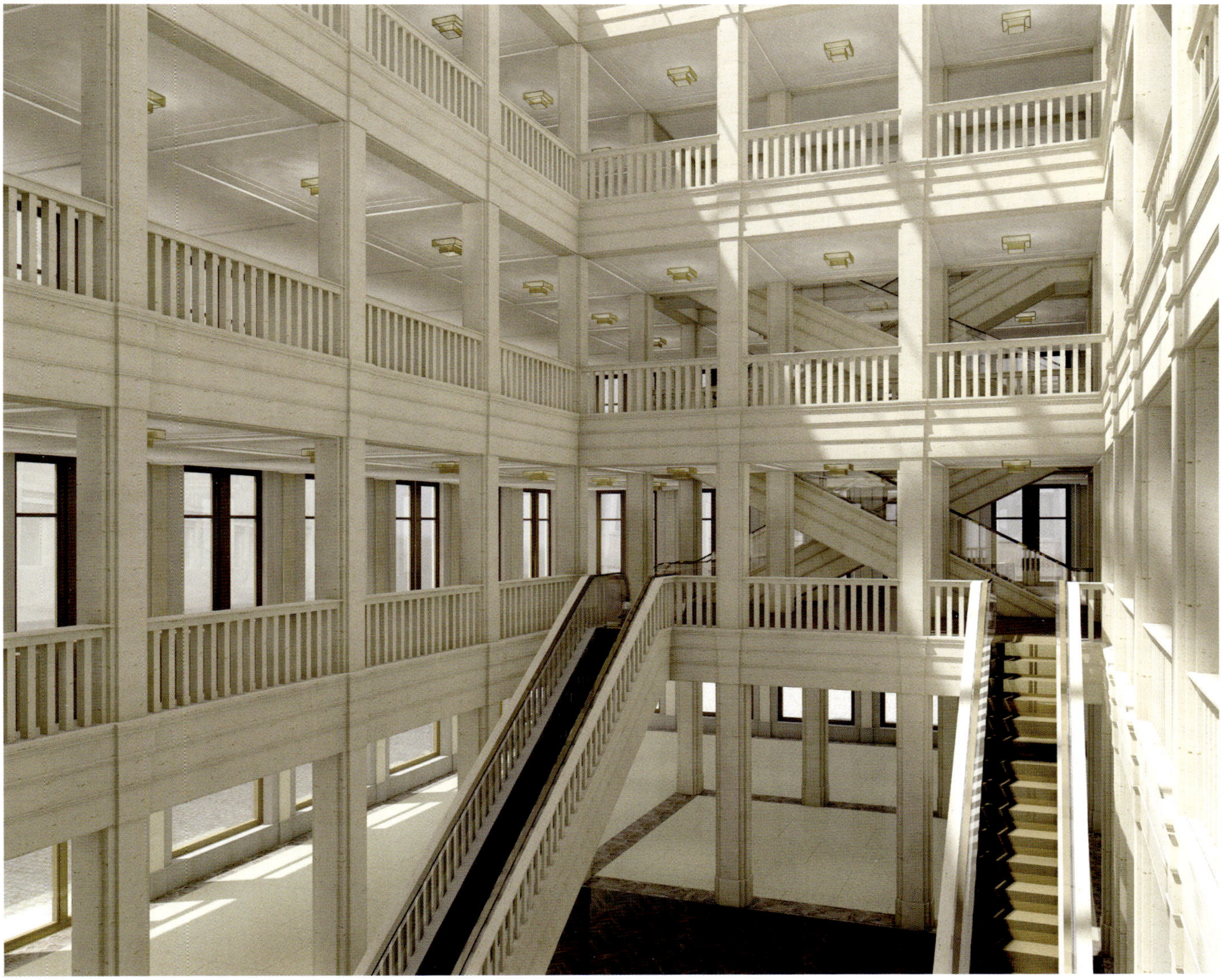

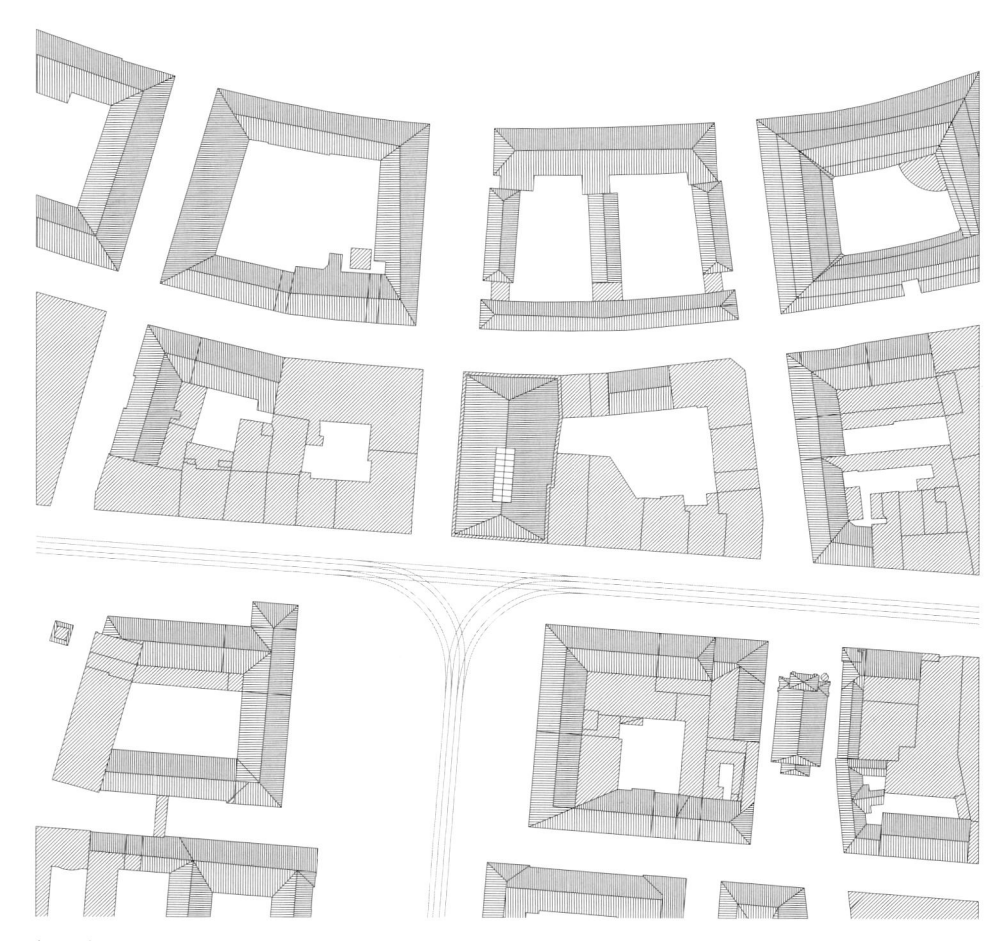

*Lageplan*

# CHRISTOPH REICHEN

216

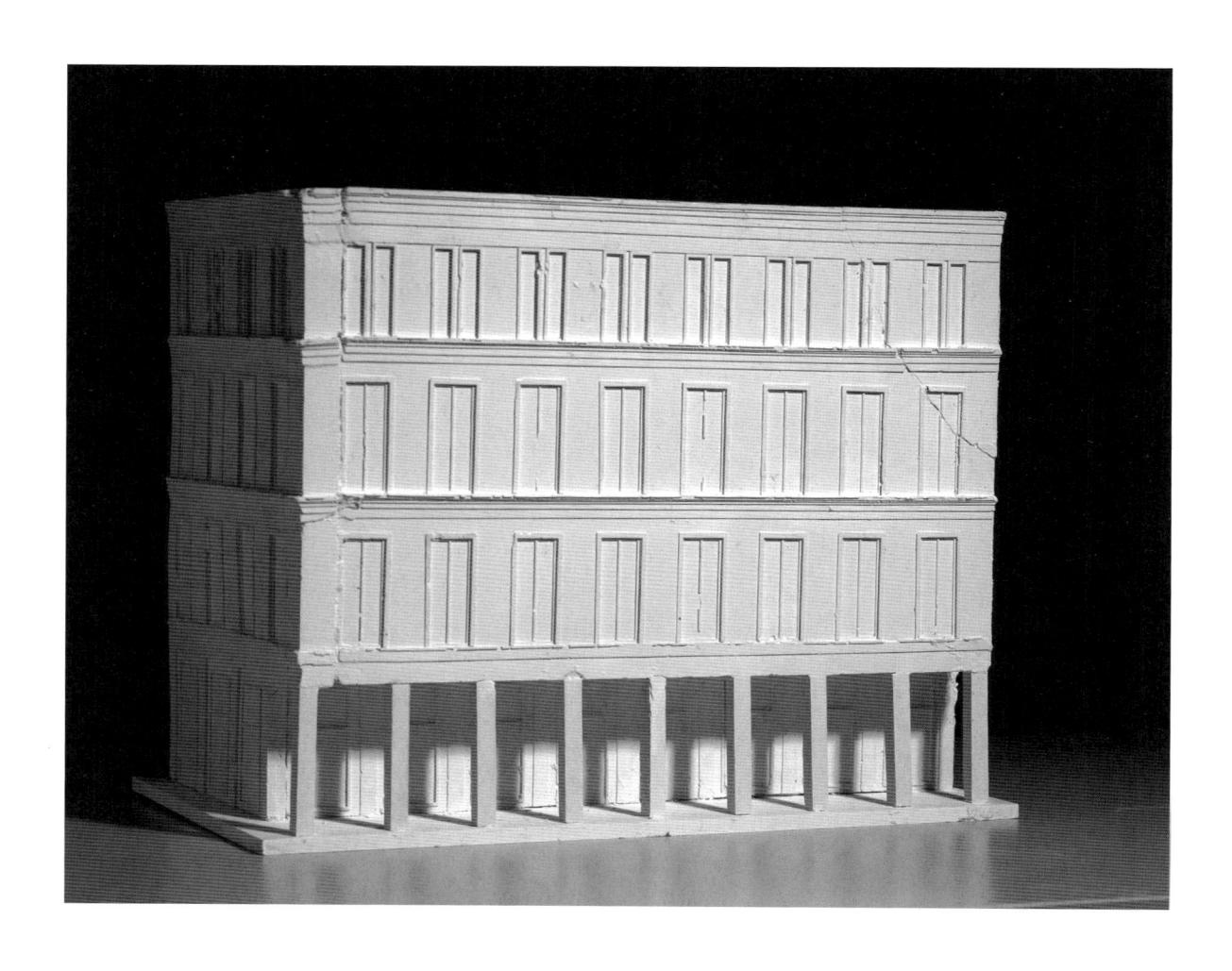

Crhistoph Reichen

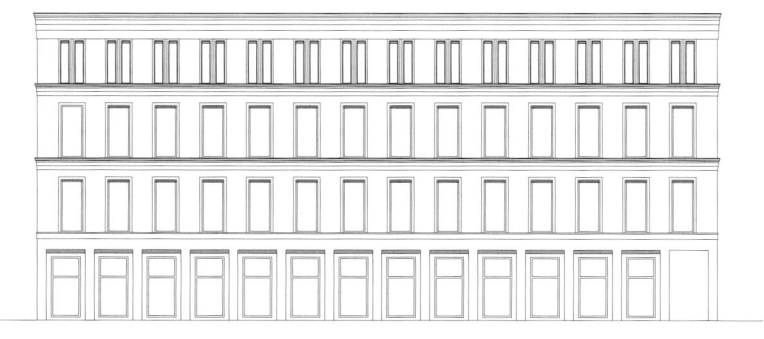

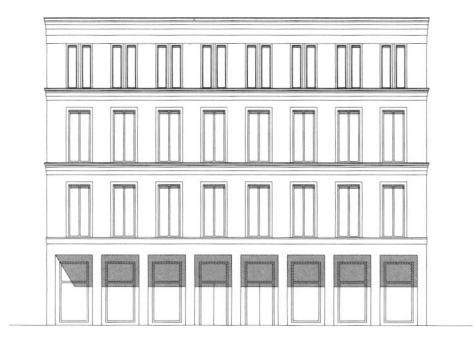

*Ansichten*

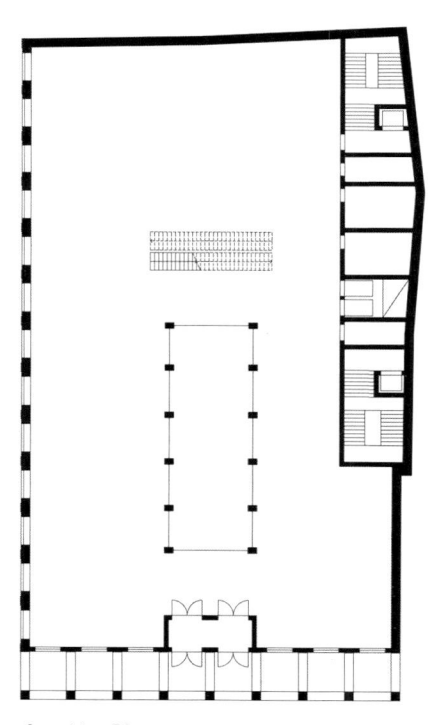

*Grundriss EG*

Christoph Reichen 219

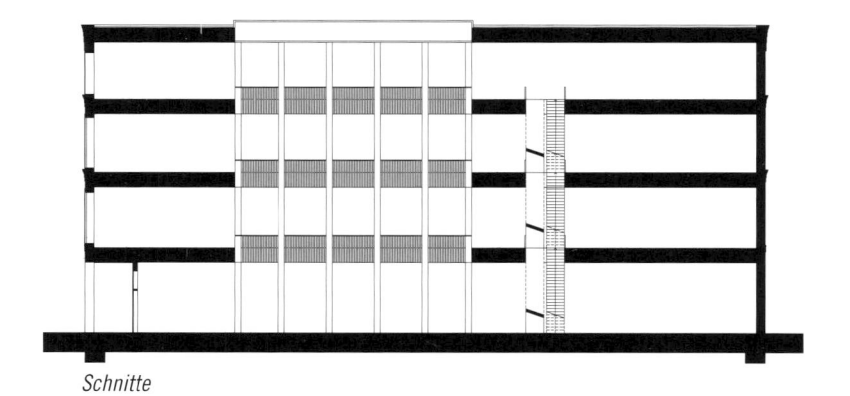

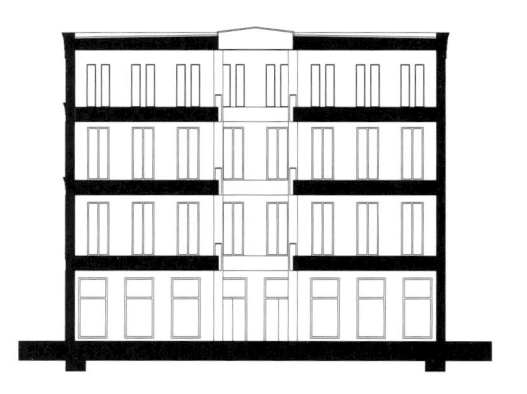

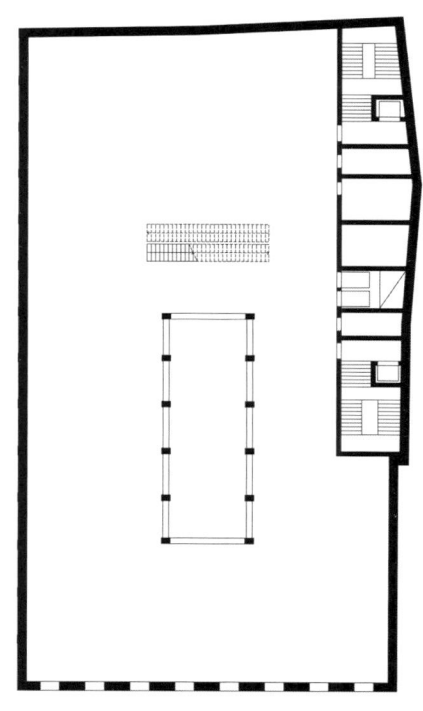

*Schnitte*

*Grundriss OG*

Christoph Reichen

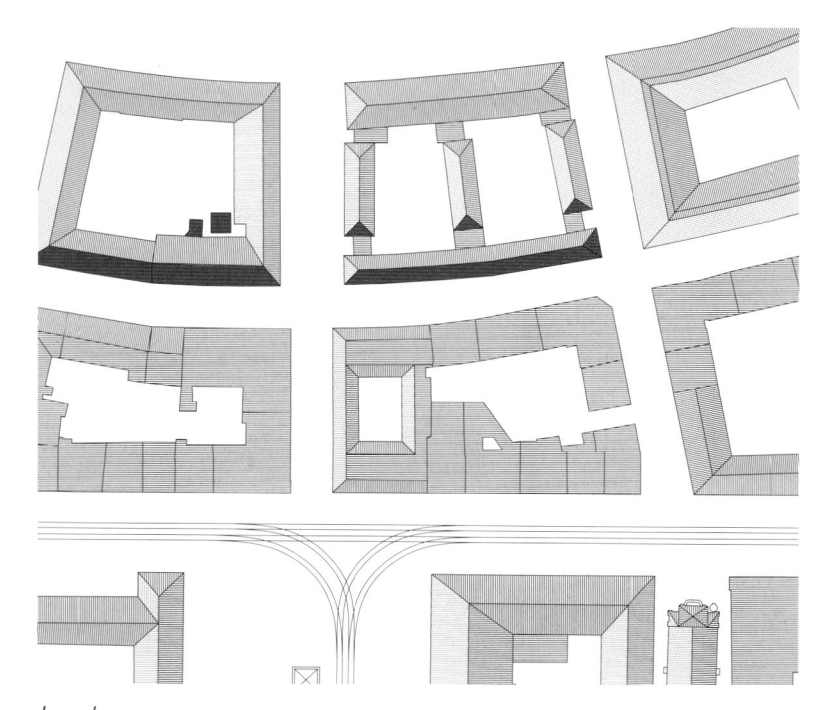

*Lageplan*

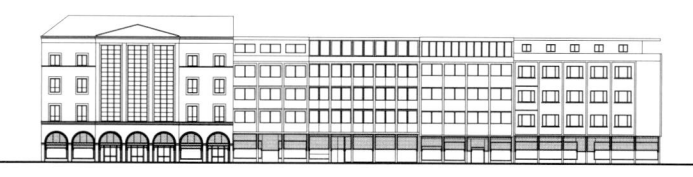

# FLORIAN RICKENBACHER

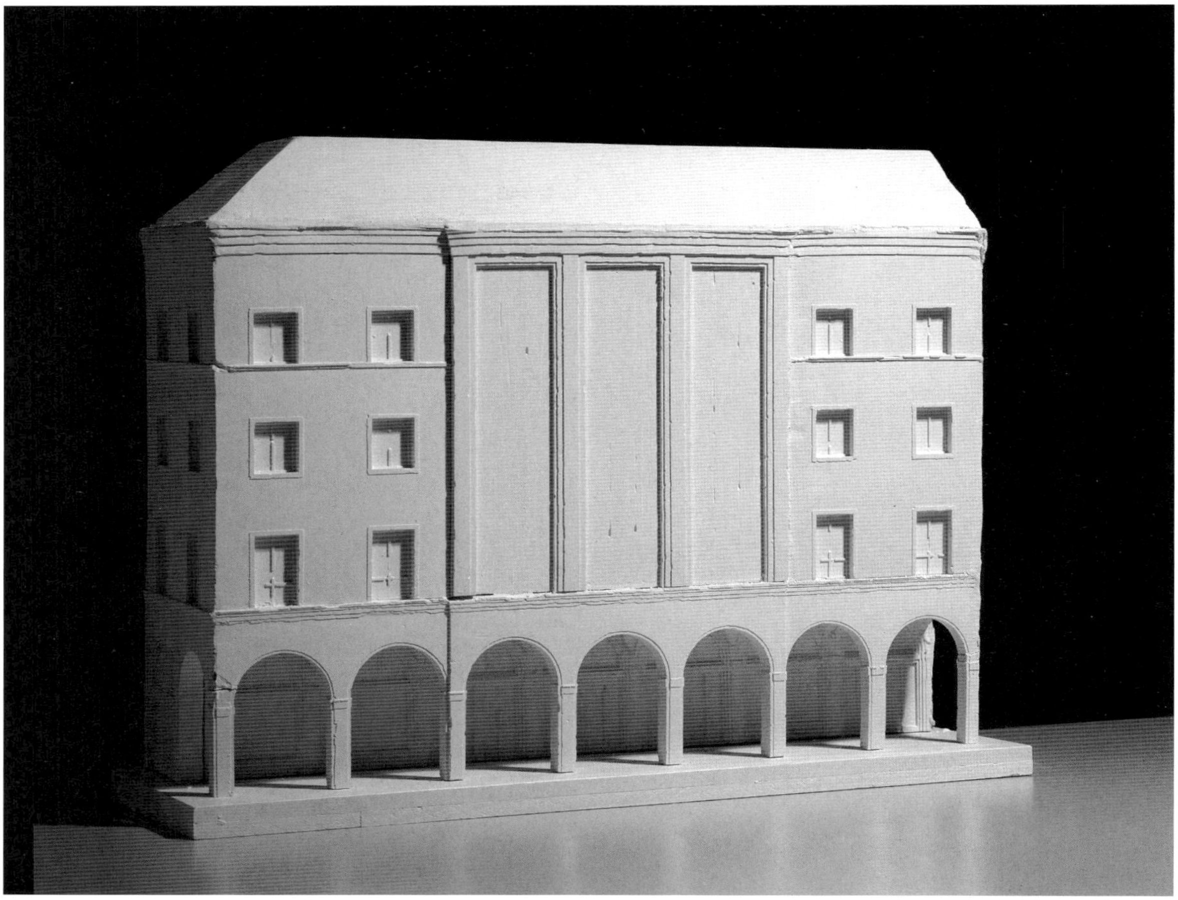

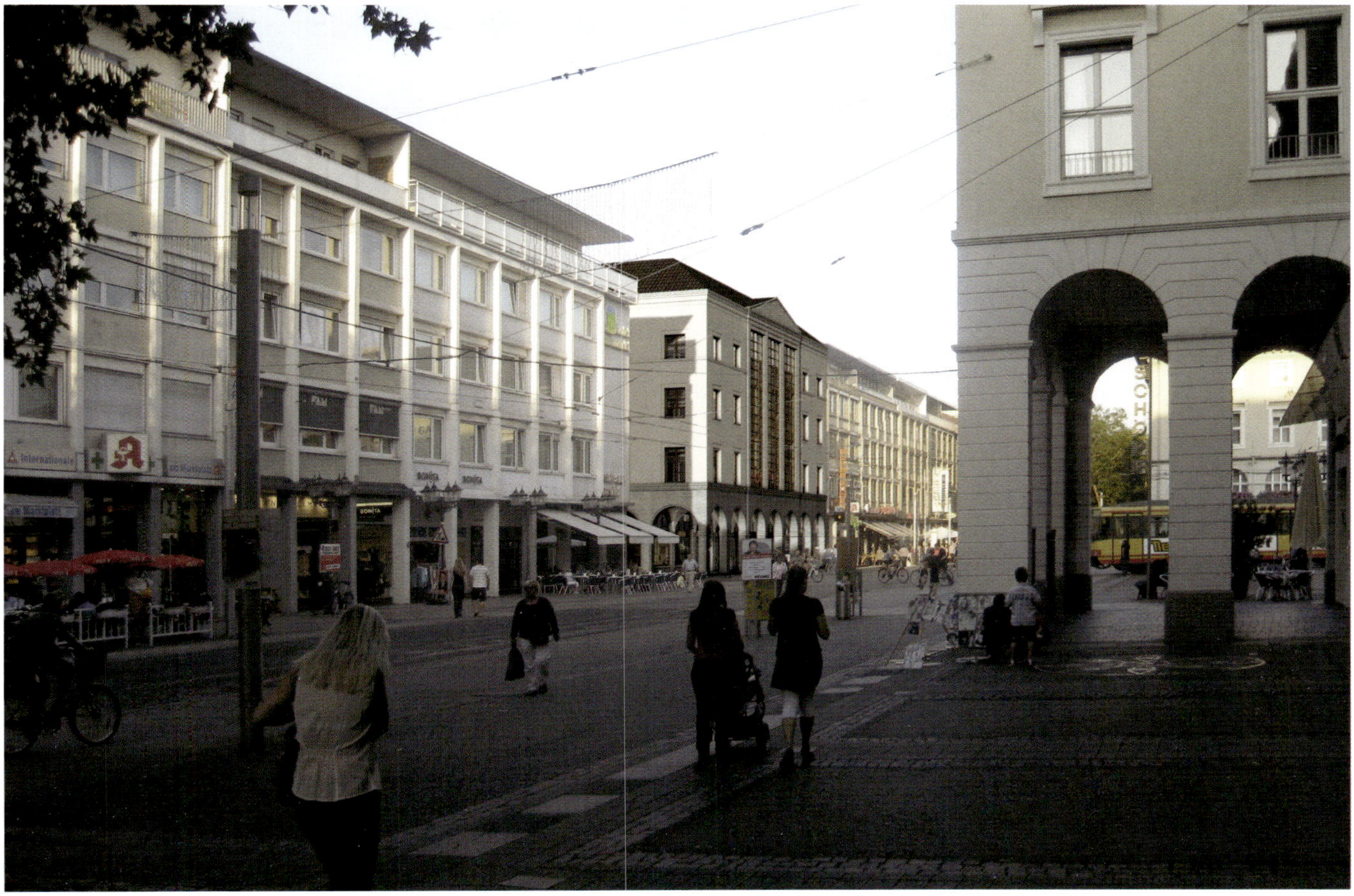

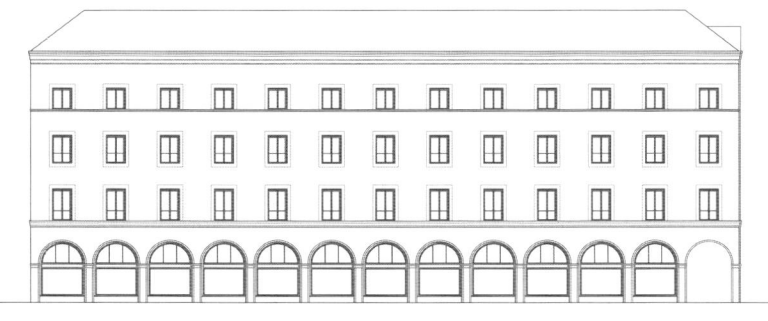

*Ansichten*

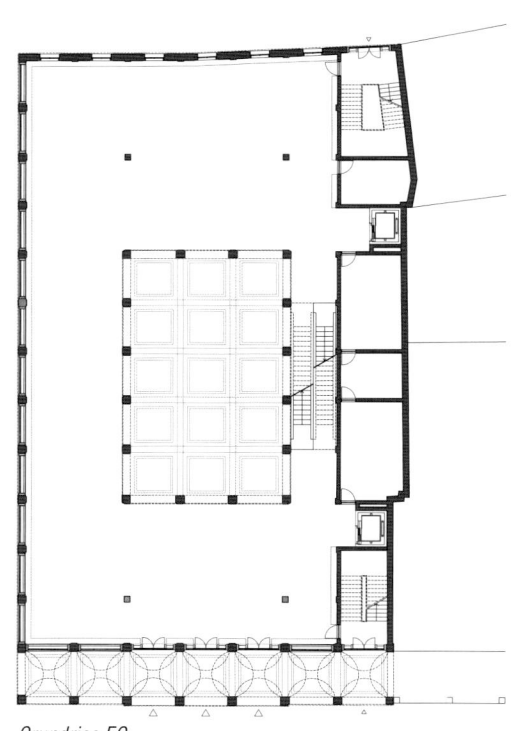

*Grundriss EG*

226

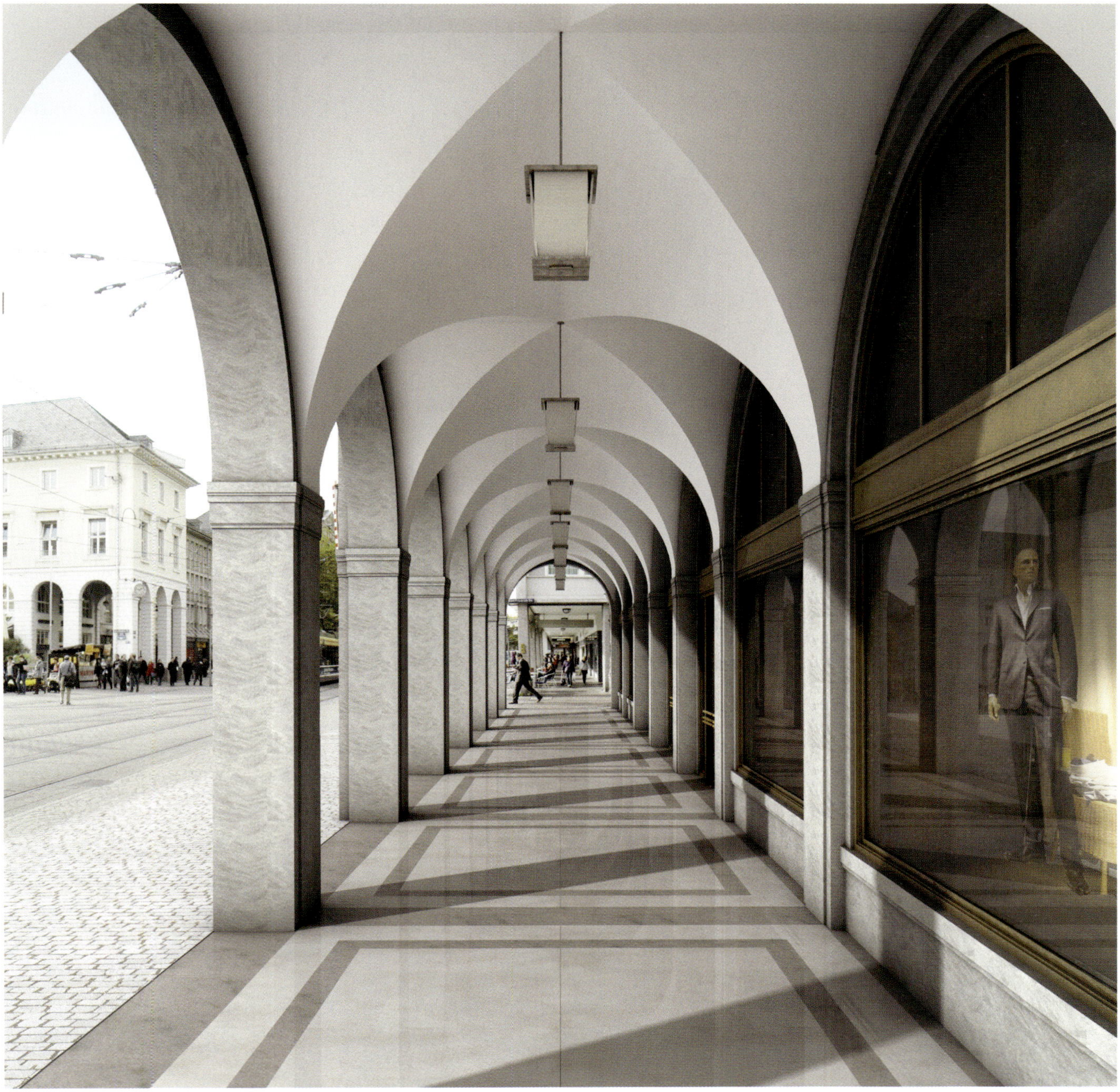

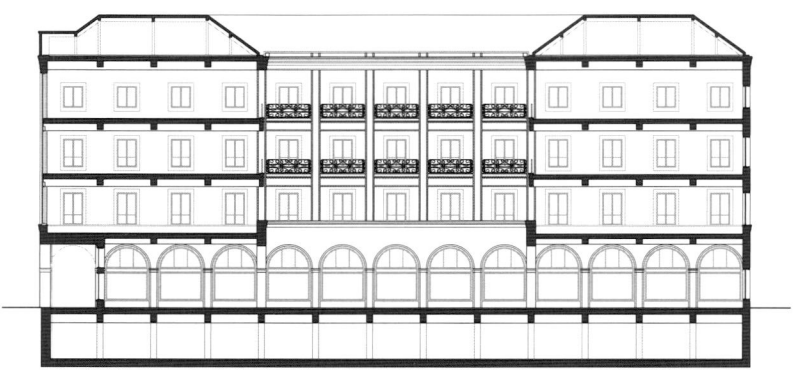

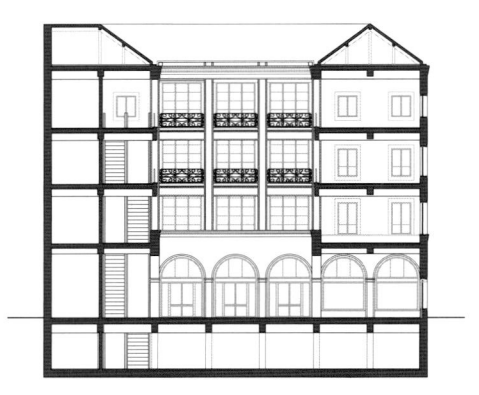

*Schnitte*

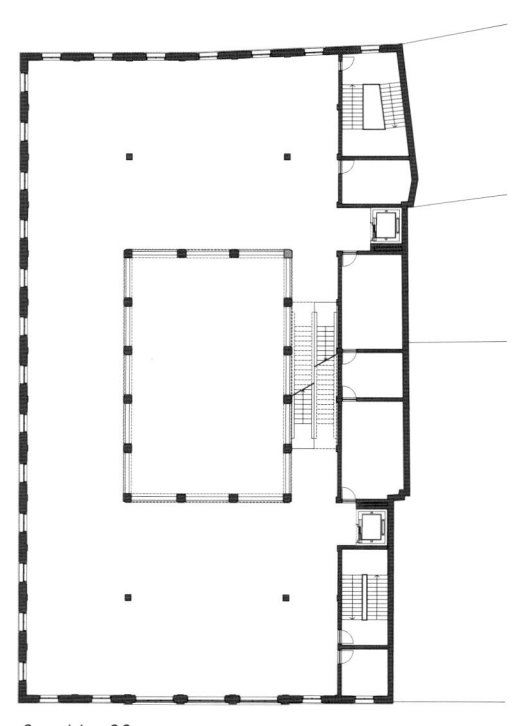

*Grundriss OG*

Florian Rickenbacher 229

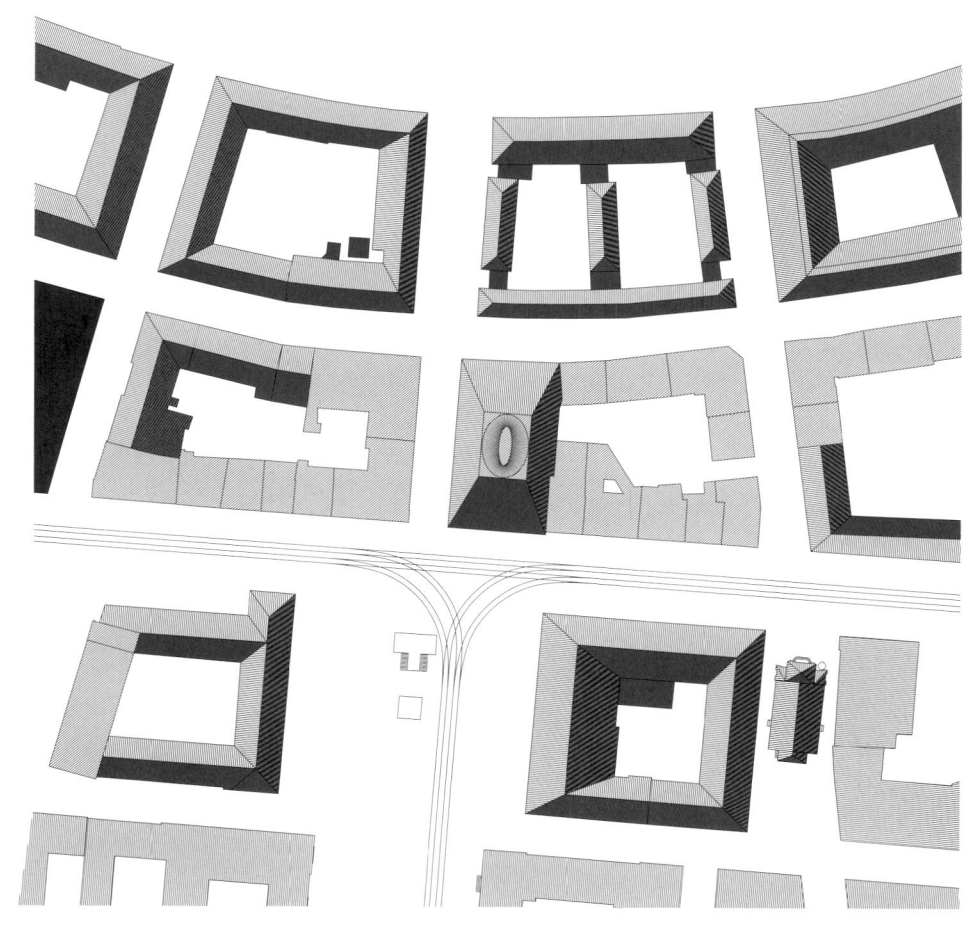

*Lageplan*

# DAVID RITZ

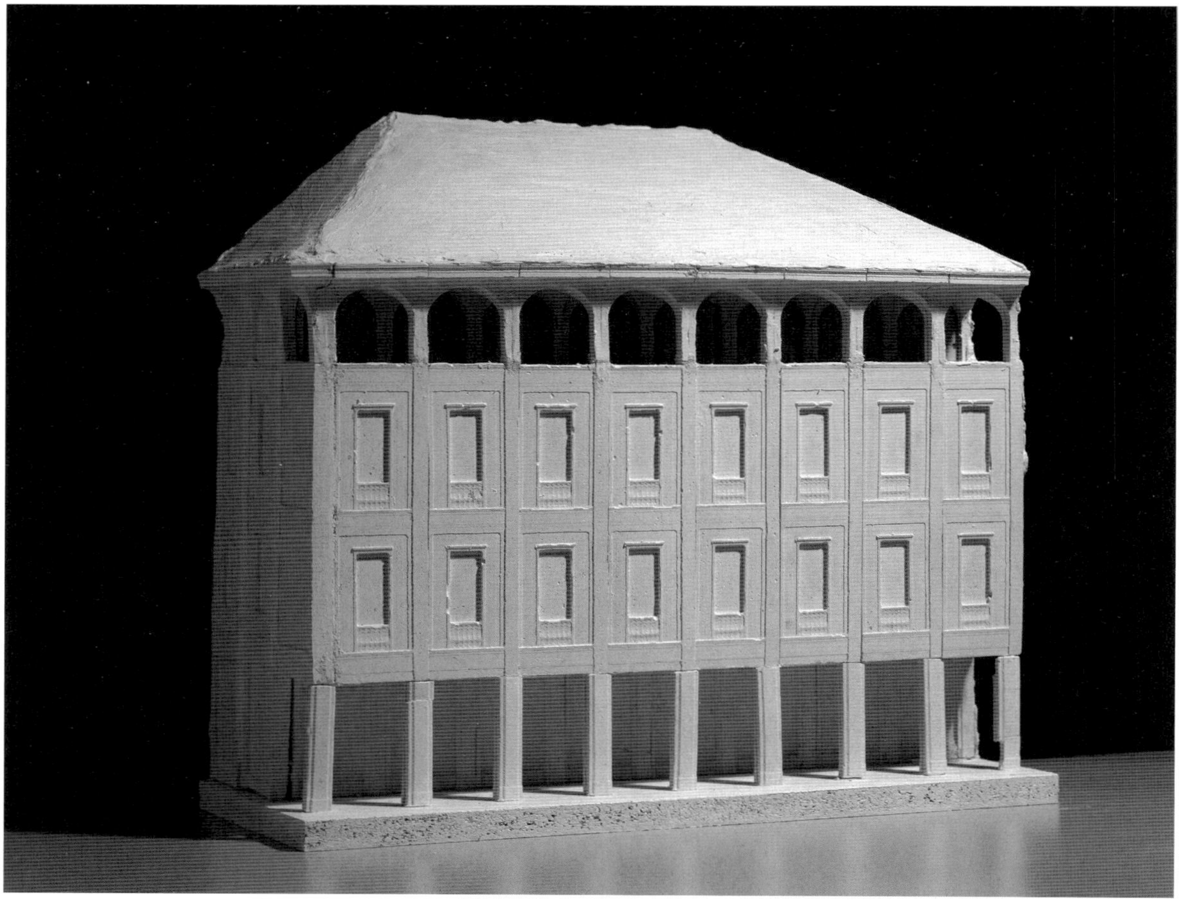

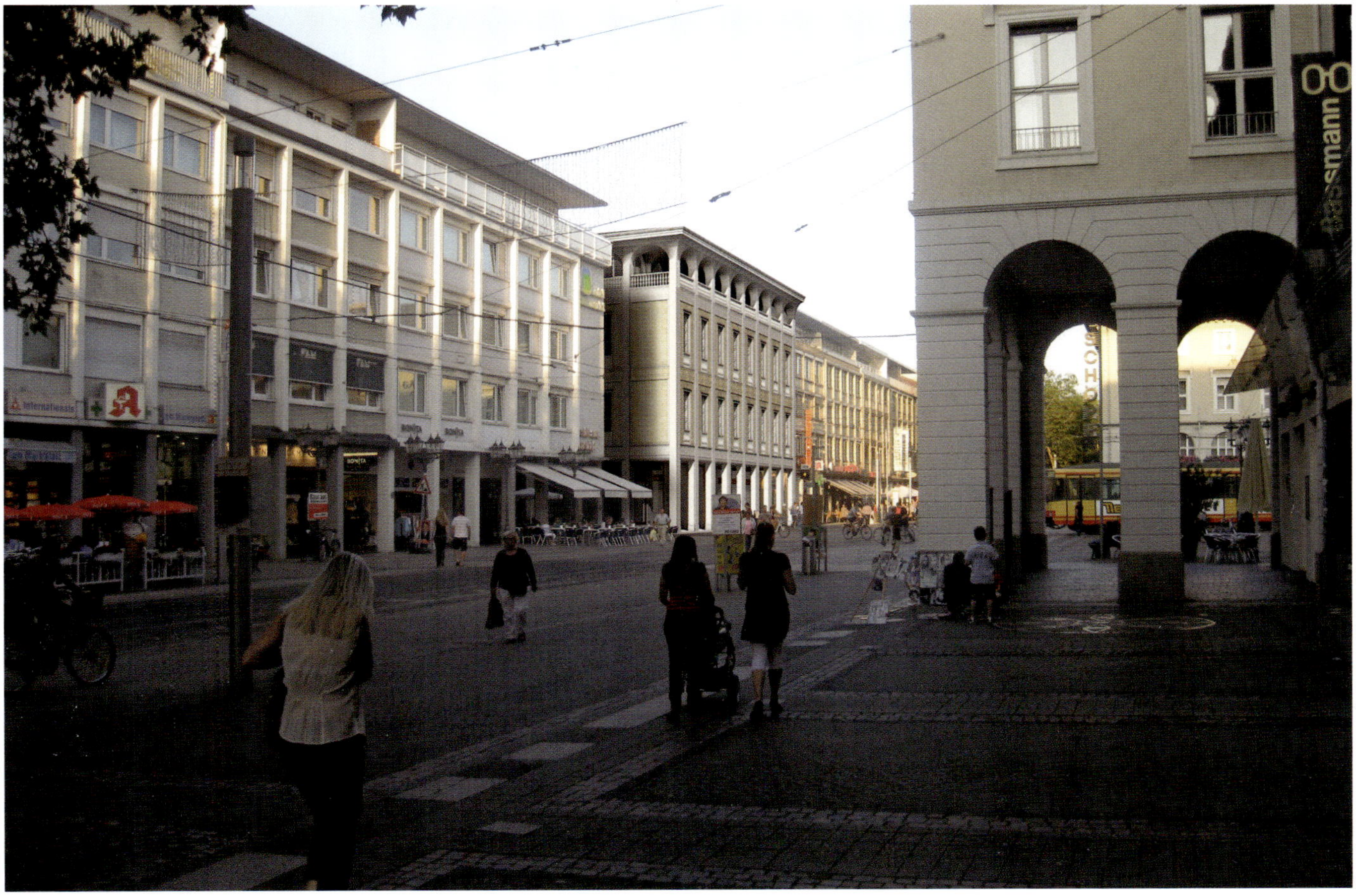

Bassmann

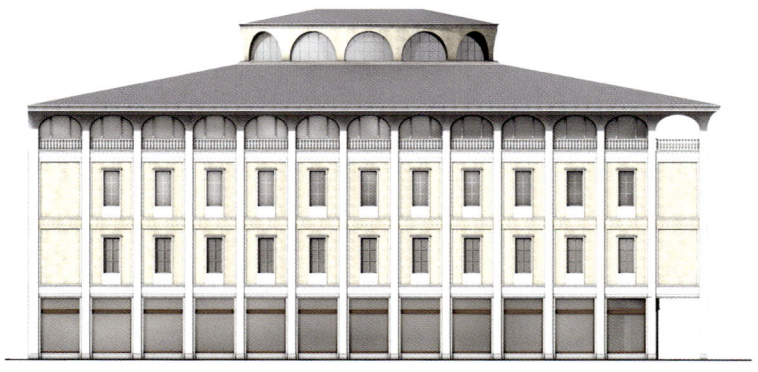

Ansichten

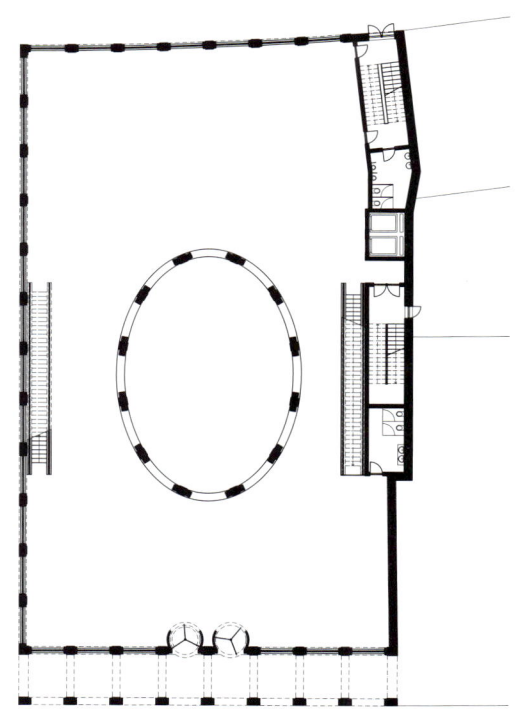

Grundriss EG

David Ritz

*Schnitte*

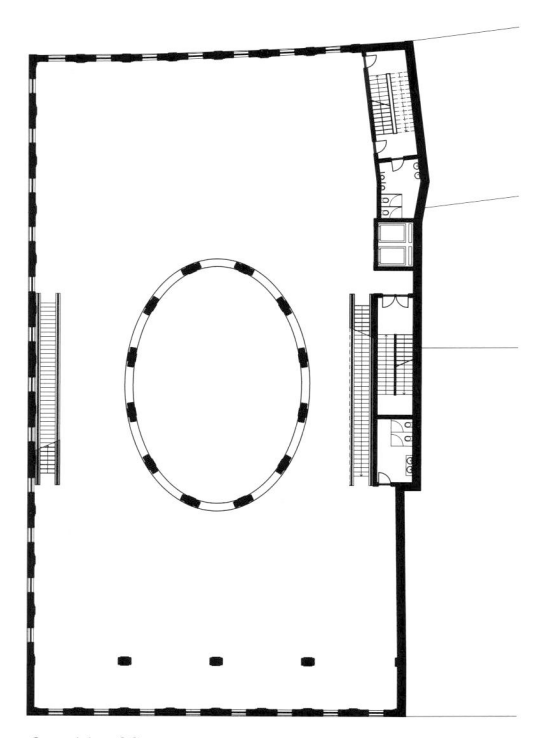

*Grundriss OG*

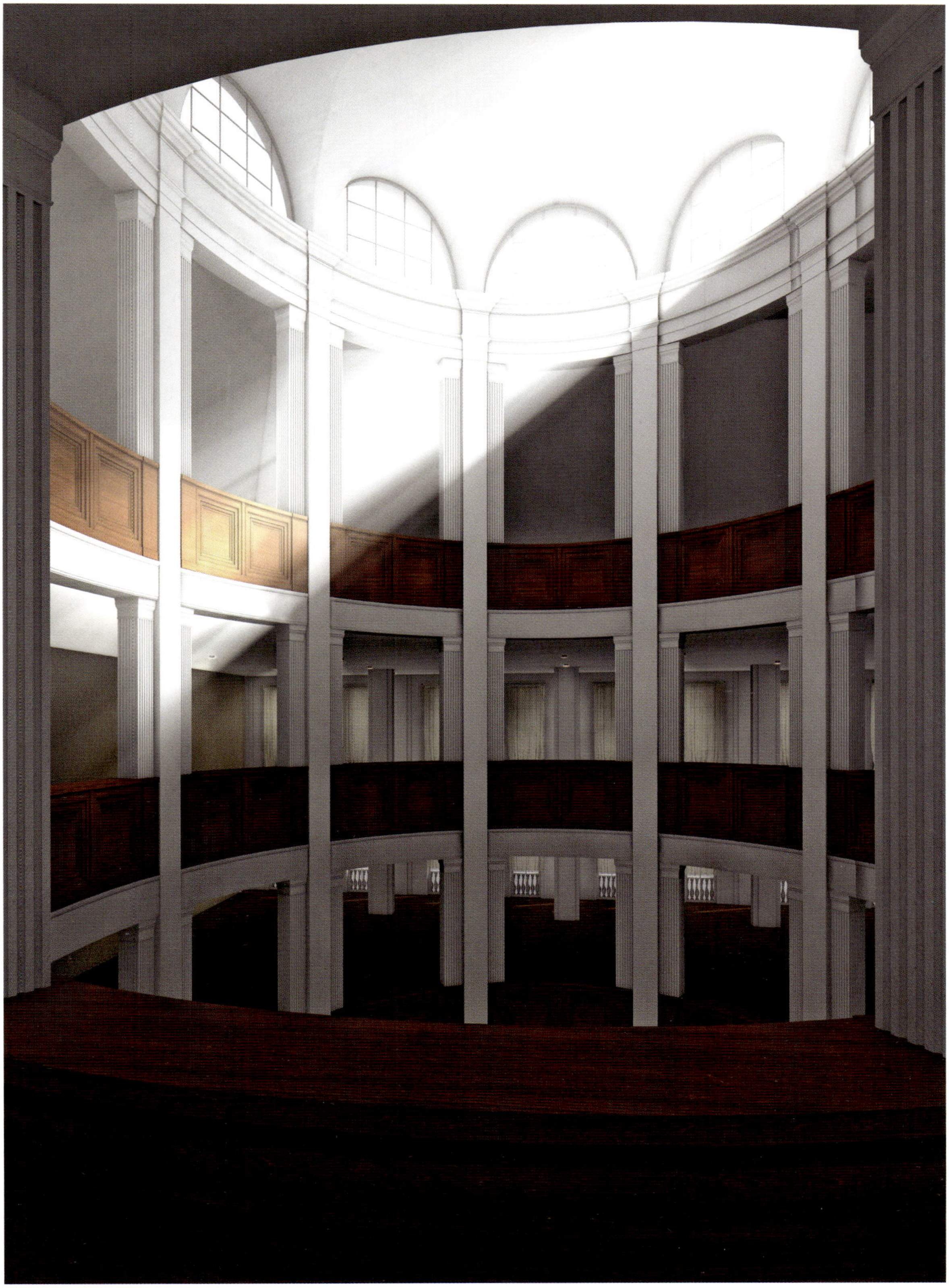

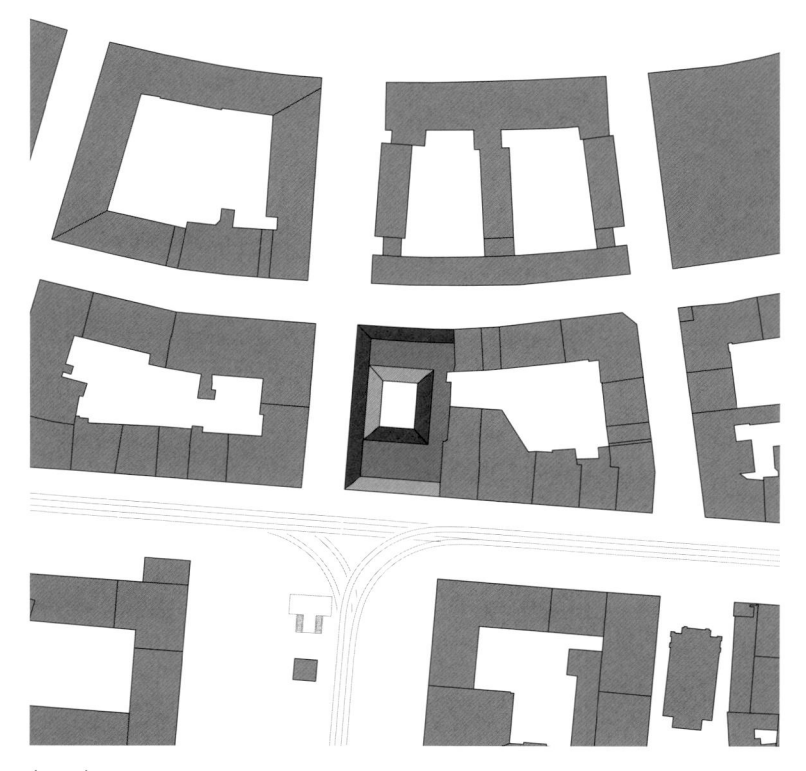

*Lageplan*

# FABIEN SCHWARTZ

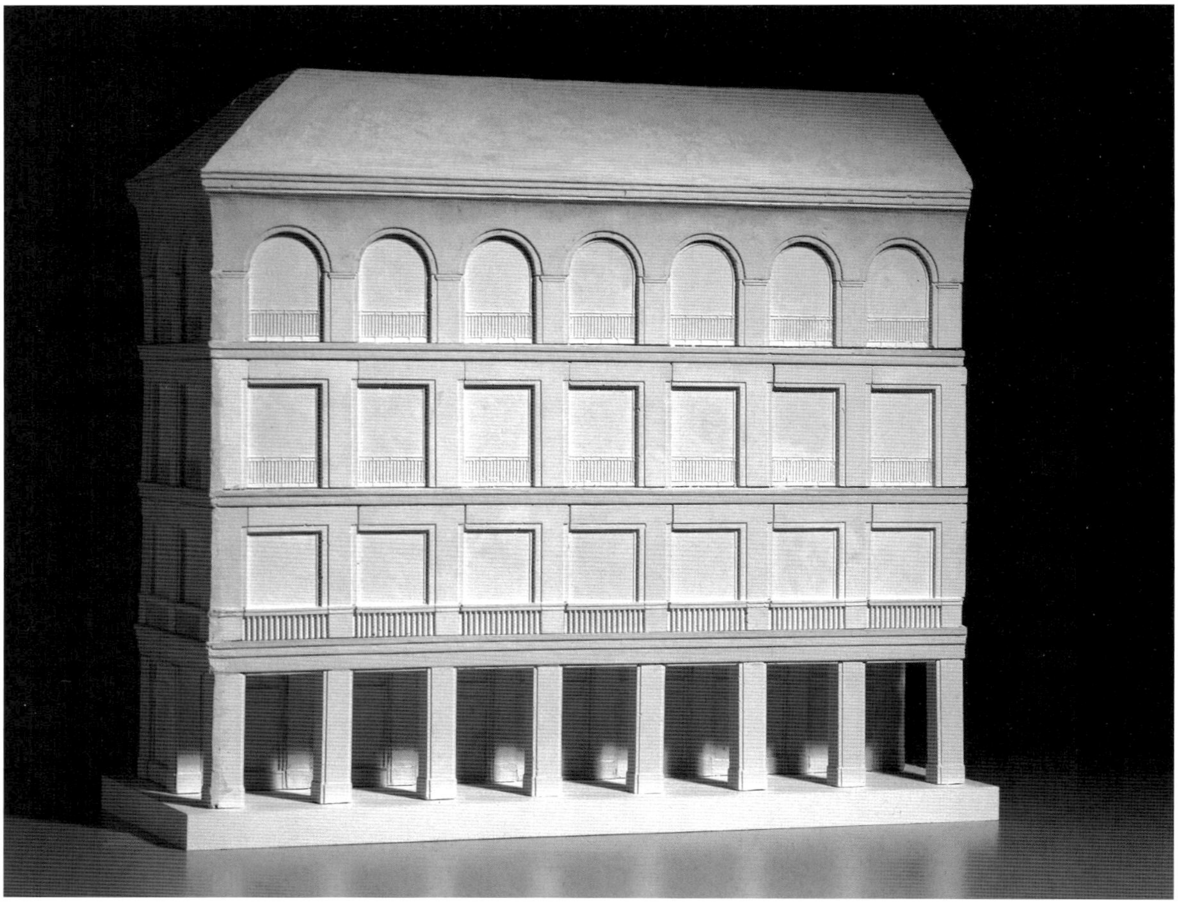

Fabien Schwartz

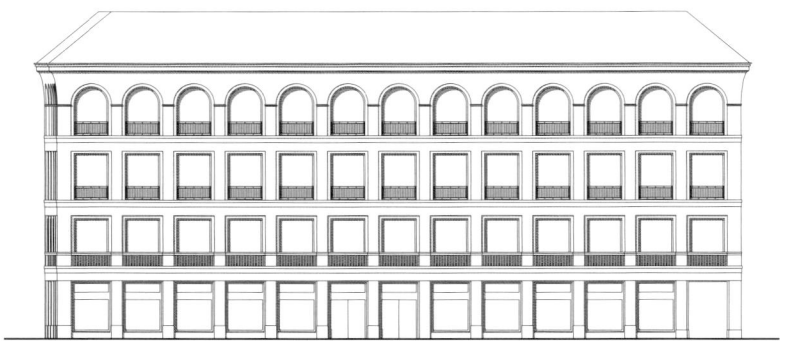

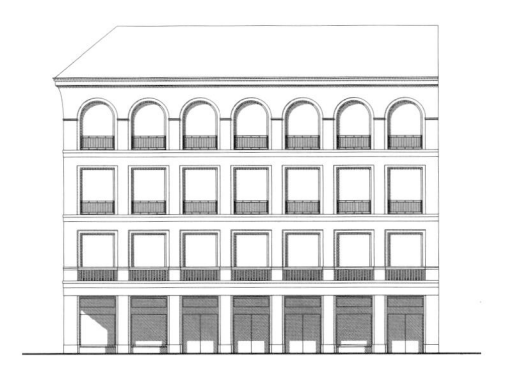

Ansichten

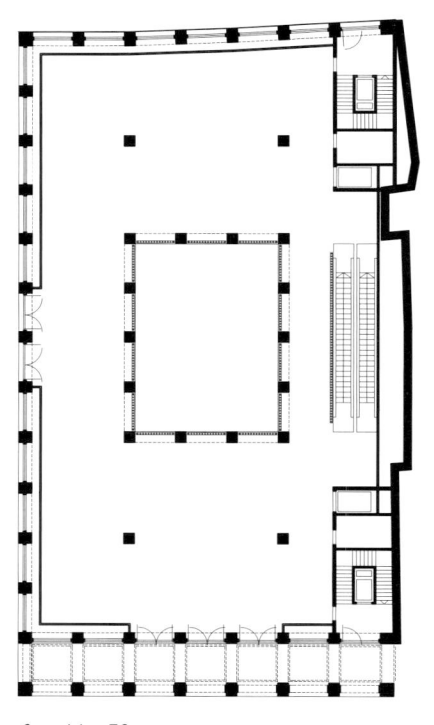

Grundriss EG

Fabien Schwartz

*Schnitte*

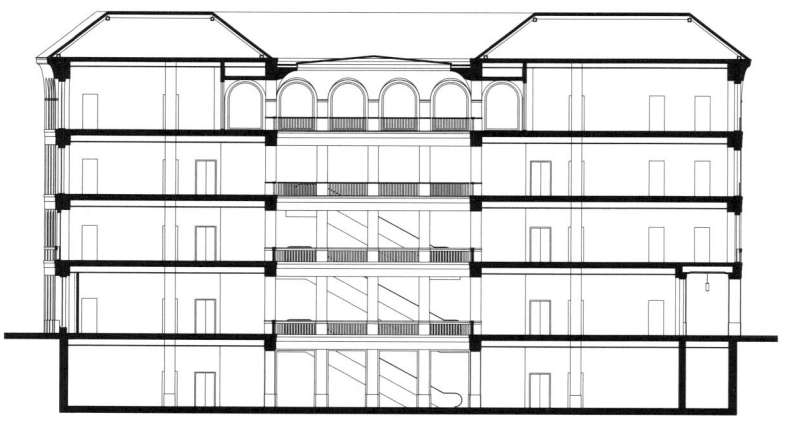

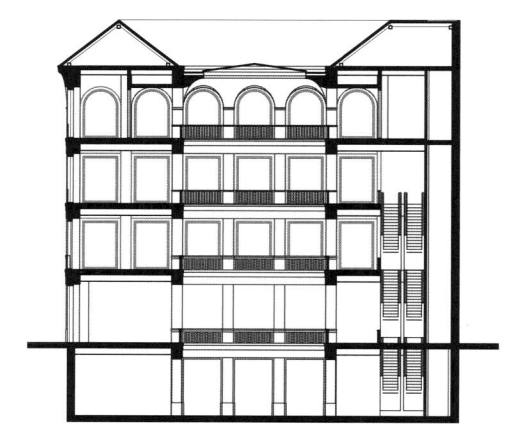

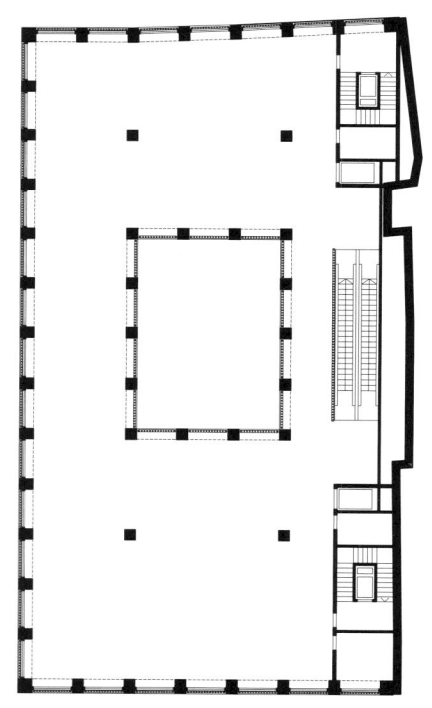

*Grundriss OG*

Fabien Schwartz 245

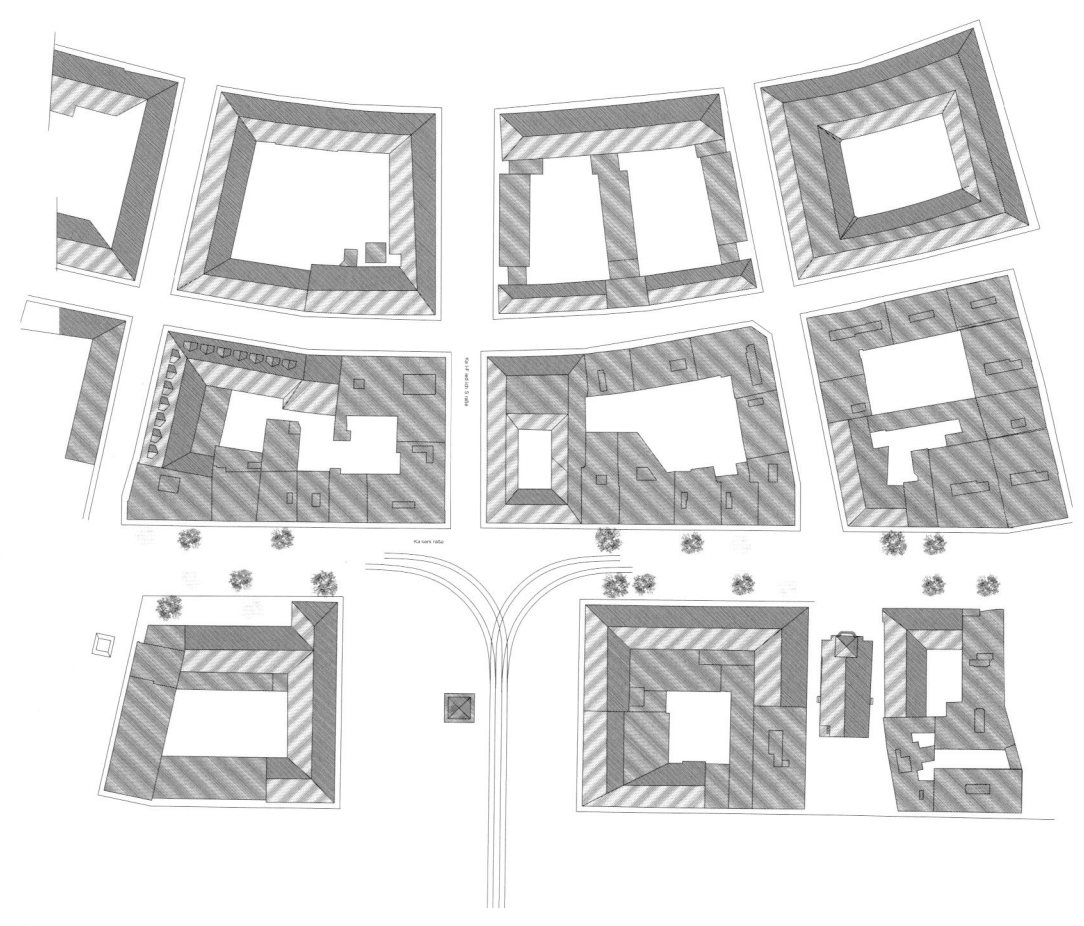

*Lageplan*

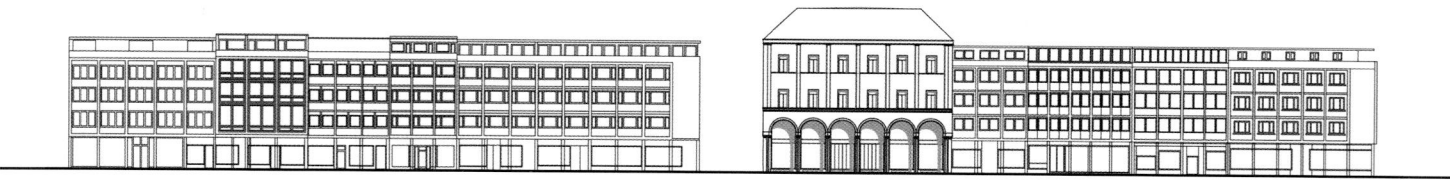

# DANIELA SIGG

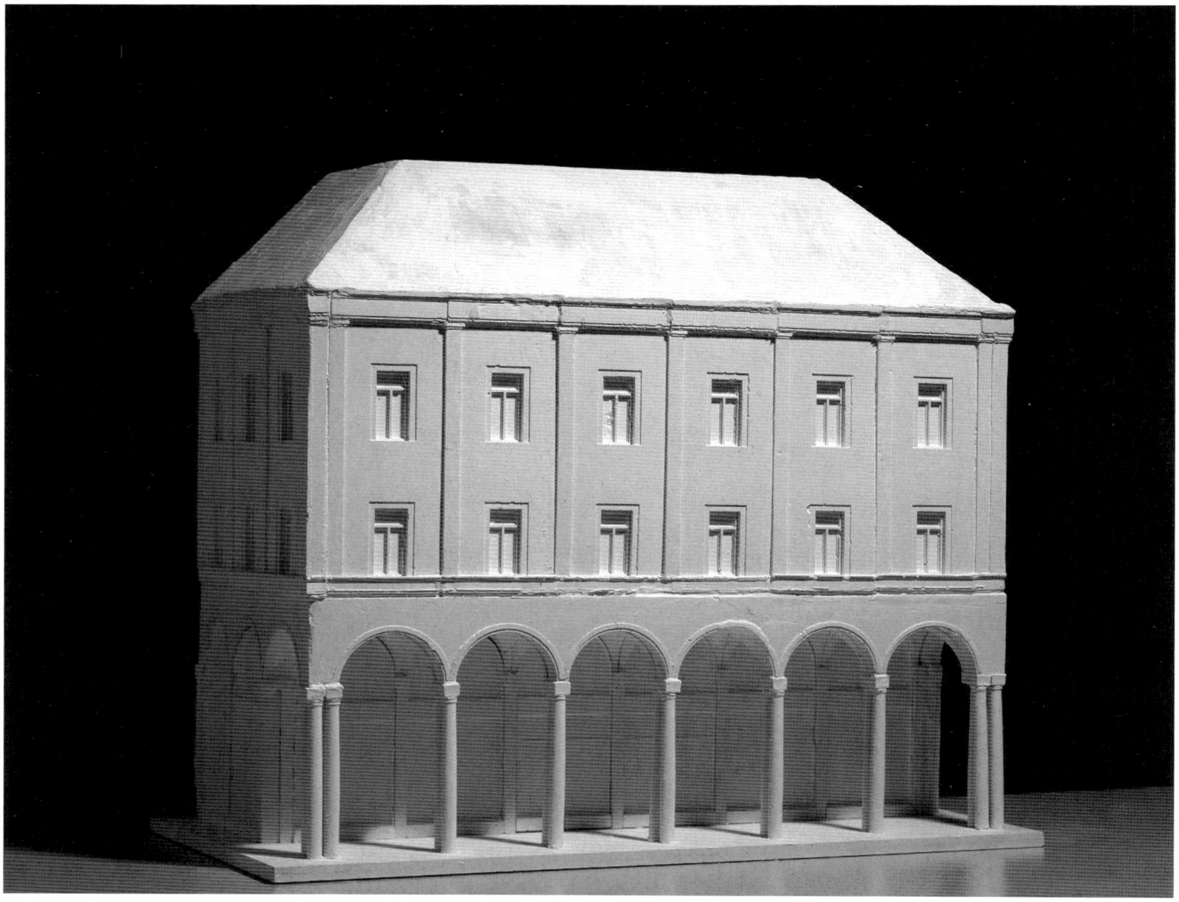

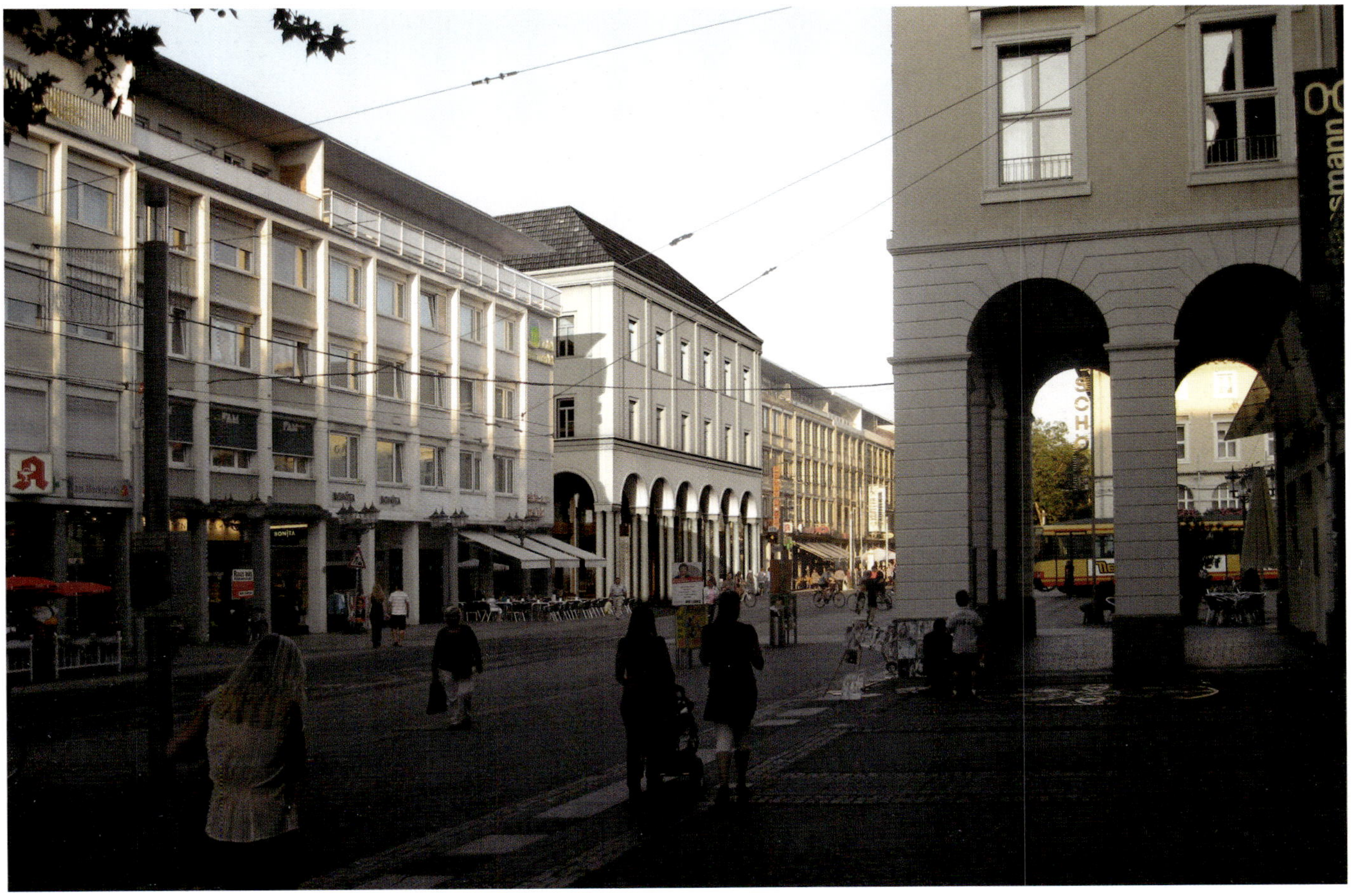

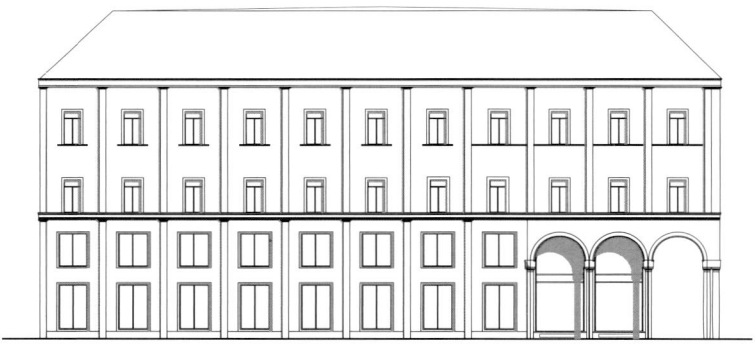

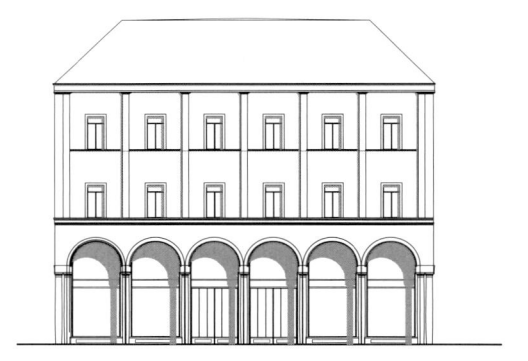

*Ansichten*

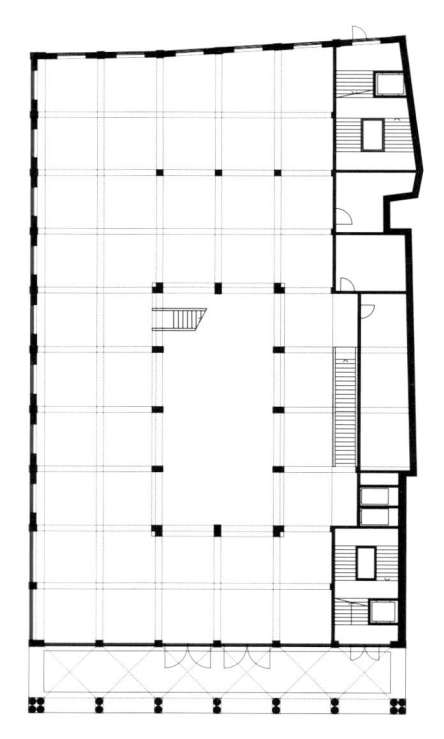

*Grundriss EG*

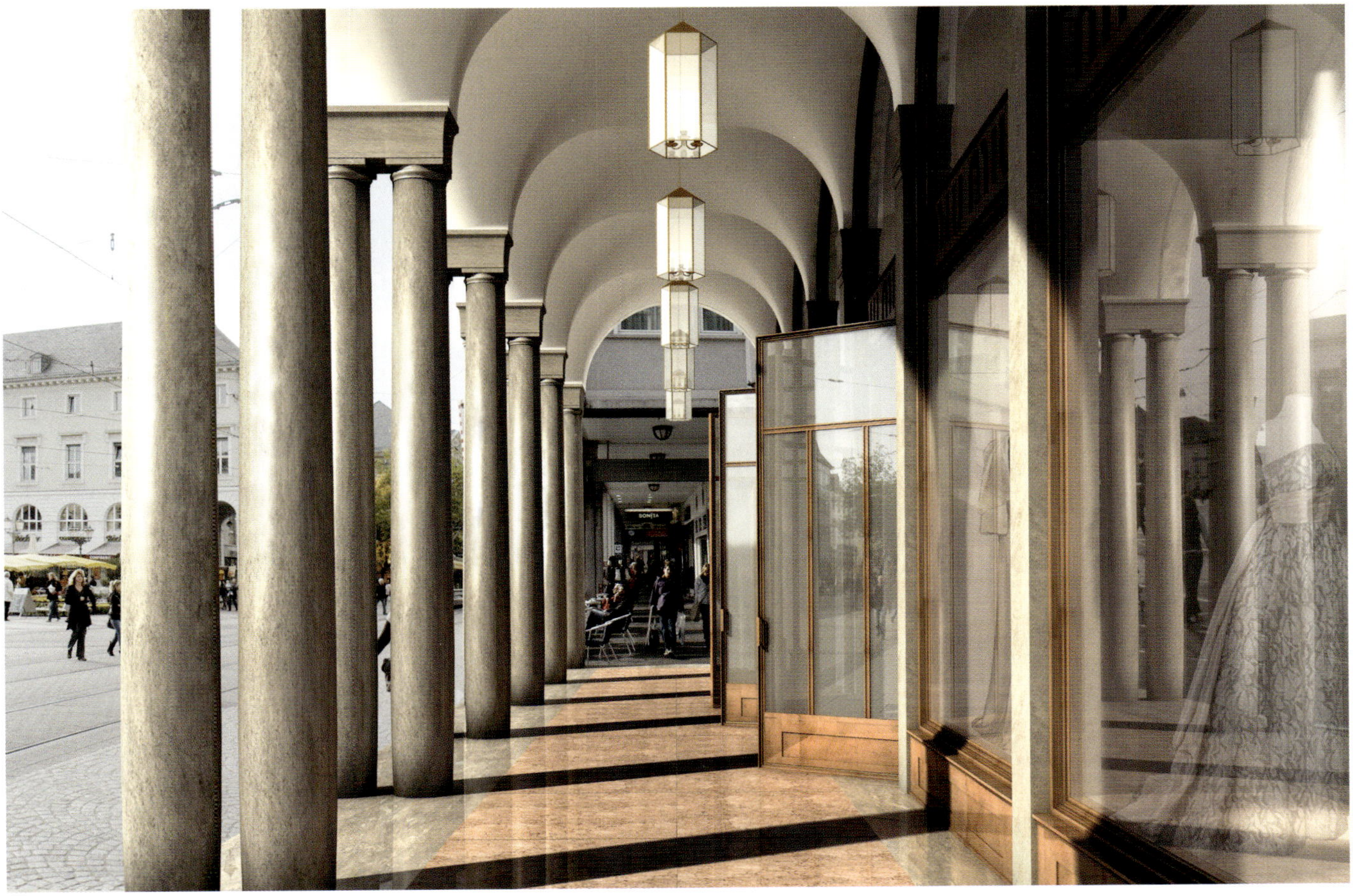

*Schnitte*

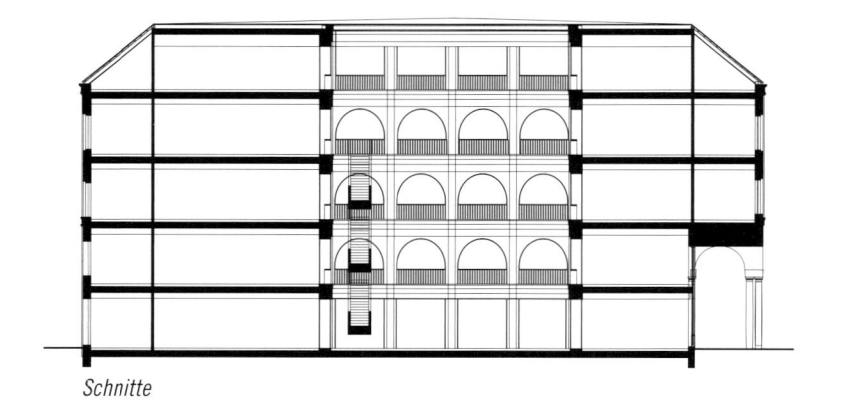

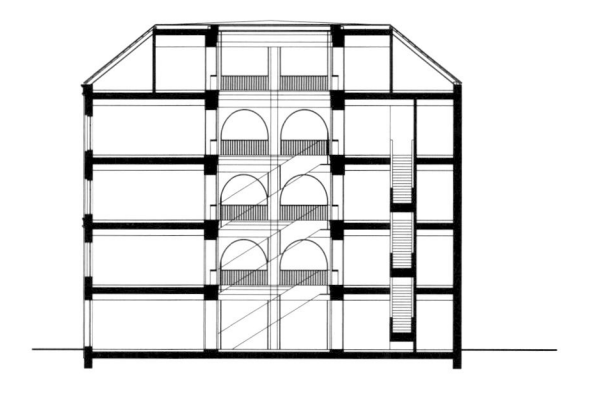

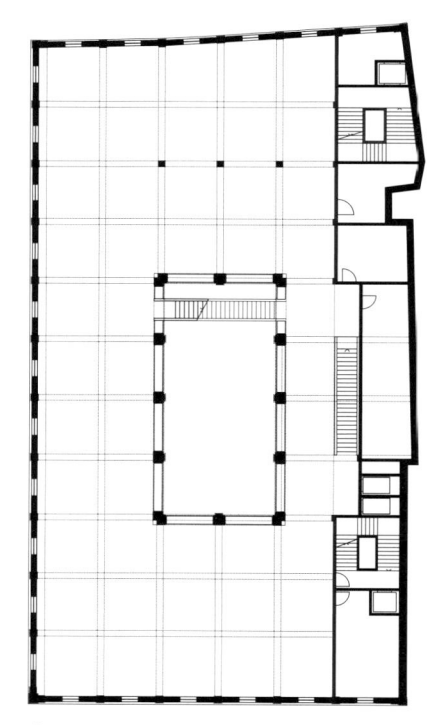

*Grundriss OG*

Daniela Sigg

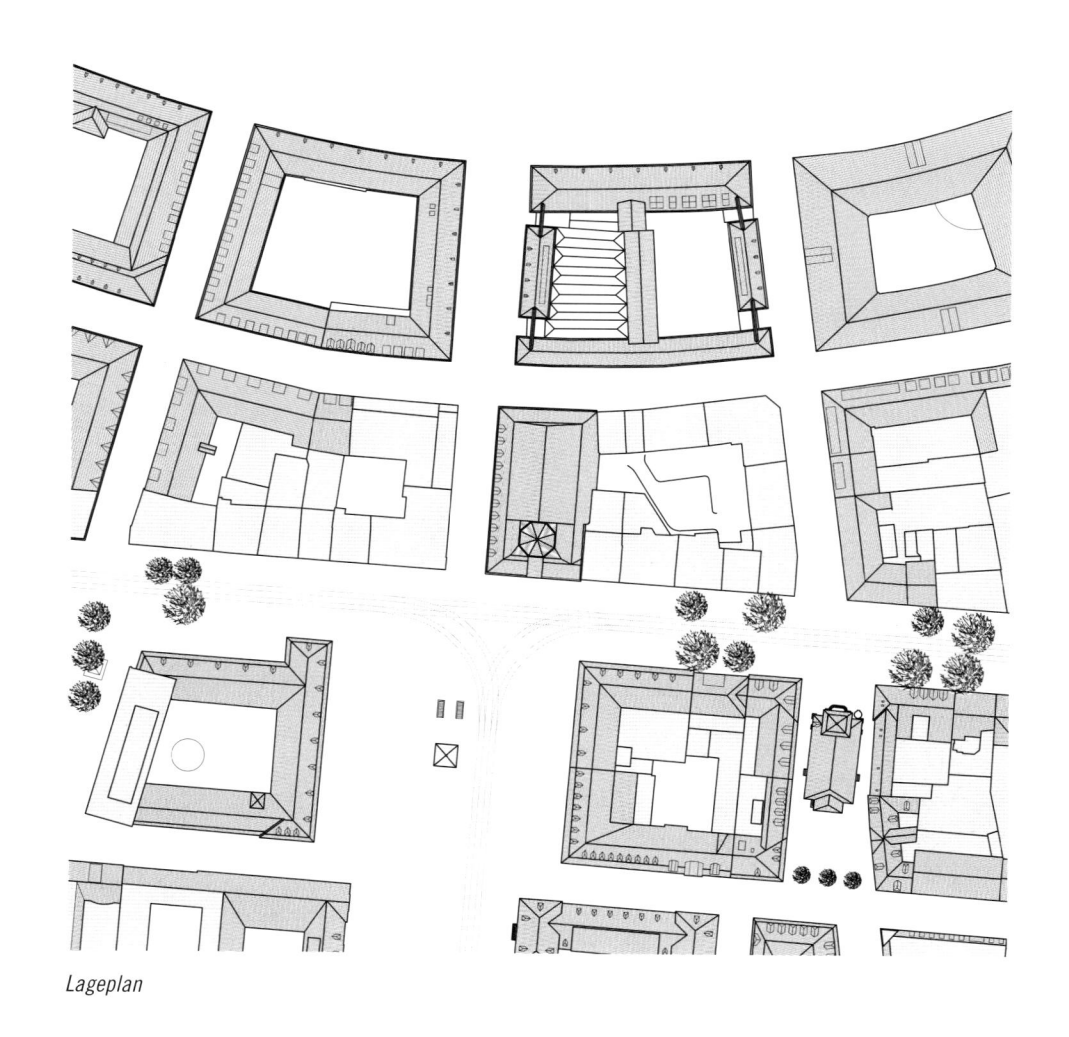

*Lageplan*

# FLORIAN STROHMAIER

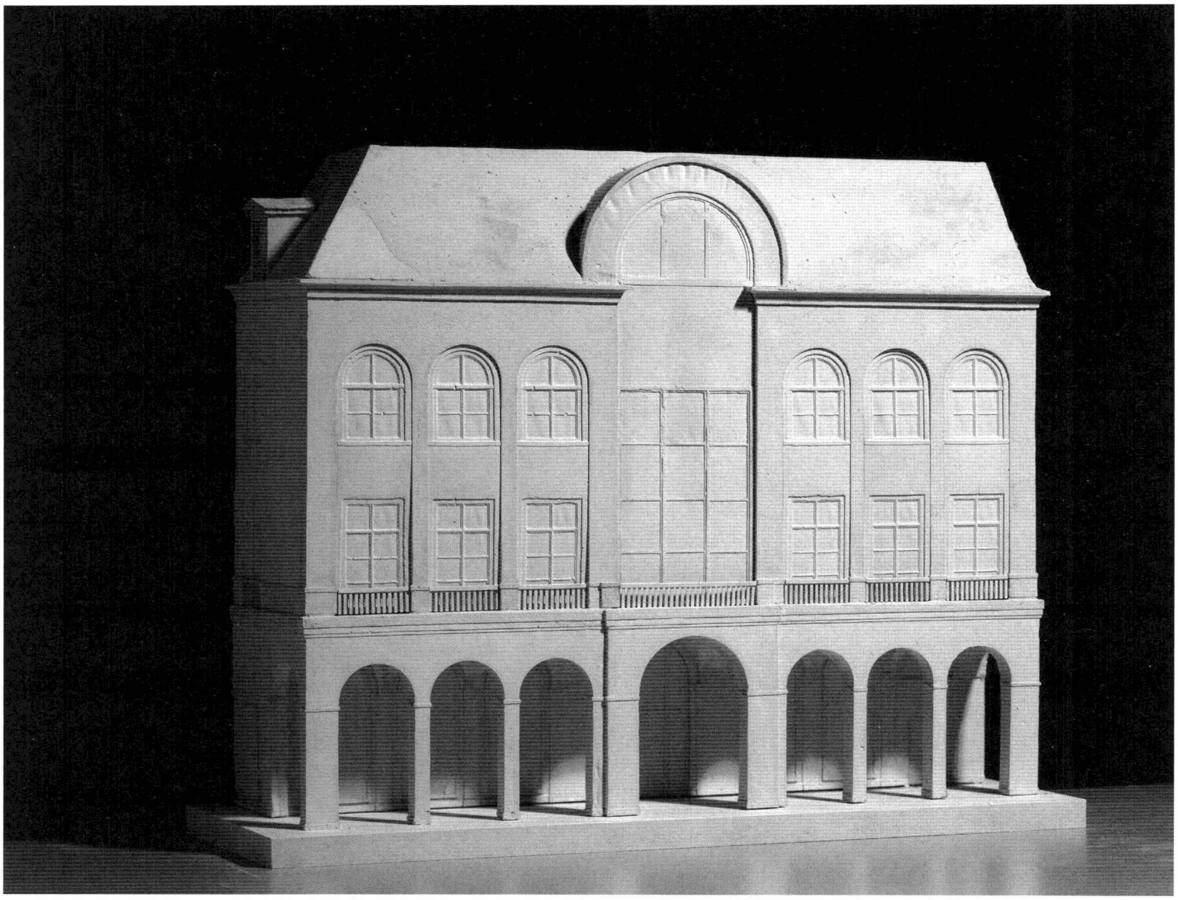

Florian Strohmaier

*Ansichten*

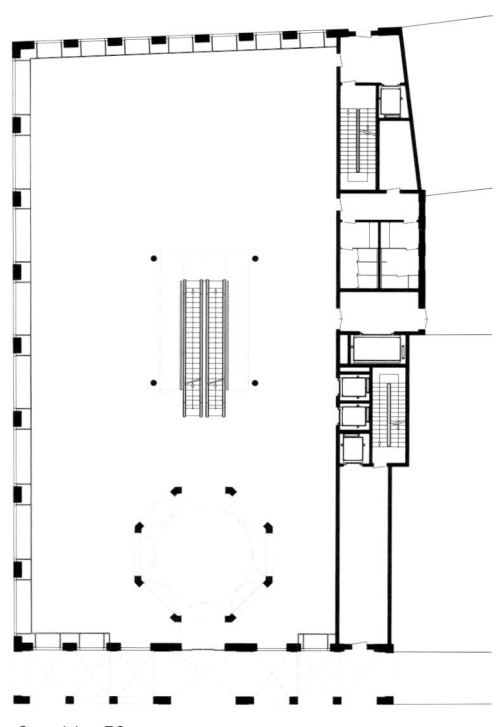

*Grundriss EG*

Florian Strohmaier

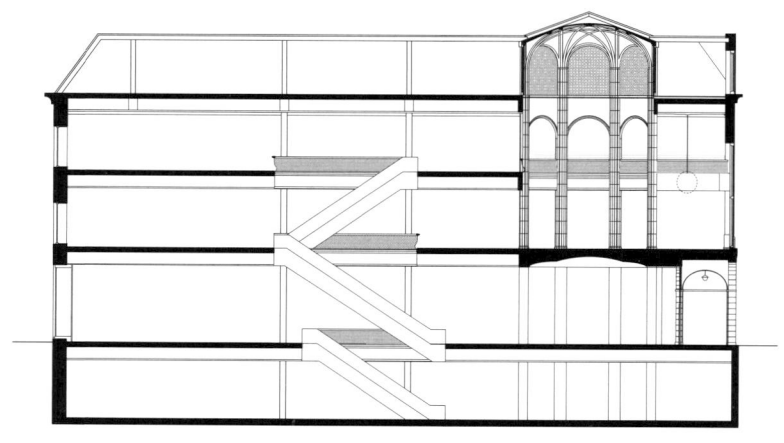

*Schnitte*

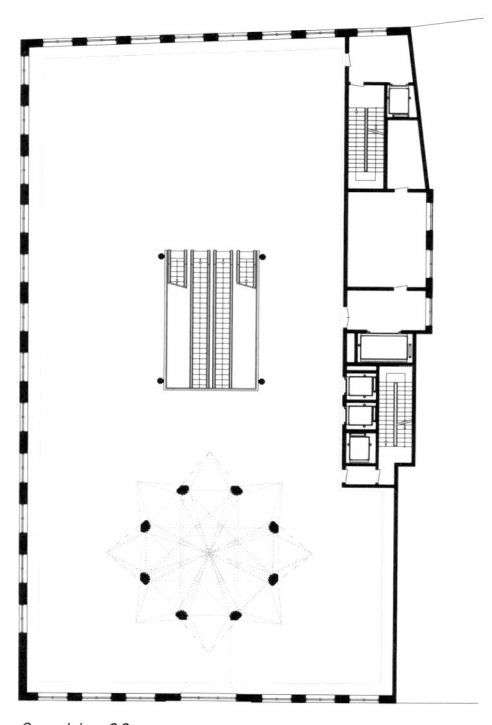

*Grundriss OG*

Florian Strohmaier

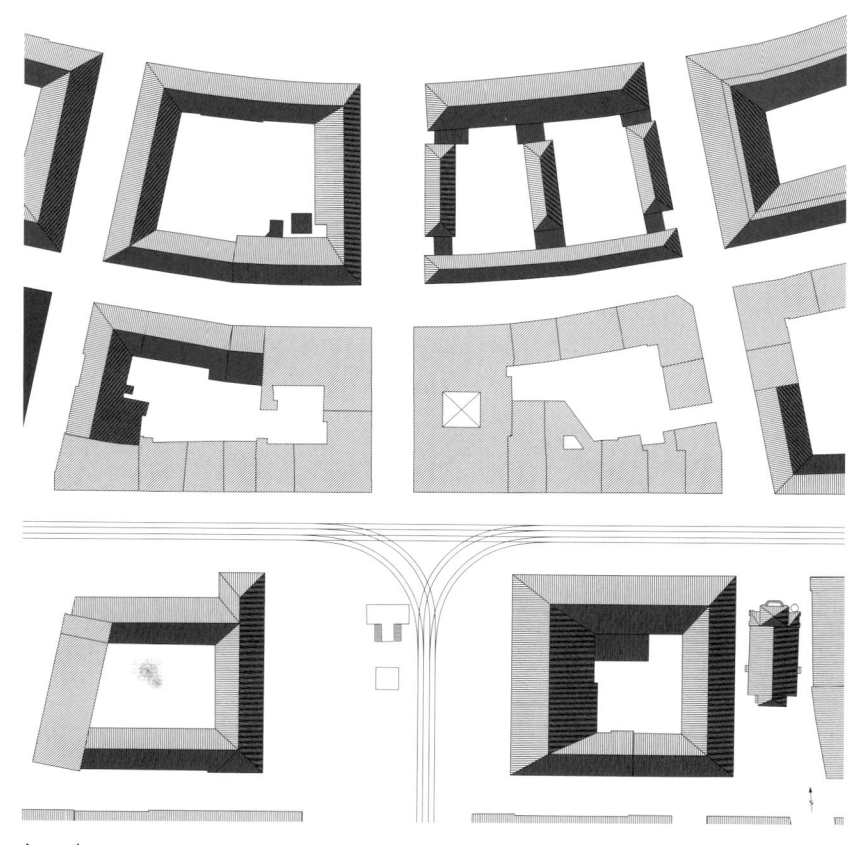

*Lageplan*

SERAINA THOMA

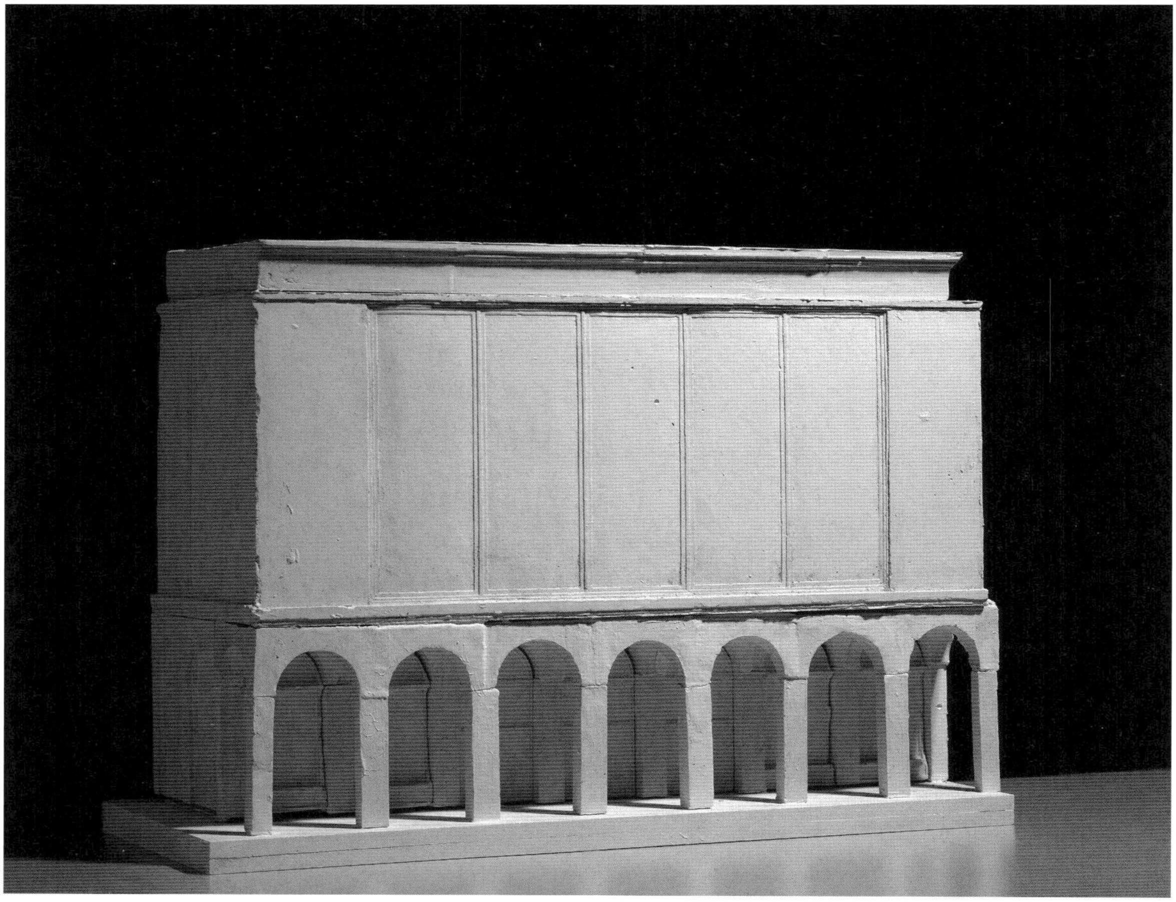

Seraina Thoma

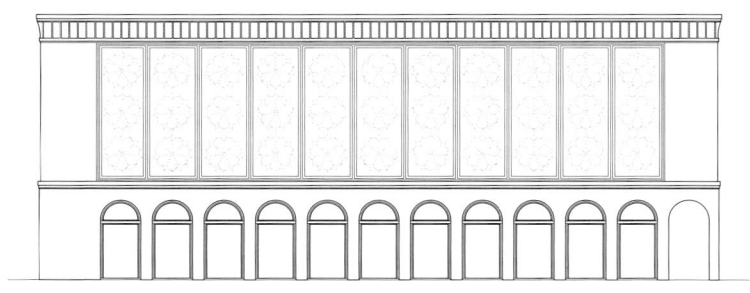

*Ansichten*

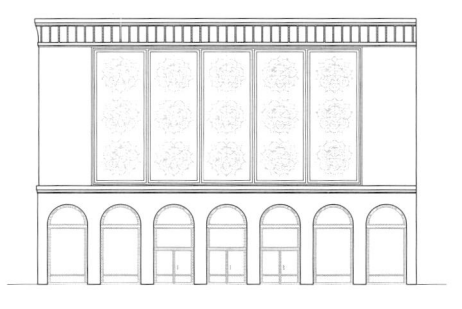

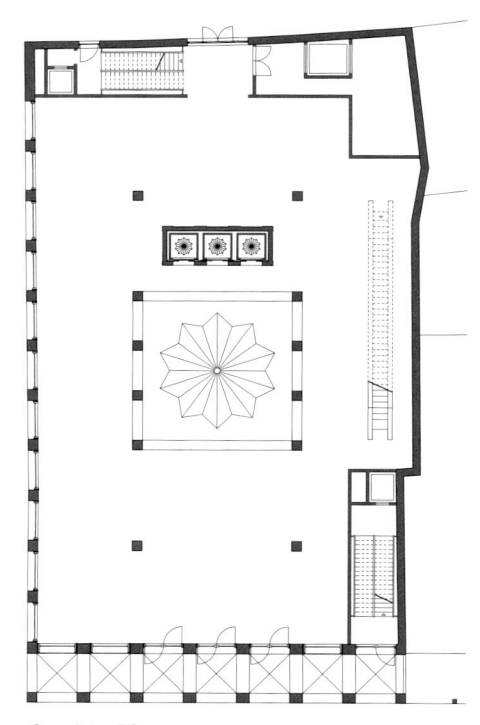

*Grundriss EG*

Seraina Thoma

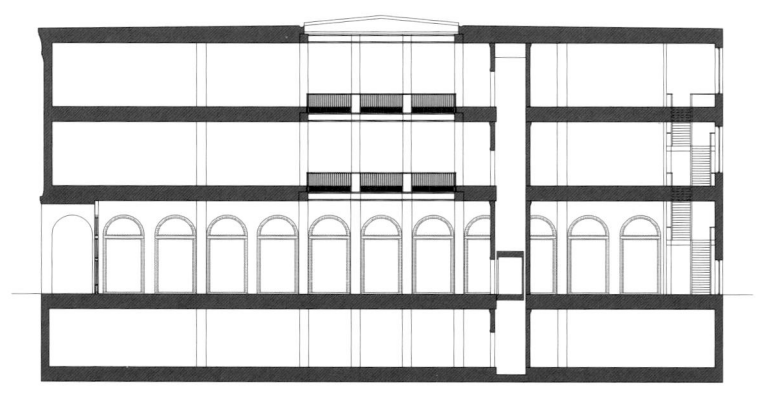

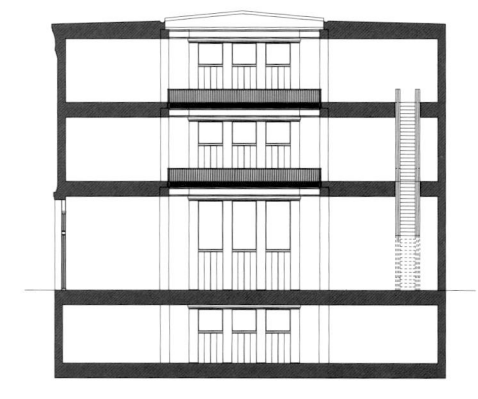

*Schnitte*

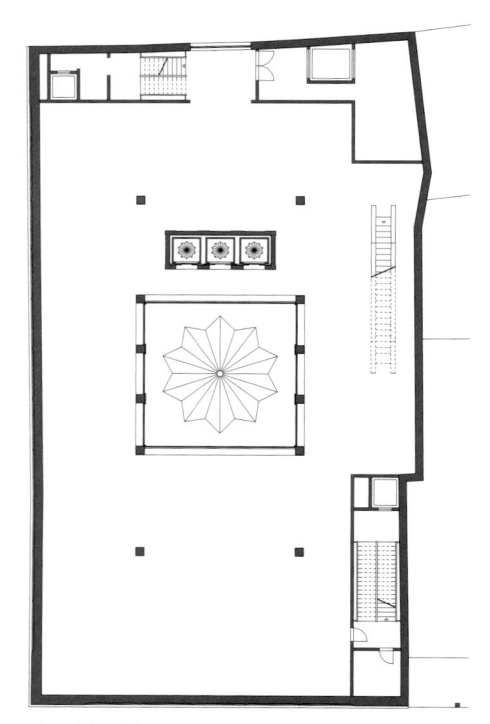

*Grundriss OG*

Seraina Thoma

*Lageplan*

FRANÇOISE VANNOTTI

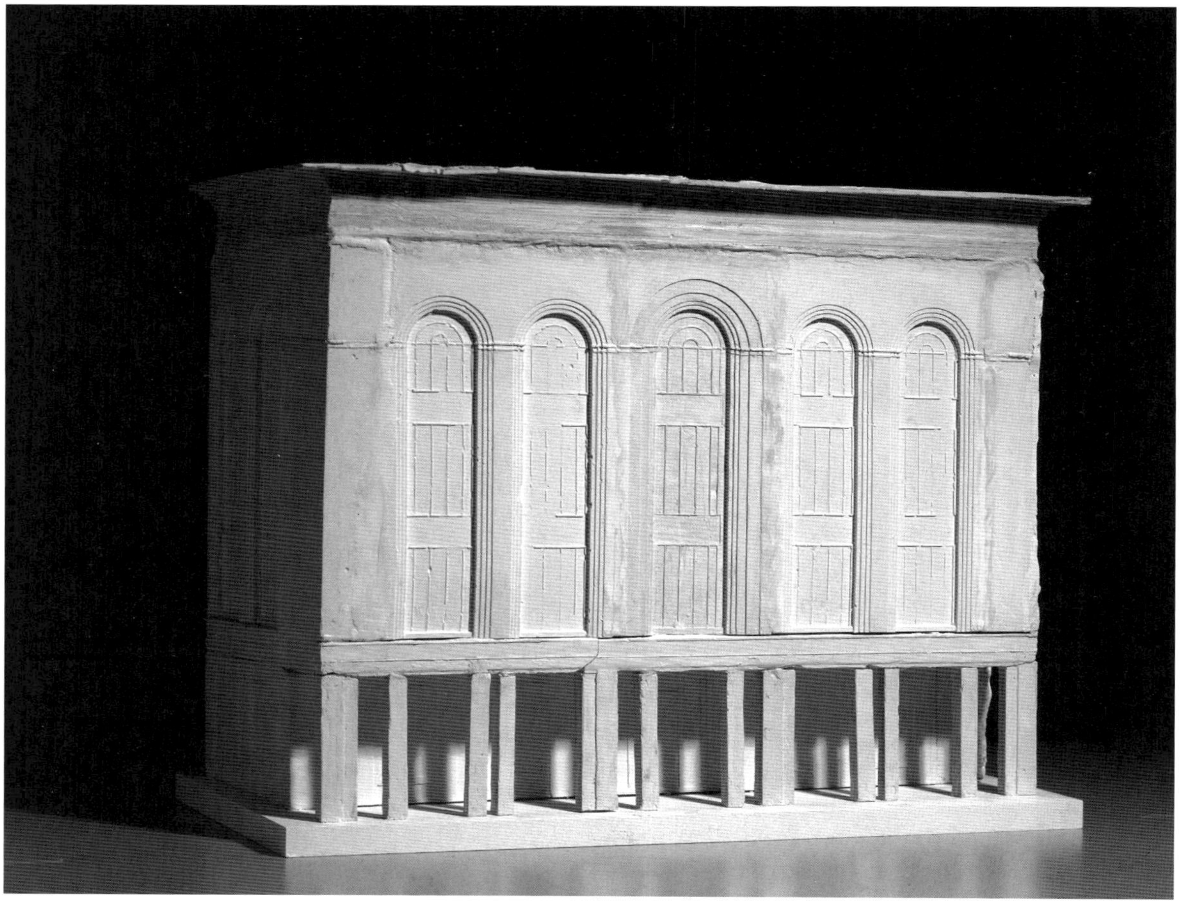

Françoise Vannotti

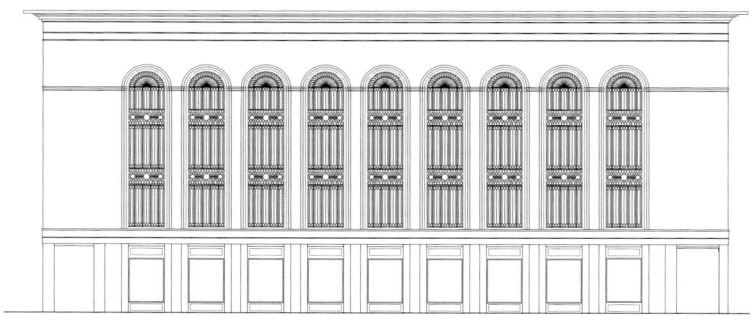

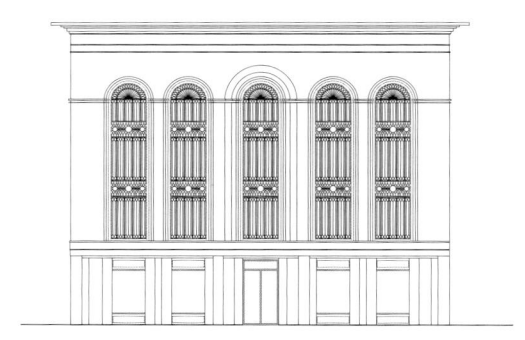

*Ansichten*

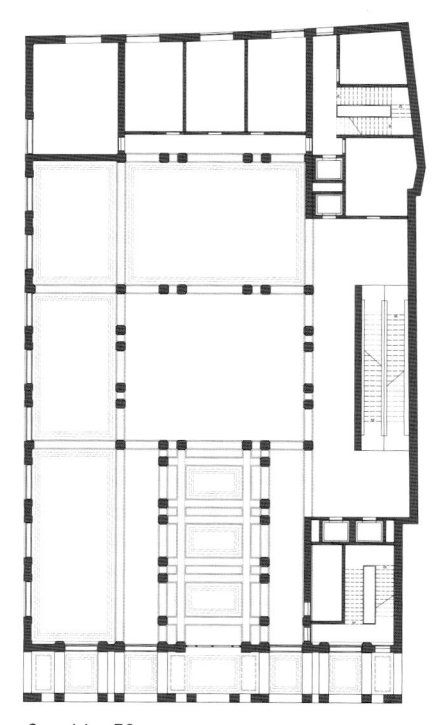

*Grundriss EG*

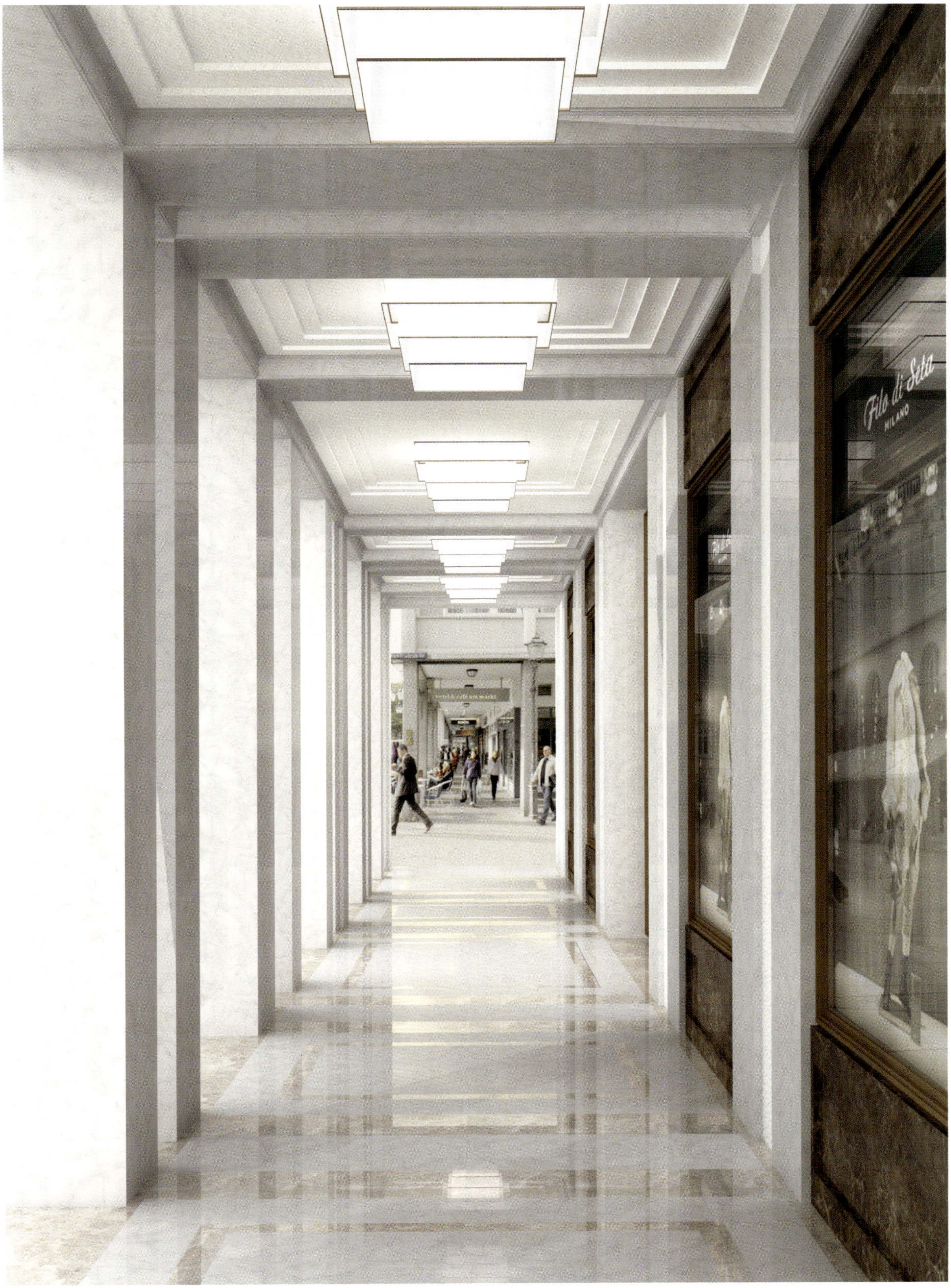
Filo di Seta
MILANO

*Schnitte*

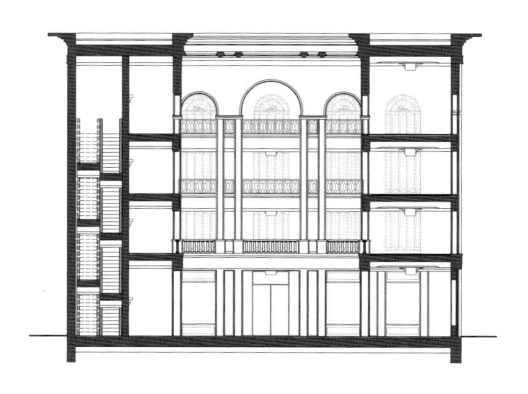

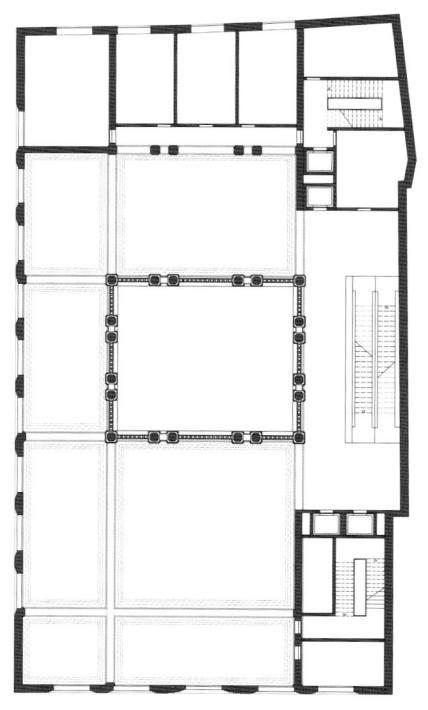

*Grundriss OG*

Françoise Vannotti

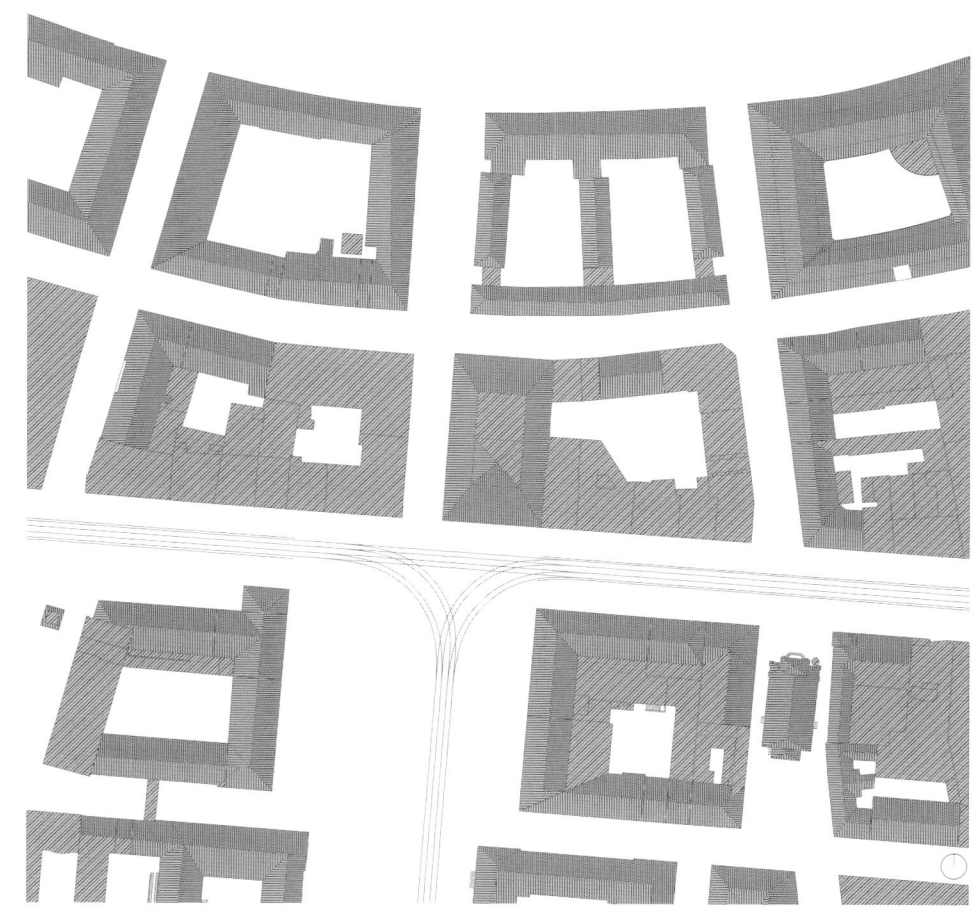

*Lageplan*

JANA VOLLMERS

280

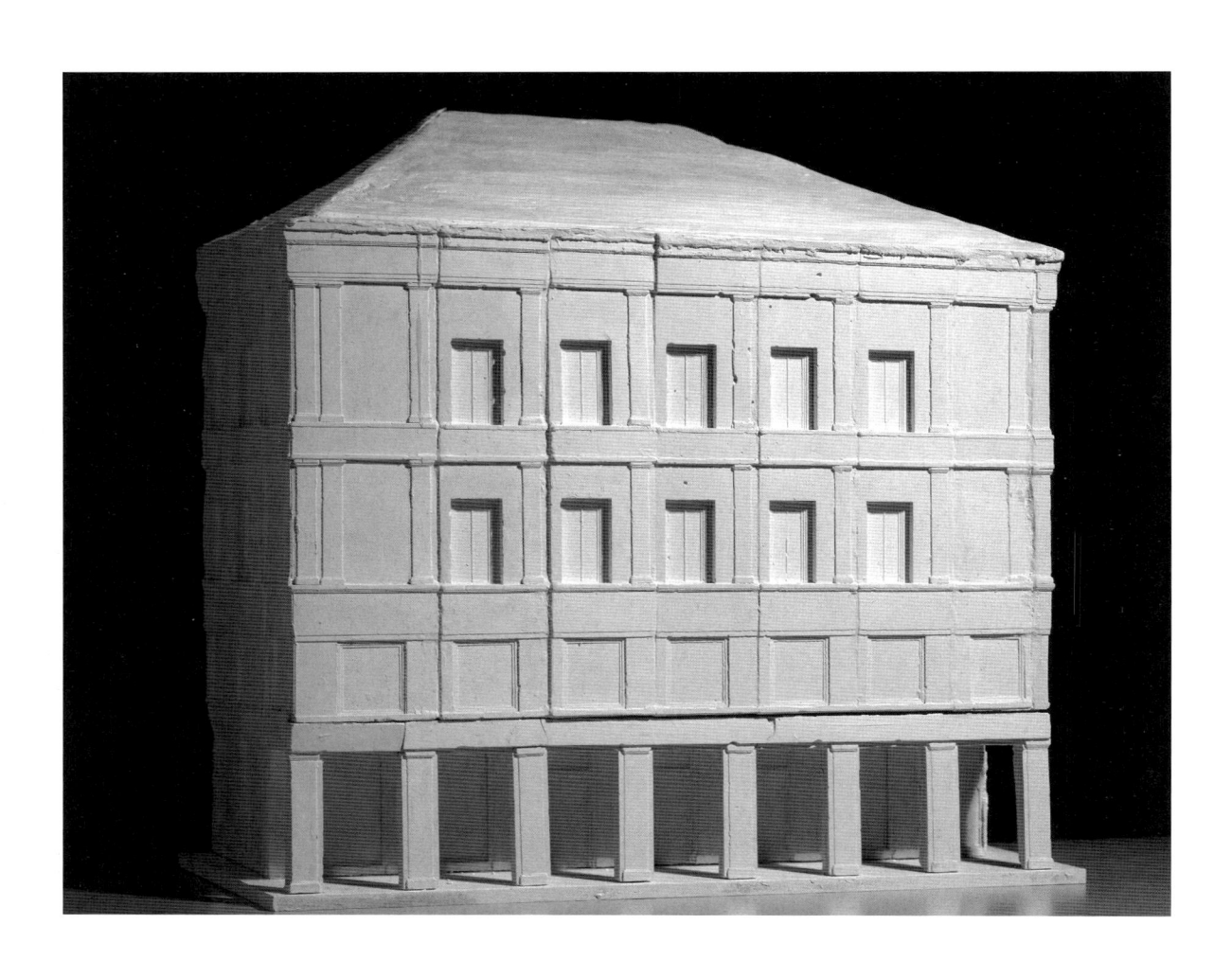

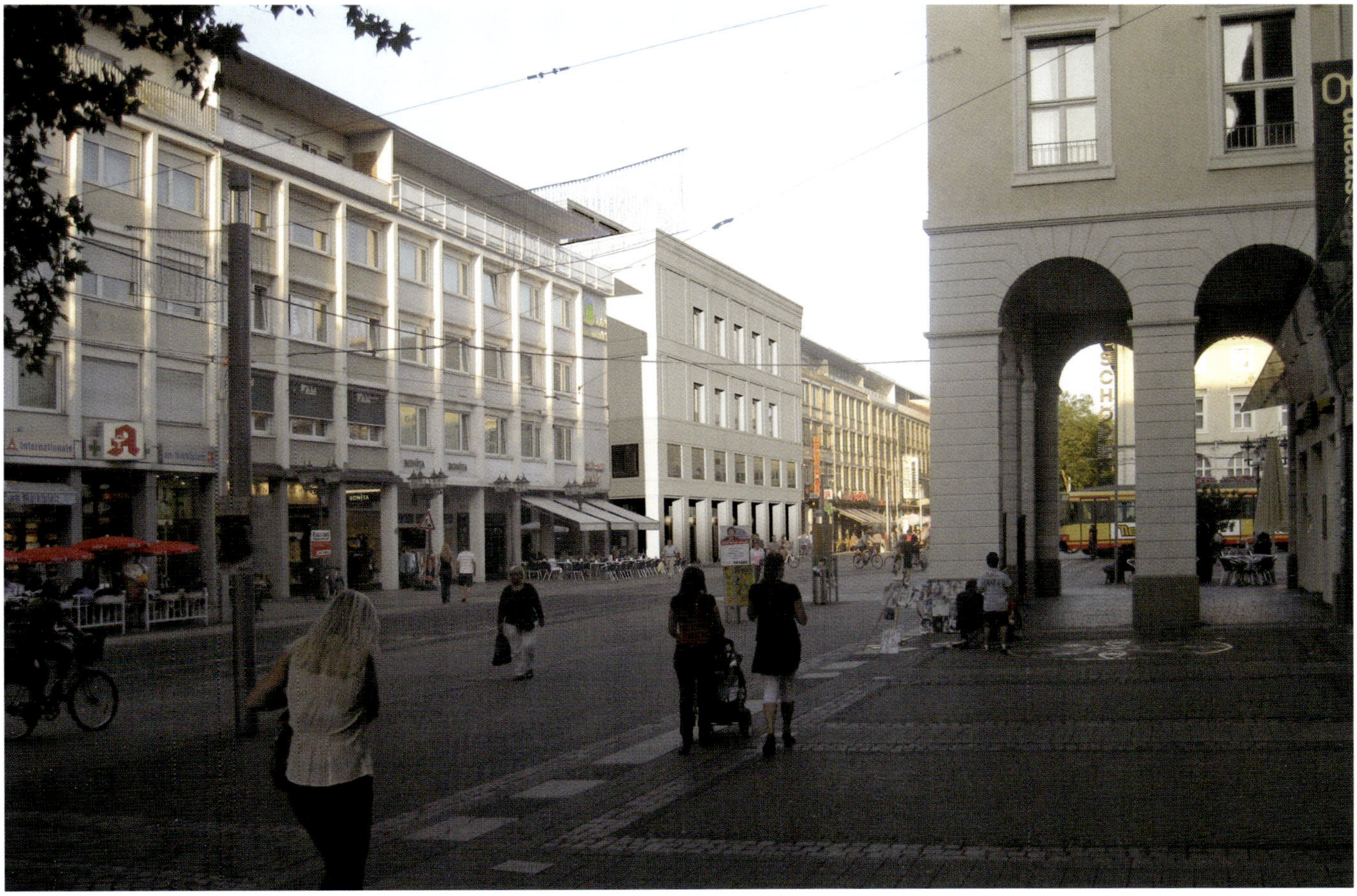

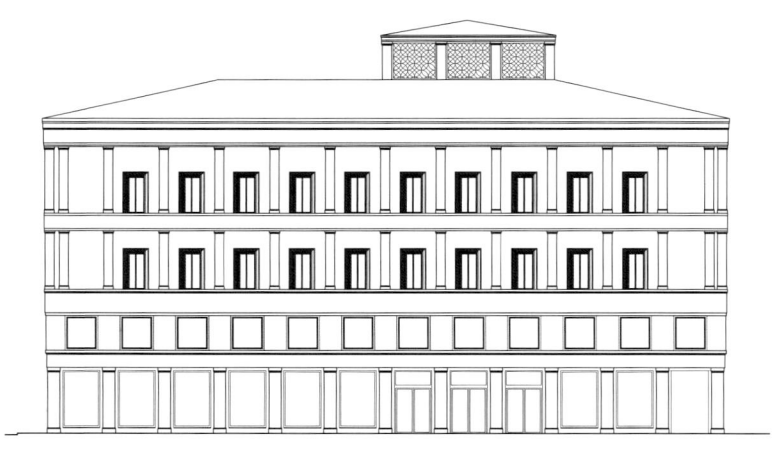

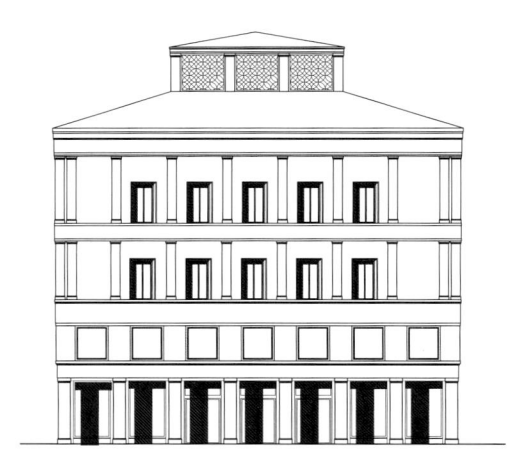

*Ansichten*

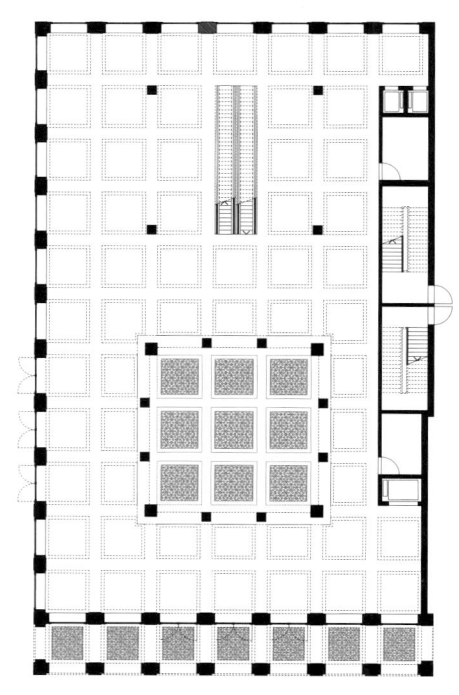

*Grundriss EG*

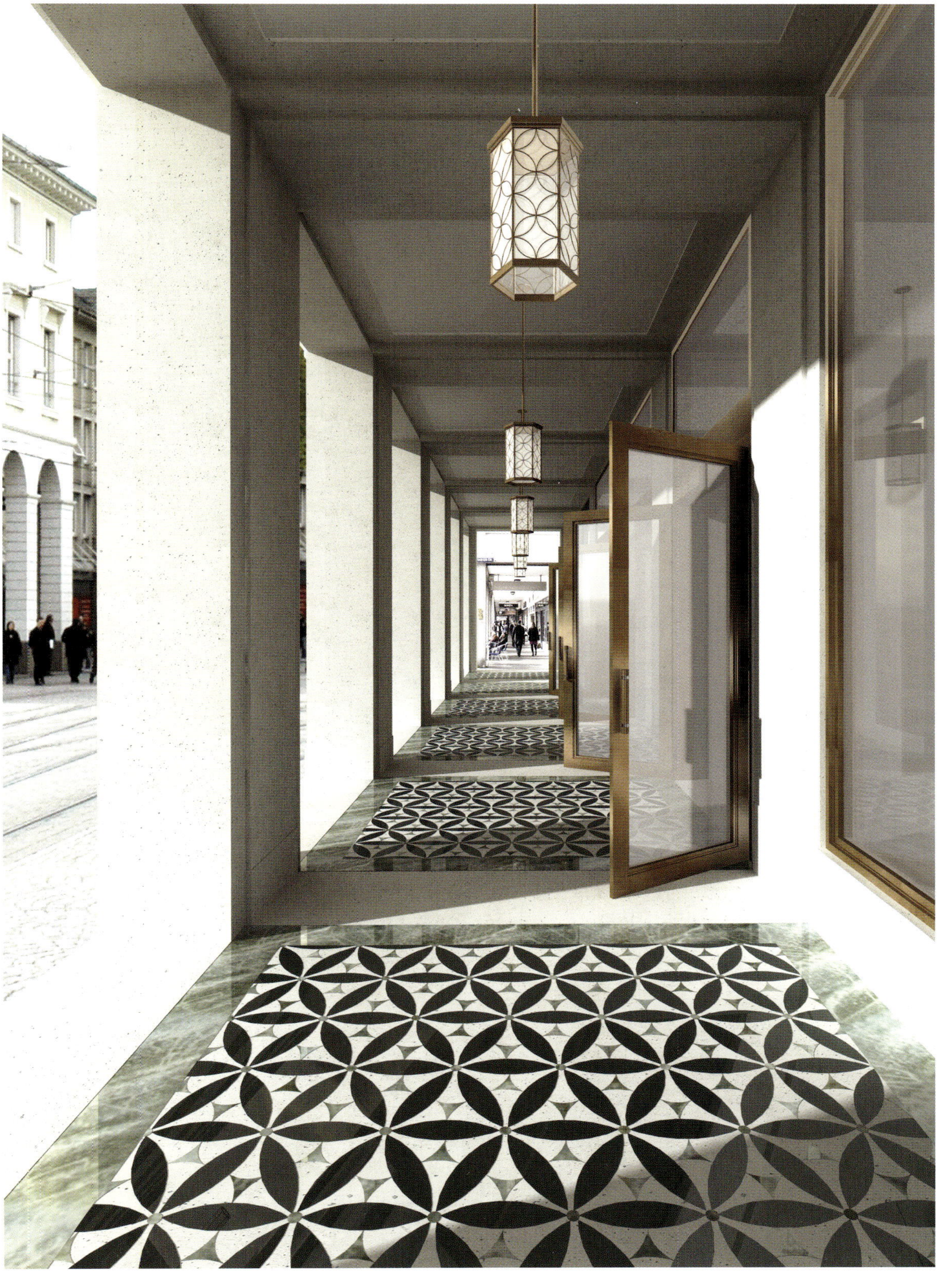

*Schnitte*

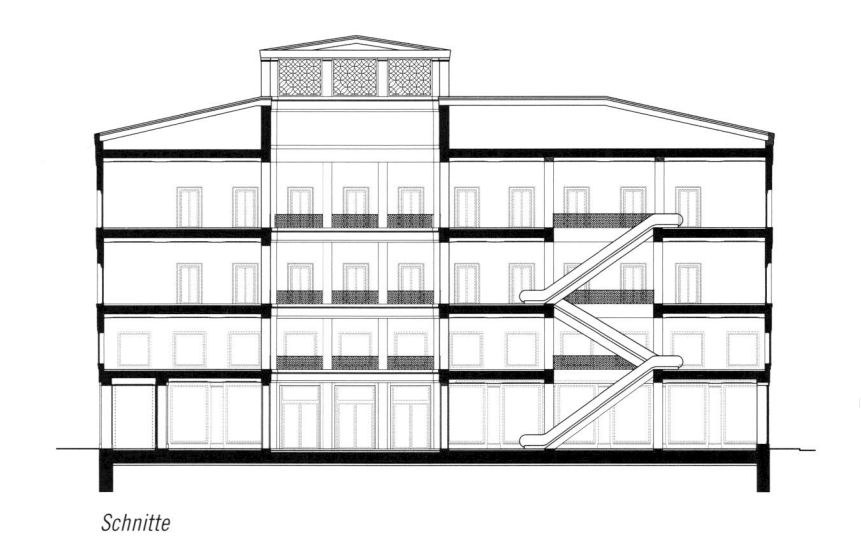

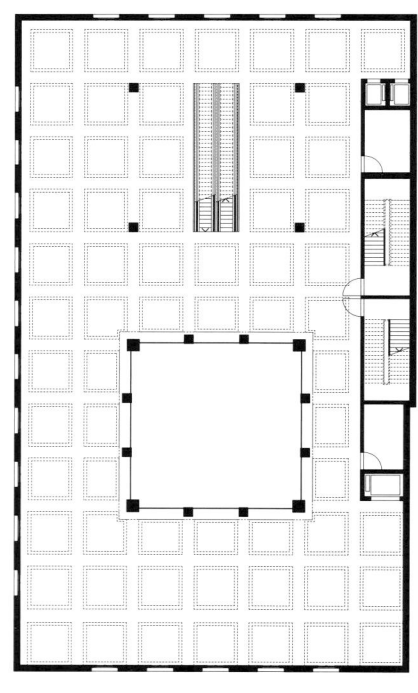

*Grundriss OG*

Jana Vollmers  285

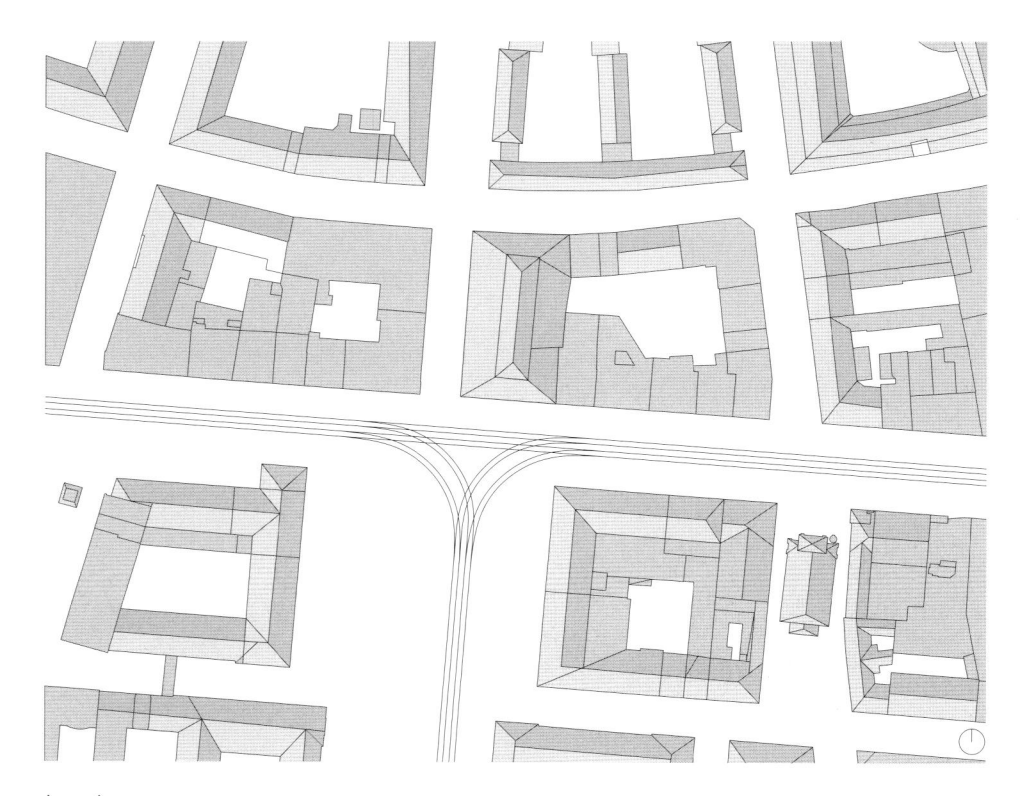

*Lageplan*

# DIANA ZENKLUSEN

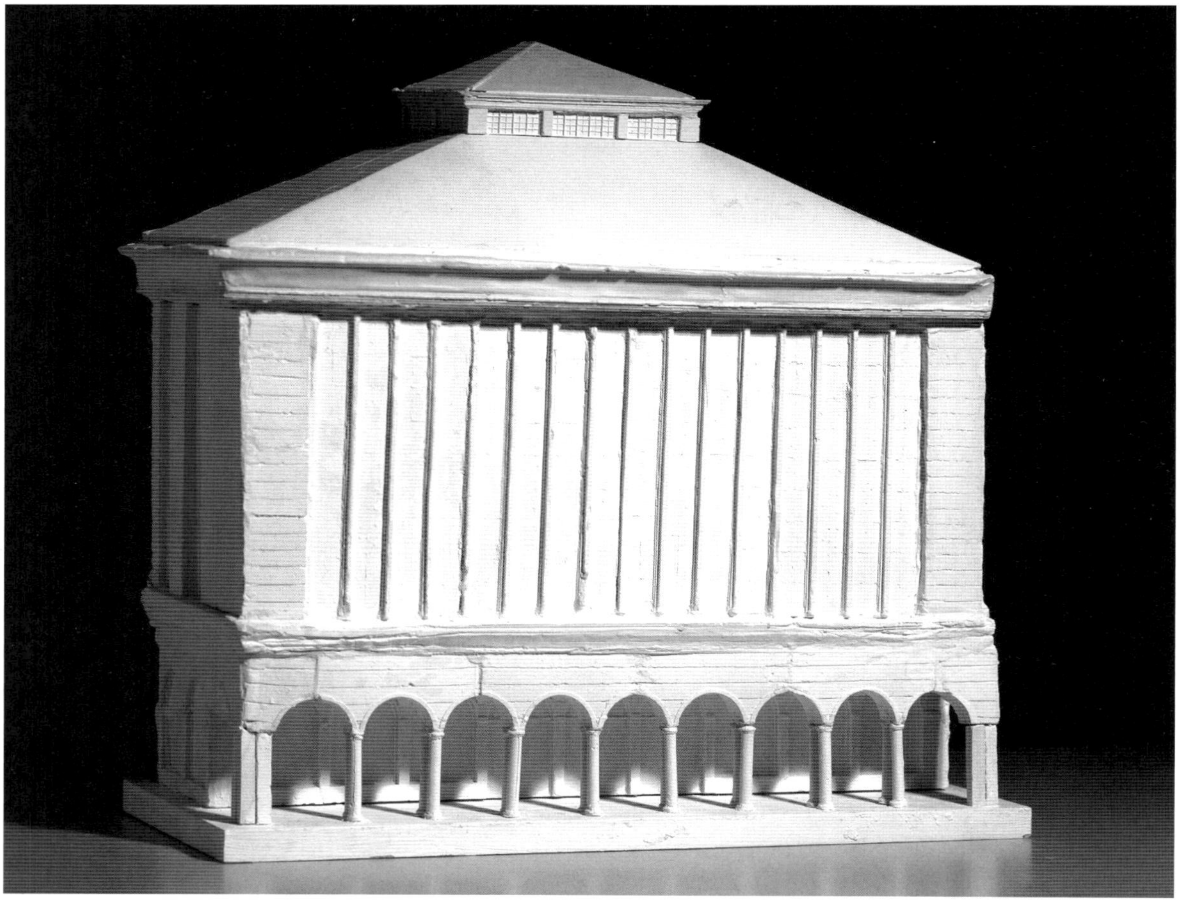

Diana Zenklusen

*Ansichten*

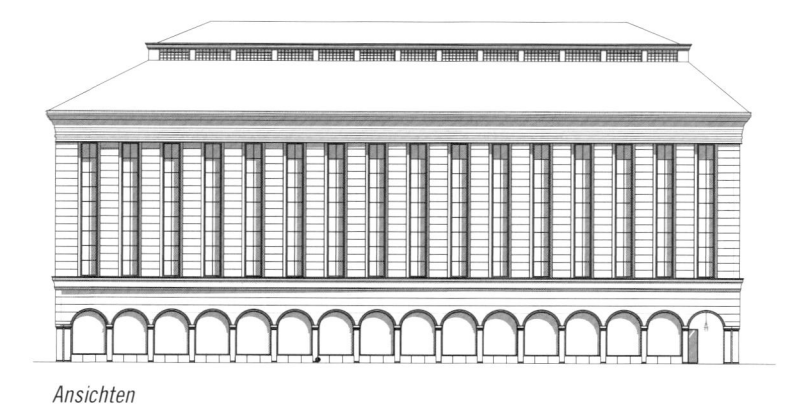

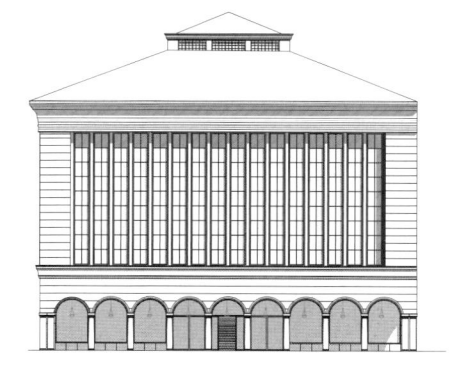

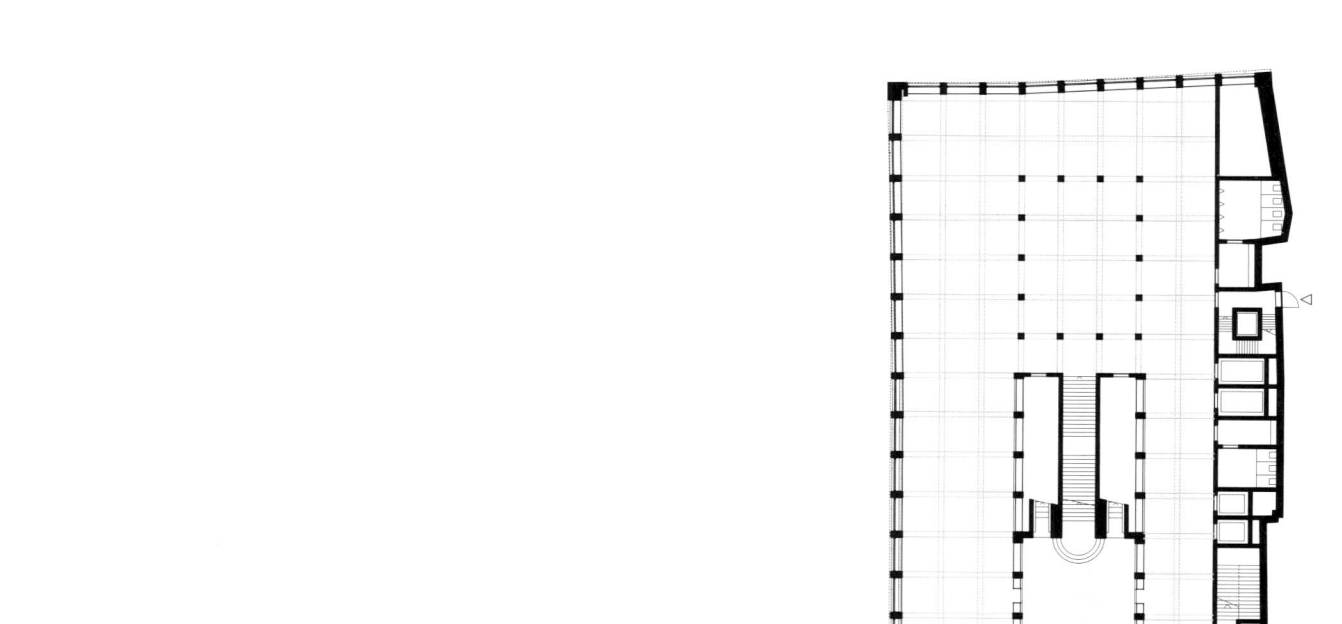

*Grundriss EG*

Diana Zenklusen

*Schnitte*

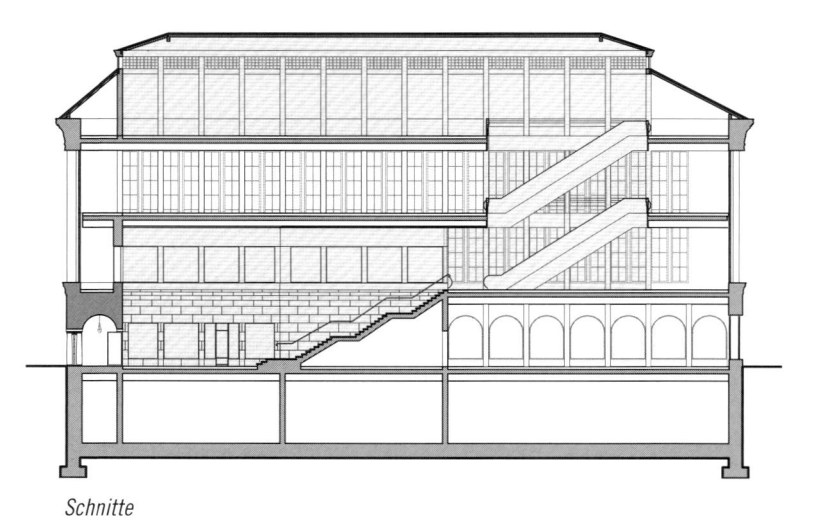

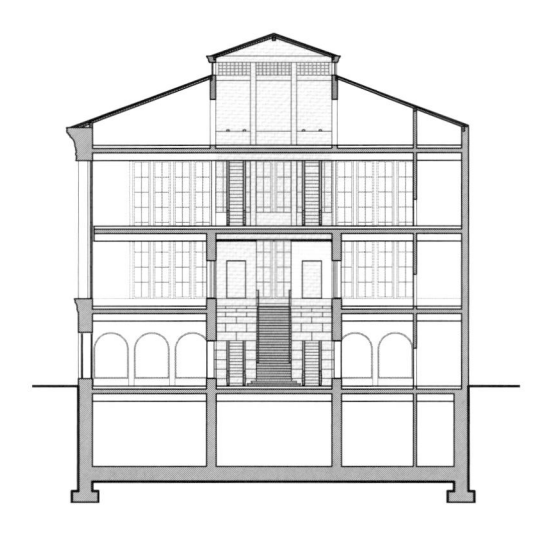

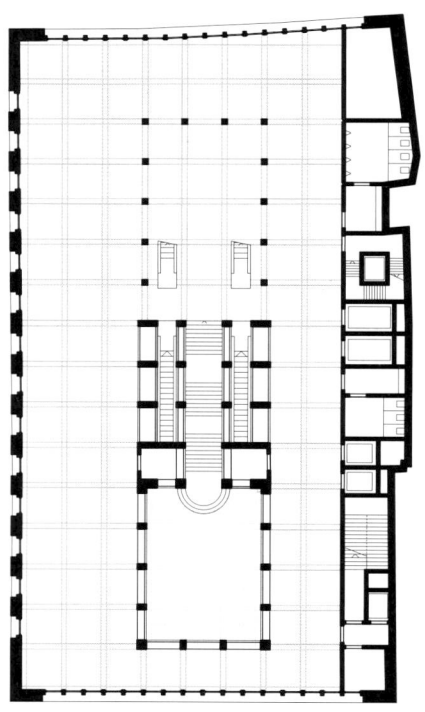

*Grundriss OG*

Diana Zenklusen

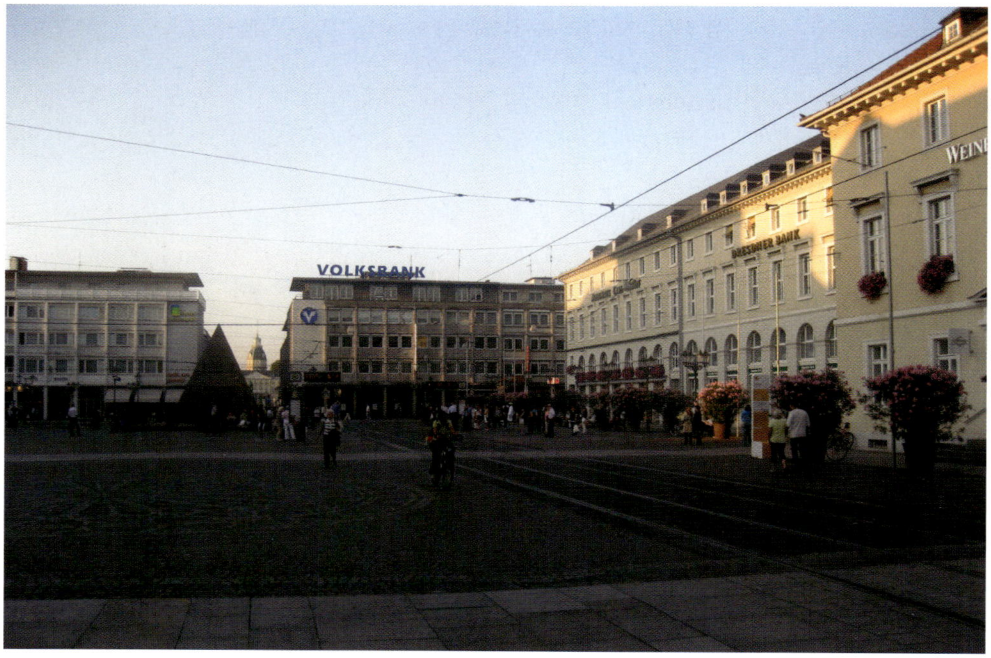
VOLKSBANK
DRESDNER BANK

# PROJEKTVERLAUF

Die in diesem Katalog zusammengefassten Arbeiten sind alle im Rahmen des Herbstsemesters 2009 am Lehrstuhl Professor Hans Kollhoff an der Architekturabteilung der Eidgenössisch Technischen Hochschule in Zürich entstandenen. Das Semester begann Mitte September und endete kurz vor Weihnachten, es dauerte 14 Wochen.

Der Aufbau des Entwurfskurses folgt in den letzten Jahren einer nahezu identischen Systematik. Zu Beginn des Semesters werden vier bis fünf aufeinander aufbauende Wochenaufgaben gestellt. Diese Übungen haben einen direkten Bezug zur Aufgabe, sie kommen aber ohne konkrete Vorgaben zu Programm oder Bauplatz aus. Stattdessen fordern sie vom Studenten eine spielerische und sehr unmittelbare Herangehensweise an eine spezifische Problemstellung innerhalb des eigentlichen architektonischen Entwurfs. Im Idealfall, und dieser trat häufig ein, können die Erkenntnisse aus den Vorübungen in die spätere Semesteraufgabe hineinfliessen. Fester Bestandteil des Semesters und des Entwurfs ist die Seminarwoche. Im Herbst 2009 führte die Reise in einer Art tour de force durch 26 italienische Städte mit einer unerschöpflichen Menge an Anschauungsmaterial für innerstädtische Platzsituationen.

## VORÜBUNGEN VIA TRIUMPHALIS, KARLSRUHE

**1. Morphologie**
Nähere Dich der Aufgabe, die platzbildende Nordbebauung der Kaiserstrasse für ein Kaufhaus zu entwerfen. In Kenntnis:
- des heutigen Zustandes
- der Vorkriegsbebauung
- des Weinbrennerentwurfes

Leistungen:
a. Morphologische Lektüre des Ortes / Diskussion von Entwurfsalternativen in Form von Freihandskizzen (möglichst Tinte auf dünnem Skizzenpapier)
b. Zeichnerische / malerische Darstellung eines ausgewählten Konzeptes auf beiliegendem Situationsfoto. Format DIN A1

## 2. Tektonik

Baue die Ecke Deines Gebäudes vom Gehweg bis zur Traufe und jeweils zwei Achsfelder breit (Kaiserstrasse/Karl-Friedrichstrasse) in Gips, Massstab 1:50
Stelle ein massstäbliches Foto von Dir in die Kolonnade/Arkade.

## 3. Halle

Entwirf in Kenntnis sowohl historischer Kaufhäuser als auch zeitgenössischer Shoppingcenter den eindrucksvollen zentralen Raum Deines Kaufhauses.

Abgabe: DIN A1, Querformat

## 4. Projekt

Entwickle Dein Projekt entsprechend der Kritik weiter und stelle es als Ganzes dar:
- Lageplan, Massstab 1:500
- Fassadenabwicklung Kaiserstrasse, Massstab 1:200.
- Fassade Kaiserstrasse, Massstab 1:100
- Fassade Kaiser-Friedrich Strasse, Massstab 1:100
- Grundrisse Erdgeschoss, Massstab 1:100
- Grundriss Obergeschoss, Massstab 1:100
- Schnitt Ost-West, Massstab 1:100
- Schnitt Nord-Süd, Massstab 1:100
- Bürohaus und Wohnhaus, Massstab 1:200. Grundrisse, Ansichten und Schnitte
- Perspektivisches Rendering, DIN A1